アイデア・エバリュエーション

持続可能なビジネスを
生み出す方法

スヴェルケル・オーレンゲ＆
マッツ・ルンドクヴィスト［編］

松永正樹［訳］

九州大学出版会

Sustainable Business Development:
Frameworks for Idea Evaluation and Cases of Realized Ideas
by Sverker Alänge and Mats Lundqvist (eds.)

Copyright © The authors and Chalmers University Press

Japanese translation arranged with Chalmers University Press
Japanese edition published by Kyushu University Press

訳者まえがき

本書の原題は、『Sustainable Business Development: Frameworks for idea evaluation and cases of realized ideas』。直訳すると、「持続可能な事業開発 ～アイデア評価のためのフレームワークと、実現されたアイデアの事例集～」となるでしょうか。

事実、本書の力点の一つは、いかにして「サステナビリティ」、すなわち持続可能性に資する事業を立ち上げるかに置かれており、第一部の冒頭では、持続可能性とは何かを議論し、その歴史的経緯を振り返るために一章がまるまる費やされています。さらに、本書で解説されているフレームワークの活用事例を集めた第二部では、土壌を改良しつつ大気中の二酸化炭素を削減する新素材や、より環境負荷が小さい安全な運転をサポートするナビゲーションシステム、有機素材を用いたアパレルビジネスなど、環境保護や企業の社会的責任（CSR）に貢献する取り組みの数々が紹介されています。

しかしながら、『Business Development』＝事業開発というタイトルが示す通り、本書の主眼は新たな事業、営利活動としてのビジネスをいかに立ち上げるかにあり、非営利活動や公共政策は焦点とはされていません。本書は、あくまでも新規事業の立ち上げ、スタートアップ創業のプロセスにおいて有効な枠組みを提示することを狙いとしたものであり、そのための出発点となるアイデアをいかに評価（エバリュエーション）するかを論じたものなのです。

「アイデア・エバリュエーション」とは

本書は、もともとスウェーデン第二の都市イェーテボリにあるチャルマース工科大学アントレプレナーシップ・スクール（Chalmers School of Entrepreneurship、以下「CSE」）の起業家育成プログラムで教科書として使用されているテキストを、世界に先駆けて日本語訳したものです。スウェーデンはヨーロッパでも一、二を争う起業大国であり、日本でも馴染みが深い IKEA や Skype、より最近の例で言えば音楽ストリーミング配信サービスを行う Spotify など、世界を席巻する企業やプロダクトを生み出しています。

そんなスウェーデンにあって、CSE は国内屈指の起業家育成プログラムを擁する名門校です。本書の主編者の一人であるマッツ・ルンドクヴィスト博士が中心となって 1997 年に開設された同校は、「アントレプレナーシップ」を専攻分野とする修士課程プログラムを提供するチャルマース工科大学の正規大学院であり、スウェーデン、ヨーロッパの枠を超え、世界中から熱意あふれる優秀な若者を惹きつけています。

CSE では企業内起業家（イントレプレナー）を育成するコーポレート・アントレプレナーシップ・プログラムや、知的財産をいかに効果的にマネジメントするかを学ぶインテレクチュアル・キャピタル・マネジメント・プログラムなど、現代の先端的企業で活躍するために必要な知識やスキ

訳者まえがき

ルセットを学ぶことができる多彩なプログラムが開講されています。そのなかでも、特に人気の
コースがベンチャー・クリエイション（Venture Creation in Bioscience and Technology）と呼
ばれるもので、このコースに登録した学生は、修士課程プログラム二年間のうち、最初の半年間
で経営学に関する全般的知識（通常の MBA プログラムで習得するものとほぼ同等）を集中的に学
びます。そして一年次の後半には、チャルマース工科大学及びその提携校、そしてスウェーデン
国内から集められたさまざまなテクノロジー・シード、知的財産を分析し、それらを活用したビ
ジネスを提案する『アイデア・エバリュエーション』というプロジェクトに取り組むのです。

本書は、この世界的にも類をみない先端的プログラムの教科書として用いられているテキストと
いうことになります。日本語訳のタイトルも、これにならって「アイデア・エバリュエーション」
としました。

なお、ベンチャー・クリエイション・コースに登録された学生は、『アイデア・エバリュエーショ
ン』を経て 5 〜 6 名ずつのチームに分かれ、二年次には自分たちが分析したテクノロジー・シー
ドをもとに実際に資金を調達してビジネスを立ち上げます。CSE の学生として授業を受け、イン
ターンシップなどにも参加する傍ら、自ら会社を経営して事業を進めていきます。彼女ら彼らは、
一年間自分たちのアイデアをもとにビジネスに取り組み、それが順調に進めばそのまま起業し、
そうでなければ貴重な経験を手に即戦力の人材として社会に出ていくのです。

このように、テクノロジーをもとにした新規事業の立ち上げプロセスが規定のプログラムの中に
組み込まれているのが CSE の大きな特長であり、これによって同校からは毎年平均して 4 〜 5 社
の大学発ベンチャー企業が生み出されています。さらに驚異的なのが、それら CSE 発ベンチャー
の生存率で、創業から 1 年以内に 6 〜 7 割、3 〜 5 年で 9 割近くが廃業、解散してしまうと言わ
れるベンチャーの世界にあって、CSE から生み出された企業は今でもその多くが順調にビジネス
を展開して成長を続けており、株式公開を遂げて上場企業となったケースも多数見受けられます。

これら CSE の躍進の鍵となっているのが、本書『アイデア・エバリュエーション』です。

本書の構成

本書は三部構成となっており、第一部ではアイデアを分析・評価して持続可能なビジネスを立ち
上げるために有効な理論やフレームワークが章ごとに解説されています。

第 2 章と第 3 章では、持続可能性について歴史的経緯を振り返りながら、なぜ 21 世紀における
ビジネスに持続可能性の観点が重要なのか、なぜ「市場原理」に委ねるだけではうまくいかない
のか（誰もが「合理的」に行動することにより、結果として環境破壊が進み、ビジネスとしても
効率性を損なうことになってしまう）が論じられています。

訳者まえがき

第4章では、本書の特徴とも言うべき「パッケージ・アプローチ」が解説されています。従来の新規事業立ち上げの取り組みにおいて支配的だったプロセス型モデルについて考察したうえで、ビジネス上の価値だけではなく、顧客にとっての価値、そして社会的価値までも踏まえた多元的観点から起業に向けた着想を評価するアプローチは、CSE 発ベンチャーの高い成功率を支える土台となるものです。

第5～7章では、バックキャスティング、シナリオ・プランニング、ライフサイクルといった、時間軸に沿って着想を磨き、想定しうるリスクを総合的に洗い出す手法が紹介されています。現状を分析して得られた知見にもとづいて未来を洞察し、さらにそこから逆算して、思いがけないチャンスやリスクを見出すうえで、これらのフレームワークはこの上なく重要なツールを提供してくれます。

第8章と第9章は、CSE という工科大学における起業家育成プログラムならではの特色を表す部分です。ここでは、規模や人員、資金力で劣るスタートアップが市場で成功をおさめるためには「武器」となるテクノロジーを活用することが不可欠であり、同時に、そうした先端的テクノロジーはときに社会的・政治的反発を呼ぶこともあるという現実的な思考が背景にあります。第8章では、テクノロジーをビジネスに活用するうえで避けては通れない特許の取扱いについての具体的ノウハウが解説されており、それに続く第9章では、活用するテクノロジーについての社会的な理解を得るために必要なコミュニケーション上の留意点が実例とともに論じられています。

やや脇道に逸れますが、この「テクノロジーについての社会的な理解を得るために必要なコミュニケーション」は、日本人の多くにとっても他人事ではありません。本書日本語訳執筆時点（2018年7月）において、シェアライドサービスの UBER は――世界各国においては既に普及し、その利便性と経済性で広く人気を博しているにもかかわらず――日本市場に本格参入するにいたっておらず、同じく民泊仲介業の AirBnB も苦戦しています。後者については、2018年になってようやく個人でも民泊業を営むことができるとする住宅宿泊事業法（通称「民泊新法」）が制定されましたが、その内容はむしろ規制を強めるものであり、新法施行によって、かえって市場が縮小に向かう動きが報じられました（日本経済新聞 2018 年 6 月 12 日付記事『エアビー萎縮、家主撤退も　厳格規制が冷や水』、同年 7 月 14 日付記事『民泊新法 1 カ月、届け出の受理低調　上乗せ規制の自治体目立つ』など参照）。スウェーデンから遠く離れた我が国におけるこれらの事例は、本書第9章で論じられているコミュニケーションの重要性を生々しく裏付けるものだと言えます。

第10章では、スタートアップの創業チーム内における「力学」、すなわちメンバー同士のコミュニケーションについての論考が示されています。組織論は経営学の重要な一分野であり、関連書籍も多数ありますが、その多くは大企業における組織運営やチームマネジメントを前提としたものです。しかし、数人から多くても十数人ですべてをまかなっていかなければならないスタート

訳者まえがき

アップにおけるチーム内でのコミュニケーションは、大企業におけるそれとは全く異なる様相を呈するものになるのです。

第二部では、以上のフレームワークにのっとって創業され、大きな成功をおさめた CSE 発スタートアップ（第 11～14 及び 16 章）に加え、CSE 自身のプログラム（第 15 章）、そして大企業における持続可能性とビジネスの両立に向けた取り組み（第 17・18 章）の事例が、それぞれの当事者によって語られています。第一部の抽象的な議論も、これらの事例を通してみることで具体的なイメージとともに、より深く理解できることになるでしょう。

最後に、第三部として第 19 章では、主編者であるオーレンゲとルンドクヴィスト両博士が、持続可能性というコンセプトが秘めた可能性について論じ、「持続可能なビジネス」を立ち上げることについての問いを読者に提示しています。

以上の構成のもとに、テクノロジー起点で、持続可能性に資する、しかもビジネスとして成功するスタートアップを創業するための体系的枠組みを提示した本書は、数あるビジネス書のなかでも特異であり、唯一無二の価値を提供しうるものです。将来起業を志して準備を進めている学生や社会人の方々にはもちろん、企業内で新規事業の立ち上げにかかわる人、さらには既に起業して経営者としてビジネスに取り組んでいる方にとっても、有用な示唆を与えてくれるはずです。

本書を翻訳・出版するにあたり、訳者を信頼して原書のテキストを任せてくれた CSE のマッツ・ルンドクヴィスト博士、仲立ちをしてくださった五十嵐伸吾・九州大学ロバート・ファン／アントレプレナーシップ・センター（QREC）副センター長、約一年半にわたる翻訳プロジェクトを通してつねにサポートしてくださった谷口博文・QREC センター長、QREC 事務局スタッフの方々をはじめ関係者各位に感謝します。特に九州大学出版会の古澤言太様、奥野有希様、一瀬麻里様には、構想から最終的な校正にいたるまで多大なるご助力をいただきました。この上でなお本書にみられる誤訳等のミスは、すべて訳者本人の責任に帰するものです。

最後に、連日早朝や深夜にわたることもあった翻訳作業中、いつも支えてくれた妻・有加と息子・義正に、大きな感謝を捧げます。

九州大学ロバート・ファン／アントレプレナーシップ・センター特任准教授
松永　正樹

目次

訳者まえがき	. . . .	i

1　はじめに　. 1

PART I ：FRAMEWORKS（フレームワーク）

2　持続可能性　. 7

持続可能性を焦点とすることに向けて　. 7

3　「ロックイン」と共有地の悲劇を打破するには　. 25

ロックインとは　. 26

「効用」という概念と製品がもたらす「個人的効用」　. 31

「公共の効用」と環境性能改善　. 33

自動車産業の事例をもとに、
ロックインが生じる"進化の過程"を一般化する　. 38

三つの階層におけるロックイン　. 41

ロックインについてのまとめ　. 48

4　アイデアの起業価値評価のための「パッケージ・アプローチ」　. 53

プロセス型モデル　. 54

パッケージ・アプローチ　. 58

アイデアの起業価値評価レポート　. 60

今後に向けたネクストステップ　. 77

アイデアを「パッケージ化」するのはコミュニケーションのため　. 80

5　バックキャスティング　～持続可能な未来と、それを実現するメソッド～　. . . . 83

持続可能性を定義づける　. 83

持続可能なシステムに関する四つの条件とは　. 85

6　シナリオ・プランニング　～現在から未来を洞察するには～　. 91

シナリオ・プランニングの概要　. 92

プランニングメソッドについて　. 94

起こりうる未来　. 96

シナリオ・プランニングを実践するには　. 101

7　ライフサイクルという視点　. 107

はじめに：ライフサイクルの論理について　. 107

v

	ライフサイクル思考とライフサイクル分析	. . . .	110
	トレンド分析	. . . .	114
	LCA 分析の単位を見極めるための練習問題	. . . .	118

8 特許性とフリーダム・トゥ・オペレイト（FTO） **121**

初期段階における検証のための特許関連分析 121

調査の全体的なプロセスについて 123

9 主張のみせ方、伝え方 **133**

本章の要諦 133

はじめに：伝え方を一つ誤るとどうなるかを示すエピソード 134

主張のみせ方、伝え方について 139

10 持続可能な事業開発のためのチーム力学 **143**

衝突を利用する 143

PART II ：CASES（事例集）

11 持続可能かつ環境にやさしい農業──エコエラ社の事例より **155**

背景：最初のアイデアとその後の改善 157

もともとのアイデア：特定農業廃棄物から
農作物由来のペレットを生成する 157

今後の利用可能性 158

エコエラ社の事例にみられる課題と解決プロセス 163

まとめ：つながりこそが究極の「知的資産」であり、
それは当初のアイデアよりも重要である 166

12 より持続可能な素材の開発を目指して──セフィブラの事例より **169**

もともとの発端となったアイデア 169

今後の利用可能性 170

re8 バイオプラスチック立ち上げのプロセス 171

re8 バイオプラスチック社の事例にみられる課題と解決プロセス 173

まとめ 176

13 経済的インセンティブによる持続可能性──ヴェーコ社の事例より **177**

ヴェーコ社について 177

マーケット参入への扉をひらく鍵を見出すには 183

	まとめ	. . . .	187

14 儲かるソーシャルビジネス──ネットクリーン社の事例より 189

ネットクリーン・テクノロジーズ社について	. . . .	189
創設のストーリー	. . . .	191
ネットクリーン創業期	. . . .	198
市場開拓期に最も重要なことは	. . . .	204
ネットクリーン社の事例を振り返ってのまとめ	. . . .	213

15 アフリカで社会起業する──チャルマース工科大学の事例より 219

プロジェクトの背景について	. . . .	219
CSE プロジェクト 2007	. . . .	220
CSE&GIBBS プロジェクト 2009	. . . .	223
まとめ	. . . .	225

16 衣料産業における社会起業──デム・コレクティブの事例より 227

はじめに	. . . .	227
社会起業とは──模倣されることを希求する変革のエージェント	. . . .	228

17 ほんのわずかな変化で大きなインパクトを生む──IKEA の事例より 233

ビジネスに持続可能性にもとづく思考法を取り入れるには	. . . . . .	233
IKEA の事例にみられる三つの教訓	. . . .	237

18 大組織と小チームにおけるコンセプトづくり──ボルボの事例より 239

自動車、コンセプト、そして人について	. . . .	239
自社のコンセプト開発力を信頼するカルチャーの重要性	. . . . . .	246
矛盾も朝令暮改も朝飯前	. . . .	250

PART III：QUESTIONS & REFLECTIONS（問いと省察）

19 問いと省察 261

持続可能性というコンセプトの可能性について	. . . .	262
持続可能なビジネスを開発することについて	. . . .	264

参考文献	. . . .	269
索引	. . . .	277

第1章　はじめに

Sverker Alänge & Mats Lundqvuist, Chalmers

本書は、持続可能性に主眼をおいてビジネスを立ち上げることについて論じたものです。畢竟、焦点となっているのは、いわゆるアーリーステージ、つまり、まだビジネスの実体よりも、むしろ構想、アイデアが中心の段階であり、（大企業や役所、研究所の内部に閉ざされた状態ではなく）組織の論理やその他の制約が比較的少ない、開かれたオープンな環境の中でいかにイノベーションを創出していくかという点です。今日ではさかんに「オープン・イノベーション」という言葉が使われていますが、これ自体は勿論のこと、そこに関連してくる概念である持続可能性に主眼をおいたビジネスのあり方やゼロから価値を生み出すアイデアの開発手法についても、既存の文献で議論されているのはある程度大きな規模を備えた企業をターゲットとしたものがほとんどで、真の意味で「オープンな」環境を念頭において書かれたものはほとんどみられません。

この意味で興味深いのは大学です。大学という組織は、本質的なミッションの一部として新しいアイデアを生み出し、プロジェクトの形に落とし込んでいったり、ときには大学発ベンチャーという形で育てていったりするものです。しかも、どのような形をとるにせよ、常に広い意味での——環境保護に関することだけではなく、経済的な意味でも社会の発展という意味でも——持続可能性に資する、大きなインパクトのある取り組みを志向するという特徴を有します。

持続可能性に主眼をおいたものか否かにかかわらず、あらゆるビジネスの立ち上げ、事業開発というのは、現状に対して何か違いを生み出そうとすることが出発点になります。そして、そうして生み出された違いに対して対価を支払う顧客をある程度以上つくりだすことができれば、そこで市場経済の力が作用し始め、イノベーションによって生み出された違いが社会を変えてゆくことになるのです。これは、たとえ直接経済的な対価を得るわけではないようなアイデア（多くのNPO や NGO がミッションの一部としているようなもの）であっても、それぞれのステークホルダーをはじめ、"ユーザー"ないし"顧客"の満足を高めるべく努めねばならないという点において同じことが言えます。

言い換えると、持続可能性に主眼をおいたビジネス開発とは、広い意味で「この世界をより良い場所にしていく営みである」ということになります。その際には、政府や中央省庁などからのトップダウンの指令ではなく、多様な人々にとっての価値や効用を高めようというボトムアップによる取り組み、つまり、顧客にとっての価値を高める、社会的な効用を向上させる、あるいはビジネス上の価値を高め、誰かがそのアイデアに対して投資しようと思える理由をつくりだそうという動きが中心になることは言うまでもありません。

第1章　はじめに

本書は、起業家・実務家だけを対象としたものではなく、学生や企業・組織に勤める人にとっても有用なものとなるはずです。個人の着想がさまざまな人々とのネットワークの中で磨かれるプロセスと、そこで形づくられたアイデアをいかにして社会に実装していくかについて興味関心を持つ人であれば、きっと役立つものとして書かれているからです。その意味で、本書はアイデアに最も大きな価値を見出す知識社会における知的労働者、アイデア・メーカーたる個人を中心に据えており、大企業や組織、金融機関はあくまで副次的な存在と位置づけています。

特に本書が焦点とするアーリーステージにおいては、個人の着想とアイデアこそが最も重要な要素になります。組織に属する人であれば、自分のアイデアを推し進めるために最初からある程度のリソースを活用することができるかもしれませんが、同時に組織特有の制限がかかってくるでしょう。逆に、フリーランスであったり、組織に属してはいてもあくまで仕事を離れた個人の活動としてアイデア開発に取り組んだりするのであれば、リソースはないかもしれないけれど自由に動くことができるし、組織の壁にとらわれずにさまざまなネットワークを活用することができるでしょう。実際には、ほとんどの場合、アイデアをうまく結実させるためには個人と個人のつながりが欠かせません。自由に着想を得て行動もできるけれどもリソースに乏しい人、各方面の組織に顔がきく人、あるいは資金ないし資金調達の手段をチームにもたらすことができる人…本書は、そうした個性ある人々のつながりから生み出される、真の意味でのオープン・イノベーションが社会にもっと花開くための機会を指し示し、そのために有効なツールや参考事例をご紹介していきます。また、新たな知識経済システムにおいて創造性を引き出し、アイデアを実現させるために欠かせないチームワーク──目の前の仲間という意味での「チーム」に限定したものではなく、国境を越えた世界中の人々との──についても紙幅を割いて議論していきます。

本書をお読みになる際は、できる限り当事者目線でお読みいただければと思います。一つひとつの理論や事例について、あなた自身が取り組んでいること、あるいは将来取り組もうとしていることに対してどのように通底するか考え合わせながら目を通し、さらにそこで見出された知見を実際に行動に移して、是非あなた自身が将来の模範、お手本となってほしいのです。

本書でご紹介する事例は、いずれも自分自身がそこで描かれているプロジェクトや事業に携わっている実践者が自身の経験を振り返って書き上げたものです。彼女ら彼らの生々しい息遣いが聞こえてくるような、リアルな体験談やそれらについての省察からは、どんな時代でも、そしてどんな状況においても深い洞察と学びが得られるはずです。ですので、本書は教科書という位置づけのものではありますが、読者の皆さんは決してここに書かれたことをそのまま鵜呑みにするのではなく、内容を批判的に吟味し、各事例で描かれている一人ひとりの実践者がくだした決断の是非について意見を交わしてほしいと思っています。持続可能性、イノベーション、そして新たに事業を立ち上げるプロセスに関する知識やスキルを求める想いは、我々著者陣と読者の皆さん

とで共通しているものと信じています。その想いを我々に向けてご共有いただければ、本書執筆陣の一員として、望外の喜びに思います。

本書は三部構成となっています。第一部では、持続可能性に主眼をおいてイノベーションとビジネスを生み出すための理論やフレームワークについて解説します。ここで取りあげるのは、持続可能性全般に関する議論に加えて、なぜ、どのように持続可能性という概念とイノベーション、そして新たなビジネスの立ち上げが関連するのかという理論的構造、人々や組織を現状維持に走らせる「ロックイン」という構造とそれをどうすれば打破できるかについての議論、大きな可能性を秘めたアイデアをいかにして見極め、どうやってそれを競争力ある事業の開発に結びつけていくか、そして、バックキャスティングやシナリオ・プランニング、特許戦略といったさまざまなツールや戦略についても解説していきます。

第二部では、革新的なアイデアを起点にして、持続可能性と競争力にあふれたビジネスを立ち上げたユニークな事例を全部で八つご紹介します。これらはいずれも持続可能性を主眼においているという点では共通していますが、その他の点では非常に多様性に富んでいます。まさしくゼロから立ち上げられたベンチャー企業の事例だけではなく、いわゆる社会起業、ソーシャルビジネスのプロジェクトや大企業内での新規事業、プロジェクト開発に関する事例も含まれています。

最後に第三部として、我々著者による考察をお示しします。なお、第一部の理論・フレームワークに関する解説においても、適宜第二部でご紹介する事例を交えた議論をあえて組み込むようにしていますので、一旦本書を通読され、各々の事例の詳細についてもお読みになった後でも、是非もう一度第一部に戻って、改めて理論やフレームワークの解説に目を通してみてください。"教科書的"な内容に思われたかもしれない箇所が、実際の事例を背景にすると血の通ったものとして、より深く理解できるはずです。

PART I

FRAMEWORKS
フレームワーク

第 2 章　持続可能性

Sverker Alänge, Chalmers

本章では、「持続可能性」というコンセプトをめぐる変遷を振り返り、現状がどうなっているのかについて理解を深めていきます。持続可能性がビジネス開発と関連づけてとらえられるようになったのは、ごく最近のことです。持続可能性に関する議論の萌芽は 60 年代にまでさかのぼり、今日では主に気候変動に対する関心がその大きな原動力となっています。第 2 章の目的は、持続可能性というコンセプトについて説明し、後に続く章で議論される、持続可能なビジネス開発が我々の将来のために約束してくれるものをより深く理解するための理論的な土台を提供することです。

持続可能性を焦点とすることに向けて

21 世紀に入って 17 年が経過した今日では、科学者や実務家、政治家たちの間で、世界的に持続可能性について深く考えることの必要性について共通理解が生まれつつあります。しかし、結局骨抜きのものになってしまった、2009 年 12 月の COP15（第 15 回気候変動枠組条約締約国会議）採択文書に象徴されるように、この共通理解という段階から、実効性を伴う政治的アクションが地球規模でとられるようになるまでの間には、まだまだ大きな課題が残されてもいます[1]。

一方で、地球環境に配慮する良き市民として活動したり、環境保護・保全に役立つ「グリーンな」ビジネスを展開したりする企業や、持続可能性に配慮した新しい需要をつくりだす消費者団体が次々と現れ、また、法的な仕組みも整備されつつあります（たとえば、EU 加盟国では、蛍光灯やLED 電球に比べてエネルギー消費量が大きい白熱電球の製造・販売が禁止されました）。これらの動きは、突然発生したものではなく、先達として活躍した人々や組織の尽力によって生みだされてきたものです。そして近年、産業界やメディアにおける有識者、研究者、政治家たちの多くが持続可能性を重視する視点を打ち出すようになってきたことで、これらの動きはさらに強まっています。そこでまずは、60 年代から始まり、80 年代末を経て、さらに現代にいたるまでの重要な出来事を振り返っていくことにしましょう。

持続可能性が重要な論題として認識されるようになった経緯とは

強力な殺虫剤であり、農薬として多用されていた DDT に発ガン性があると指摘したレイチェル・カーソンの著書『沈黙の春』（Carson 1962[2]）は人々に大きな衝撃を与え、現代社会が自然に与える悪影響に関する論戦の火蓋を切りました。それまで人類の発展に寄与するばかりだと無邪気

---

[1] この指摘は、2015 年 12 月にパリで行われた第 21 回の同会議（COP21）を経た今日（2016 年 6 月時点）でも、基本的に変わらずあてはまってしまうように思われる。

[2] Carson, R. (1962). *Silent spring* (40th anniversary ed., published in 2002). Boston: Houghton Mifflin.

PART I: FRAMEWORKS

に信じられていたテクノロジーの進歩――たとえば、作物の種を守る抗菌剤として使われていた水銀や、マラリアを運ぶ蚊に対する殺虫剤としてのDDT――が、実は害を及ぼすこともあるという認識が、ここで初めて生まれたのです。カーソンだけではありません。50〜60年代に地球の生物学的限界を指摘したゲオルグ・ボルグストローム（Borgström 1965[3]）など、多くの識者が持続可能性の観点から地球の未来について積極的に議論を展開。1973年には、イギリスの経済学者E.F.シューマッハーが、脱中央集権化と少量生産こそ経済発展と環境保護を両立させる道だと主張して大きな反響を読んだエッセイ集、『スモール・イズ・ビューティフル』を発表しました。

1972年には、世界的シンクタンクであるローマ・クラブが『成長の限界』（Meadows et al. 1972[4]）を出版しました。これは、マサチューセッツ工科大学（MIT）の研究者グループが執筆したもので、システム・ダイナミクスという理論モデルにもとづいて、以下の結論が述べられています。

> もし、世界の人口増加、工業化、環境汚染、食料生産、そして資源枯渇が現在のペースのまま変わらず進むとしたら、向こう百年以内に、人類はこの惑星における成長の限界に到達するだろう。その際、最も可能性が高い結末は、人口と産業発展の両面における、突然の、そして制御不可能な衰退である。しかし、その一方で、これらの破滅的な成長トレンドを改め、はるか先の未来にまで持続可能な形で環境保護と経済的安定を成立させることも可能である。地球上に住む一人ひとりの物質的欲求を満たし、一人ひとりがそれぞれの人間としての可能性を実現するための平等な機会に恵まれるように世界的な平衡状態を築きあげることは、決して不可能ではない。

この本は、現代の経済発展のありかたには限界があるのかという議論に、重要な示唆をもたらしました。地球のように「閉ざされたシステム」においては、指数関数的な急激な成長は、遅かれ早かれ崩壊を招くほかない、とする同書の主張は、コンピュータ解析によって作成された「経済最優先の方針を改めなければ我々の運命がどうなるかを示す、驚くべきグラフ」（Bishop 2006[5]）に裏付けられていたのです。MITの研究チームはその後さらに二冊の研究書を出版し、現代の経済のありかたは持続可能ではないという主張を裏付ける追加データを発表するとともに、「需要過剰（Overshoot）」という概念を提唱しました。これは経済成長を維持するために資源を使える限り使っているとどこかで限界を超えてしまい、資源の枯渇による崩壊を招いて、以前の経済レベルを維持することすらできなくなってしまう、という理論です（Meadows at al. 1992[6], 2002[7]）。

---

[3] Borgström, G. (1965). *The hungry planet: The modern world at the edge of famine*. New York: Macmillan.

[4] Meadows, D. H., Meadows, D. I., Randers, J., & Behrens, W. (1972). The limits to growth: A report for the Club of Rome's Project on the predicament of mankind. London: Earth Island. http://fredjacquet.free.fr/doc/meadows.rtf

[5] Bishop, P. C. (2006). Book review of The Limits to Growth. *Technological Forecasting & Social Change*, *73*, 1204-1208.

[6] Meadows, D. H., Meadows, D. I., & Randers, J. (1992). *Beyond the limits: Confronting global collapse, envisioning a sustainable future*. Post Mills, VT: Chelsea Green.

[7] Meadows, D. H., Meadows, D. I., & Randers, J. (2002). *The limits to growth: The 30-year update*. White River

第 2 章　持続可能性

もっとも最近の著書では、地球全体の残存量に対する人類文明による過度の資源利用に関して、90 年代に提唱された「エコロジカル・フットプリント」という概念（Wackernagel & Rees 1998[8]）を援用しています。エコロジカル・フットプリントとは、ある特定の人口と生活水準を永続的に維持するために必要とされる土地・水域を定めたものです。

1972 年にはこのほかにも、第 1 回国際連合人間環境会議（United Nations Conference on the Human Environment）がスウェーデン・ストックホルムで開催されました。この会議における主要な成果は、「人間環境の保全と向上に関し、世界の人々を励まし、導く」ための 26 の共通原則をまとめたストックホルム宣言が採択されたことです。その第一原則にはこう記されています。

> 人は、尊厳と福祉を保つに足る環境で、自由、平等及び十分な生活水準を享受する基本的権利を有するとともに、現在及び将来の世代のため環境を保護し改善する厳粛な責任を負う。これに関し、アパルトヘイト（人種隔離政策）、人種差別、差別的取扱い、植民地主義その他の圧制及び外国支配を促進し、又は恒久化する政策は非難され、排除されなければならない。[9]

もうひとつ、国境を越えた環境問題に関する国際協力についての基本的な法的原則となった第二十一原則も、その後の歴史において重要なものとなりました。

> 各国は、国連憲章及び国際法の原則に従い、自国の資源をその環境政策にもとづいて開発する主権を有する。各国はまた、自国の管轄権内又は支配下の活動が他国の環境又は国家の管轄権の範囲を越えた地域の環境に損害を与えないよう措置する責任を負う。[10]

第 1 回国際連合人間環境会議におけるその他の成果としては、継続的な環境保護のための国際協力に向けたアクションプランが立てられたこと、そして UNEP（United Nations Environmental Program、国際連合環境計画）が設立されたことが挙げられます。しかしながら、これらは初期の成果として重要なものであったとはいえ、同会議が地球の環境問題に関する国際協力に対して実際的な面で与えた影響はあくまで限られたものにすぎませんでした。

したがって、現代における持続可能性に関する動きの出発点としては、より近年の「国連ブルントラント委員会報告書」（1987）を挙げるのが妥当でしょう。この報告書には「われら共有の未来（Our Common Future）」というタイトルが付されていました。同報告書の「持続可能な開発とは、将来の世代がその欲求を満たすための能力を損ねることなく、現在の世代の欲求を満たす

Junction, VT: Chelsea Green.

[8] Wackernagel, M., & Rees, W. (1998). *Our footprint: Reducing human impact on the Earth*. Gabriola Island, BC: New Society Publishers.

[9]　環境省「国連人間環境会議（ストックホルム会議：1972 年）」（ https://www.env.go.jp/council/21kankyo-k/y210-02/ref_03.pdf ）より。

[10] 同上。

PART I: FRAMEWORKS

ものである」という一文は広く引用され、持続可能性の確立に向けたムーブメントを定義づけると同時に、その方向性を決定づけたものとなりました。

国際連合は、一連の国連会議を通じて、持続可能性確立に向けた重要な出来事のまとめ役としての役割を果たしてきました。それらのうち、主だったものを以下列挙します。

1992 年 ●━━━━●
リオデジャネイロ
（ブラジル）

国連環境開発会議（通称「地球サミット」）で「人類は、持続可能な開発における中心的存在である。人類は、自然と調和しつつ、健康で生産的な生活を送る資格を有する」という宣言とともに、その後の環境への取り組みのための行動計画をまとめた**「アジェンダ 21」**を採択。

計画の多くは社会的な点に関するものだったが、産業における改善について論じたセクションも盛り込まれた。そこでは「資源をより効率的に活用し、同時に、廃棄物をより少なくしたプロセスとテクノロジーによる生産システムの改善」について触れられている。ただし、これはあくまでイノベーションと起業家精神の必要性に関する文脈（「より多様で、効率的かつ効果的な開発のための選択肢を増やすには、開発力や競争力、自発的な活動を促進し、支援する必要がある」）中の、短い言及にすぎなかった。

また、ある計画分野においては、「我々は地球を過去の世代から引き継ぎ、今よりも良い状態で将来へと受け渡す役割を託された世話人（スチュワード）である」とする精神にのっとり、企業経営におけるスチュワードシップの涵養と自然資源の活用による起業、そして、持続可能な開発のための指針に同意し、それを実行する事業に取り組む起業家の数を増やすことで「責任ある起業家精神」の支援を進めることが提案されている。

この論拠として、「アジェンダ 21」では以下のように述べられている：

> 起業は、イノベーションを実現し、市場の効率性を高めて、課題を機会に転ずるための最も重要な原動力の一つである。特に、中小規模の事業を手掛ける起業家は、国の社会及び経済面での発展においてこのうえなく重要な役割を担う。そうした起業家は、地方の開発において主要な役回りを演じ、農場に縛られない雇用の場を生み出し、女性の暮らしを改善するために欠かせない移行的手段を提供してくれる。責任ある起業は、資源活用の効率性を高め、リスクや危険を減らし、廃棄物を最小化して環境の質を保護するための主要な役割を果たすことができるものなのである。

1997 年 ●━━━━●
京都（日本）

京都議定書は、個々の国々が環境に取り組む際の目標設定に関する枠組みを提供するものであり、2009 年 11 月までに 189 の国々が批准した──

第2章　持続可能性

しかし、世界の環境汚染に関して最も大きな影響をもたらしていた二国、すなわち中国とアメリカ合衆国は、批准国には名を連ねていなかった。

同議定書では、工業先進国が、発展途上国において温室効果ガスの排出削減プロジェクトを実施することで国際的に取引可能な**「排出削減クレジット」**を獲得し、それらのプロジェクトによって削減したとされる二酸化炭素量を、議定書で自国に定められた排出削減目標にカウントできるとする**「CDM（Clean Development Mechanism、クリーン開発メカニズム）」**も導入が決定された。CDM活動には、たとえば太陽光パネルによる地方への電力供給プロジェクトなどが含まれる。

2002年
ヨハネスブルグ
（南アフリカ共和国）

持続可能な開発に関する**ヨハネスブルグ・サミット（世界首脳会議）**は、国際コミュニティの意識を高めるためのさらなる一歩となるものであった。このサミットによって、持続可能な開発に関する理解、特に貧困と環境問題、そして自然資源の利用方法に関する理解がより広く強化された。

各国政府は、持続可能な開発を効果的に実現すべく、広汎な分野にわたる具体的な取り組みと行動のための目標について同意、確認を交わした。交渉ではエネルギー問題と公衆衛生が重要事項として取りあげられ、それ以前の持続可能性に関する国際会議で取り決められていたものよりも高い成果目標が議論された。

このとき、スウェーデン・チャルマース大学のクリスティアン・アザールとジョン・ホルムバーグが、ある国の経済の発展に伴って何が起こるかを明らかにした研究成果を発表し、会議における議論に科学的資料を提供した。アザールとホルムバーグの研究によって、水と衛生の問題など、地域コミュニティの自己組織化によって自然と解決に向かう問題がある一方で、経済発展とともにより多くの人が大型車を購入するようになってCO_2が増加し、環境汚染が進むなど、コミュニティが経済的に豊かになることで悪化に向かう問題もあることが明らかにされた。

2007年
国連

国連IPCC（Intergovernmental Panel on Climate Change、気候変動に関する政府間パネル）は、世界各国から数多くの科学者が一堂に会して、気候変動に関する最新の科学的、技術的、そして社会経済的知見を評価する場となった。千人規模の科学者が参加し、気候変動に関する非常に影響力の大きい評価報告書を出版した同会議は、元アメリカ合衆国副大

PART I: FRAMEWORKS

統領アル・ゴア氏とともに、2007 年のノーベル平和賞を受賞。

この報告書は、過去 150 年間の人類の活動が気候変動に大きな影響をもたらしたこと、そして、このまま抜本的な対策がとられないと、将来どのような事態が想定されるかを明らかにした。

2009 年 ●———● 年末に開催された **COP15（第 15 回気候変動枠組条約締約国会議）**では、
コペンハーゲン 環境保護に関する合意が実現するのではという期待が高まっていた。
（デンマーク）

しかし環境に対して最も大きな負荷をかけている二国、中国とアメリカが採択文書への署名を渋り、大きな成果目標にもコミットメントを示さなかったため、この会議の直接的な成果はごくわずかなものとなった。

2010 年 ●———● **COP16** は、世界的レベルでの合意に達することを狙いとしていた。
カンクン（メキシコ）

しかしながら、会議は（環境保護を訴える）経済的に豊かな国々と（経済発展を最優先したい）貧困国とが激しく対立。さらに、世界の環境に最も大きな負荷をかけている中国、インド、アメリカが協定に署名していないことに苛立ち、京都議定書からの脱退をほのめかす国々まで現れた。

こうした対立を経て採択された同意文書は多くの妥協をはらんだもので、それが翌 2011 年に南アフリカ共和国のダーバンで開催された**COP17** をさらに困難なものにした。その一方で、COP16 で実現した**カンクン合意**は、史上初めて先進国と発展途上国の両方が温室効果ガス排出量を制限することを定めたものであった。さらに、経済的に貧しい国々が気候変動改善に貢献するための財政的援助を行う**「緑の気候基金（Green Climate Fund）」**の設立も、ここで合意がなされた。

2011 年 ●———● この年開催された COP17 は、環境負荷を制限するための国際合意に達す
ダーバン ることはできず、すべての主要排出国を含む国々に対して法的拘束力を持
（南アフリカ共和国） つ新たな枠組みを 2015 年までにつくりあげ、2020 年から発効、実施に移すことを定めた工程表、**「ダーバン・プラットフォーム」**が合意されるにとどまった。これは本来、京都議定書が目標としていた、排出国すべてに環境負荷削減のための行動を起こさせるという予定を八年間先延ばしにすることを意味した。

イギリスの経済学者スターン（Stern 2006[11]）は、この遅延によって、地

---

[11] Stern, N. (2006). Stern review on the economics of climate change. London: HM Treasury（次頁脚注に続く）.

第 2 章　持続可能性

球の気候を改善するためのコストが大幅に増大することになったと批判。ロックストローム（Rockström 2011）は、この遅延の結果、地球の平均気温上昇が相当進む──京都議定書が目標としていた最大 2 ℃の上昇ではなく、3 ～ 4 ℃の上昇を引き起こす──ことになり、それによって世界経済が壊滅的な打撃を受けると指摘した。

ダーバンで京都議定書の発展版となる包括的枠組の策定に向けた合意が得られなかった理由は、工業先進国と急速に工業化しつつあった新興国とが激しく対立したためとされる。中国、インド、ブラジルといった新興国は、既に工業化を果たした先進諸国が排出を制限する一方で、今まさに工業化を進めんとする自国については、厳しい排出量制限の免除と、経済発展のために排出量の増加が認められるべきだと主張した。さらに、もともと 2013 年に失効予定だった京都議定書からカナダが脱退を表明し、その効力は一層弱められてしまった。

一方、EU 諸国は 2020 年まで二酸化炭素排出量を 20%削減するという目標を維持すると発表。また、前述の通り COP17 では、経済的に貧しい国が温室効果ガスの排出を制限または削減する取り組みに対して財政援助を行う「緑の気候基金」が設立され、年間一千億米ドルの資金提供を行うことが基金の目標に定められた。

2012 年

ドーハ（カタール）

この年開催された **COP18** では、当初いかなる同意も不可能に思われた。しかし各国の代表団は予定されていた会議日程の後も交渉を続け、**京都議定書の有効期限を延長**することに合意。これによって、2012 年末をもって失効する予定だった同議定書は 2020 年まで有効となった。また、COP18 では先述した「ダーバン・プラットフォーム」、すなわち、京都議定書の後継プログラムのあり方がより具体化された。さらに、発展途上国における炭素排出量コントロールが失敗した場合、それを引き起こした経済活動の大元である先進国の財政的責任を規定する**「損失と被害（ロス＆ダメージ）」**について、正式に本会合で取りあげられたことも前向きな一歩に数えられる。

このほかにも、2005 年、米国ニューオーリンズ州の大部分に壊滅的な被害を与えたハリケーン・カトリーナは、連日テレビで報道されたこともあり、気候変動に対する人々の意識を大きく高め

---

http://webarchive.nationalarchives.gov.uk/20100407011151/http://www.hm-treasury.gov.uk/sternreview_index
htm

PART I: FRAMEWORKS

ました。また、2007 年に南アジア諸国を襲った大洪水など、その他の自然災害も、地球の気候が変わりつつあるのではないかという問題意識を高める効果をもたらしたのです。

元アメリカ合衆国副大統領のアル・ゴア氏は、著書『不都合な真実[12]』を 2006 年に出版し、それとともに氏自身が精力的に世界中をまわって講演などで環境保護の重要性を訴えるメッセージを発信したことで多くのメディアの注目を集めました。地球温暖化に対する意識を高めるゴア氏の活動は高く評価され、国連 IPCC とともに、2007 年のノーベル平和賞が与えられています。

2006 年には、経済学者のニコラス・スターンが、イギリス政府に向けて地球温暖化対策に関する費用対効果などを経済学的見地から評価した「スターン報告書」を発表。気候変動の影響を定量的に示すのみならず、先延ばしにするのではなく今すぐ対策を実施することが、経済学的にみてもっとも優れているとする論拠を示したことで、同報告書は非常に重要な文書となりました。

気候変動による最悪の影響を回避するための時間は、まだ残されている[13]。ただし、それは強力かつ共同的な行動を今すぐ開始するならば、の話だ。科学的な知見は、現在、圧倒的に次のことを示している。すなわち、気候変動はきわめて深刻な地球規模の危機であり、世界的な対策が今すぐ必要だということである。地球が温暖化するにつれて、何億もの人々が飢えや水不足、沿岸部での洪水に苦しめられることになる。経済学的モデル分析の結果、もし対策をとらなかった場合、気候変動によるトータルでの経済的費用およびリスクは、世界全体の GDP の少なくとも 5%が毎年失われるのと同等のものになると推定される。より広汎なリスクと影響まで勘案するのであれば、この推定値は世界の GDP の 20%以上に達する。対照的に、気候変動による最悪の結果を避けるために温室効果ガス排出量を削減するといった対策のために必要な費用は、毎年の世界の GDP の 1%程度にとどまる。

今後 10〜20 年間に行われる投資は、次の半世紀、そしてその後に続く世紀の地球の気候に、深刻な影響力を持つものとなるだろう。今、そして今後数十年の間に我々がとる行動は、世界の経済そして社会的活動に破壊的なリスクをつくりだしてしまうかもしれない。その影響度は 20 世紀前半の世界大戦や大恐慌に匹敵するものとなりうる。これらの変化を、一国のみの力で覆すことは極めて困難で、不可能とすらいえる…なぜならば、気候変動は世界全体の問題であり、その対策も国際的なものでなければならないからである。

気候変動を食い止めるために必要なコストは莫大だがコントロール可能なレベルのものだ。対策を遅らせることは危険で、しかも遥かに大きなコストを伴うものとなる。大気中の温室効果ガス濃度を、CO2 換算で 450〜550ppm に抑えられれば、気候変動による最悪のシナリオにおけるリスクを大幅に削減することができる[14]。これは大いなる目標ではあるが、根気強く長期的な対策をとることで達成可能で

---

[12] Gore, A. (2006). An inconvenient truth: The planetary emergency of global warming and what we can do about it. Emmaus, PA: Rodale（邦訳 A.ゴア著（江田廣純子・訳）『不都合な真実』2007 年 ランダムハウス講談社）.

[13] 訳文は、環境省「スターン・レビュー『気候変動の経済学』」（ http://www.env.go.jp/press/files/jp/9176.pdf ）を参照したうえで、訳者による修正を一部に加えたもの。

[14] 温室効果ガス観測技術衛星「いぶき」を用いた観測によると、2015 年時点の温室効果ガスの推定経年平均濃度は約 398.2 ppm で、年々上昇傾向を示しており、「遅くとも平成 28 年（2016 年）中に 400 ppm を超える見込み」。（環境省「温室効果ガ

あり、そのために必要なコストは、何も対策をとらなかった場合と比べれば、より低いものとなる。我々
が、今すぐ強力な対策を開始するならば、温室効果ガス濃度を CO2 換算 500〜550ppm で安定化させ
るために必要な年間コストは、世界 GDP の約 1%で済むというのが、最も妥当な推定である。

その後、予測より気候変動のペースが早まったとして、2008 年 6 月、スターンは二酸化炭素排
出量削減のためのコスト推定値を世界 GDP の 2%に引き上げました。彼の定量的な推定は、それ
までの間接的な指標ベースのものだった議論に欠けていた情報を提供し、気候変動が経済発展に
およぼす影響を直接的に指摘したことで、政治家にその重大性を認識させることとなりました。

では、スターン報告書の翌年、2007 年に世界各国から 1,000 人以上の科学者が結集した、国連
IPCC から得られた主な知見とはどのようなものだったか、以下に概観してみましょう。

観測された気候の変動とその影響

地球温暖化ははっきりと進行しており、それは世界の平均気温および水温の上昇、大規模な溶雪・
解氷、地球規模での海面上昇といった観測結果から明らかである。

全大陸とほぼすべての海洋から得られた観測データは、気候変動、特に気温の上昇によって、多く
の生態系が影響を受けていることを示している。

人類の活動から排出される温室効果ガスは産業革命前の時代に比べて増加しており、1970 年から
2004 年までの間に 70%も増えている。

二酸化炭素は、人類が原因となって生み出される温室効果ガスのうち、最も重大なものである。二
酸化炭素の年間排出量は、1970 年から 2004 年までの間に約 80%も増加した。また、2000 年以
降は、1995 年頃から減少傾向にあった単位エネルギーあたりの二酸化炭素排出量が再び上昇に転
じ、エネルギー利用の効率性が悪化していることを窺わせる。

地球全体の大気中の二酸化炭素、メタンガス、亜酸化窒素（N_2O）は、1750 年以降の人類の活動に
よって顕著に増大し、今では産業革命までの数千年にわたる期間の大気中の濃度をはるかに上回る
値となっている。

IPCC の第三次評価報告書（TAR）以降の進展をみると、人類が気候に与える影響が最も大きいのは
平均気温に対するものである。

人類の影響は、20 世紀後半の海面上昇につながった可能性が非常に高く、地球全体の風のパターン、
ひいては台風の進路や気温変化のパターンにも影響を与えた可能性が大きい。また、極端な熱帯夜
や凍てつくような冷夜、身を切るように寒い日が増加したことにも関係があるとされ、さらに、熱
波の発生、1970 年代以降旱魃に見舞われる地域が増大したこと、そしてゲリラ豪雨の頻発につい
ても、人類の影響は否定しがたいとみられている。

ス観測技術衛星『いぶき』（GOSAT）の観測データにもとづく月別二酸化炭素の全大気平均濃度の公表について」
http://www.jaxa.jp/press/2015/11/20151116_ibuki_j.html より）

PART I: FRAMEWORKS

各国政府が採用する環境政策やそれに関連する開発を現行の（中途半端な）状態のままにしておくと、温室効果ガスの排出量は今後数十年にわたって増え続けるだろうという点については、多くの科学者が合意し、多くの証拠が示すところである。

IPCC 排出シナリオ特別報告書（Special Report on Emissions Scenarios、SRES）では、2000 年から 2030 年の間に、CO2 換算で 25〜90%もの温室効果ガス排出量の増加が予測されている。これは、2030 年までの期間、そしてそれ以降も、化石燃料が世界のエネルギー供給源としての主要な位置を占め続けることによるものである。

現在の温室効果ガス排出量レベルが継続あるいは増加した場合、21 世紀中にさらなる温暖化と地球規模での気候変動が引き起こされるであろう。その変化は、20 世紀の間に観測されたものよりも大きなものになる可能性が非常に高い。

気候変動に対する順応プログラムも抑制政策も、それぞれ単独では大きな成果をあげることはできないだろう。しかし、順応と抑制は相互に補完し合うものであり、その両方に取り組んでいくことで、気候変動によるリスクを大幅に削減することができる。

固有性が高く、かつ消滅のおそれがある生態系

極地や高山に棲む生物から成る、固有かつ絶滅の危機が増大中の生態系に対する悪影響（さらなる温暖化に伴う気候変動によるもの）について、新たな、そして強力な証拠が集まりつつある。

温暖化の進行が進むにつれて、種の絶滅やサンゴ礁への被害に関するリスクは、IPCC TAR で想定されていたよりも大きくなると予想されている。

地球の平均気温が、1980〜1999 年の水準と比べて 1.5℃から 2.5℃の上昇幅を上回った場合、これまでに調査された植物および動物種の約 20〜30%の絶滅の可能性が高まることが懸念される。また、1990 年の水準と比べて 1 ℃から 2 ℃、地球の平均気温が上昇すると（産業革命前の水準から 1.5〜2.5℃の上昇にあたる）、生物多様性の重要な拠点となるホットスポット地域を含む、多くの固有かつ既に生存が脅かされている生態系に深刻なリスクが及ぶことになる。

サンゴ礁は温度変化によるストレスに対して脆弱で、順応性が低い。海水表面の温度が 1 ℃から 3 ℃程度上昇すると、サンゴが温度変化に順応ないし適応しない限り、「海の砂漠化」と呼ばれる白化、そして死滅が増えることになると想定されている。

温暖化によって、北極圏や周辺の島々の固有種から成る生態系の脆弱性が高まっている。

極度の気象現象リスクについて。観測史上これまでみられなかったような異常気象は、IPCC TAR の時点よりも気象現象による危険が高まっていることを示唆している。旱魃、熱波、洪水の発生および影響度が増大してきている。

気候変動の悪影響と、それによる危険増大の分布について。気候変動によって影響を受ける度合いについては明確な地域差があり、経済的に最も貧しい状態にある人々がしばしば最も脆弱な状態におかれてしまう。これは発展途上国だけにみられるものではなく、先進国においても、貧困状態にある人々や高齢者といった特定のグループにおいて、最も危険が高まるとする証拠が積み上がりつ

つある。さらに、低緯度地域にあって経済的にまだ発展途上の状態にある地域、たとえば赤道付近の乾燥地帯や大河川デルタ地域などは、おしなべて高いリスクに晒されている。

気候変動の累積的影響について。IPCC TAR で発表された予測に比べると、気候変動による恩恵的影響は温暖化が小規模でおさまった場合に最大となり、悪影響は温暖化が大規模に進行するほど大きくなると予想される。さまざまな要因をすべて勘案した場合の、さらなる温暖化による正味のコストは時間とともに増大すると考えられる。

大規模な気候変動特異点リスクについて。数世紀にわたり地球温暖化が進むと、20 世紀中に観測されたものよりも大きな熱膨張現象が発生する。それだけでも大規模な海水面上昇を引き起こして、沿岸地域の消失とそれに伴う悪影響を及ぼすであろう。さらに、グリーンランドと南極を覆う氷床が 100 年単位の期間にわたって溶け出し、さらなる海面上昇につながるリスクがあることが今では分かってきており、その意味では IPCC TAR の時点よりも気候変動の影響についての理解が深まってきたと言える。

気候変動による悪影響の多くは、抑制策を実施することでその影響度を減らす、遅らせる、あるいは避けることができる。不断の努力と投資を今後 20〜30 年続けていくことで、気候変動を小規模に抑えられるチャンスは充分にあるのだ。逆に、排出量削減活動実施を遅らせることは、地球の気候を安定化させる機会を限定的なものにし、より深刻な影響のリスクを増大させることにつながる。

今後数十年間のうちに実用化されるであろう技術と現在すでに利用可能なものを組み合わせた、テクノロジーのポートフォリオを活用することで気候変動を抑えることができるはずだ、という点で科学者たちは意見が一致している。このためには、それらのテクノロジーの開発、展開、普及を促し、関連して生じるさまざまな障害をクリアするための効果的なインセンティブ、奨励策がとられることが前提となる。

2007 年の IPCC は、経済的な影響については、2030〜2050 年の世界の GDP に影響を及ぼすだろうという、かなり曖昧な推定値を発表したに過ぎませんでした。IPCC の最も主要な成果とは、影響力を持つ著名な科学者たちの大多数が参画し、気候変動の影響について一致した見解を記した報告書を、国連および世界各国の政府関係者の手にもたらした、ということだったのです。

これらの報告書や会議の影響力は、メディアの報道によって強められました。2004 年から 2007 年にかけてスウェーデンの大きな企業を対象に実施された調査では、社員の多くが 2006 年のスターン報告書、そして 2007 年の IPCC のことを知っていると答えており、さらに、BBC（イギリス国営放送）が 2006 年に放送した「プラネット・アース」などのテレビ番組によって持続可能性についての見方が大きく影響を受けた、と回答したのです。

持続可能性の確立に向けたビジネス戦略

少なくとも「われら共有の未来（Our Common Future）」と題された 1987 年の国連ブルントラント委員会報告書以降、持続可能性は公共政策上の議題になり続けてきましたが、企業経営に関

PART I: FRAMEWORKS

するものとしては必ずしも論じられてはきませんでした。しかし、工業、そしてサービスに関わる企業が何を行うかは、持続可能性に確実に影響します。これは、原材料の利用方法や製品の流通配送といった企業の生産プロセスによる直接的な影響に加えて、製品の使用後の廃棄やリサイクルをどう社会のなかで行っていくかといった間接的な影響を通してみれば明らかです。さらに言うと、企業は社会の構成員として、健康や児童労働、社会的公平性などを含む社会的な領域に影響を及ぼす存在でもあるのです。

ブルントラント委員会報告に触発されて、未来の持続可能な社会において何が必要とされるか、そして、その実現のための戦略について分析を進めようという動きが起こりました。それらの動きのうちのいくつかは社会的なレベルに照準を合わせたものでした。たとえばオランダでは、持続可能性に関するテクノロジーや文化、社会の構造的な変化についての需要が、さまざまな利害関係者、ステークホルダーの観点から議論されました。しかし、それらの努力を 10 年にわたって分析した結果をまとめた論文のなかで、著者のフェルグラート（Vergragt 2001[15]）は、持続可能性実現のためのイノベーションに民間企業が関与することは不可欠であるとしながらも、オランダの企業の大部分は持続可能性実現に向けてはごく初期の段階にある（主な注力先は製造過程の非汚染化にあり、製品やサービス全体を通してエコ・フレンドリーなデザインを取り入れるところまではいっていない）、と述べています。

とはいえ、今日ではさまざまな国々で、法人としての社会的責任と持続可能性を重く受けとめて活動する企業の事例がみられるようになりました。たとえば、カナダの石油、鉱山、林業といった産業を実証的に研究したバンセル（Bansel 2005[16]）は、社会的な公平性に関する意識の高まりとともに、持続可能な開発を重要な達成目標に据える動きが年々増加していることを明らかにしました。近年の自然災害（ハリケーン・カトリーナなど）も地球温暖化に関する社会的意識の高まりに寄与したと言えます。また、この問題に公共の関心を向けようとした動きも見逃せません。その典型的な例が元アメリカ副大統領アル・ゴア氏の著書『不都合な真実』でしょう。彼は、テレビや講演、そしてこの本を通じて、さまざまな国々で、多くの人々や団体に大きな影響を与えました。ゴア氏によれば、この大規模なメディア露出キャンペーンの主な狙いは一般大衆を通じて政治家に影響を及ぼすことでしたが、勿論、同時に企業の経営陣に新たな洞察をもたらすことも目的のひとつであったと言います。

将来の持続可能な社会におけるニーズを先取りすべく企業が舵取りをするように、直接的にはた

---

[15] Vergragt, P. J. (2001). Back-casting for environmental sustainability: From STD and SusHouse towards implementation. *Paper for International Conference: "Towards Environmental Innovation Systems"*, 27-29, September 2001, Garmisch-Partenkirchen.

[16] Bansel, P. (2005). Evolving sustainability: A longitudinal study of corporate sustainable development. *Strategic Management Journal*, *26*, 197-218.

らきかけるといったアプローチはまだまだ希少です。スウェーデンで発足した「ナチュラル・ステップ」という取り組みはそんな数少ないアプローチのひとつで、1990 年代から実施され、企業が持続可能な社会実現に向けた活動を立ち上げるよう影響づけることに成功しました（Holmberg & Robèrt 2000[17]; Nattrass & Altomare 1999[18]）。このほか、ホルムバーグ（Holmberg 1998[19]）は、企業がシステム論的観点から持続可能性実現のための条件をはじきだし、ビジネス上の戦略をつくりあげる「バックキャスティング」と呼ばれる手法をまとめました。それ以外にも、持続可能なビジネス構築のための手法として「環境監査（Ecological Auditing）」に着目した研究者（Callenbach et al. 1993[20]など）や、企業の社会的責任（Corporate Social Responsibility、CSR）に注目した研究者が現れてきました。今日、生態学的な影響を推定するために最もよく使われているツールはライフサイクル分析でしょう。この分析法は、多くの企業において、製品の開発に際してその生態学的影響度を確かめるための標準的な手法となっています。

経営学の世界でブレイクスルーが起きたのは 2006 年、戦略論の重鎮、ハーバード・ビジネススクールのマイケル・ポーター教授が、マーク・クラマーとともに執筆した論文でマッキンゼー賞を獲得したときです。これは権威あるビジネス誌、ハーバード・ビジネス・レビューがその年に掲載した論文のなかでも、最も重要な意味を持つ論文に対して与えられる賞で、この論文でポーターとクラマーは、社会的問題や環境問題を組み込み、持続可能性を追求することを戦略の一部とすることが企業の競争優位性につながると主張しました。

ポーターらは、NGO や政府、そして企業は（本業とは別物の、"余技"としての位置づけにある）「CSR」という考え方をやめて、社会と企業活動との間で共有できる価値を見出すために「CSV（Creating Shared Value、共有価値創造）[21]」という新たな枠組みを持つべきであると述べています。この共有価値という概念のポテンシャルを見極めるべく、ポーターとクラマー（Porter &

---

[17] Holmberg, J., & Robèrt, K.-H. (2000). Backcasting—a framework for strategic planning. *International Journal of Sustainable Development & World Ecology*, *7*, 291-308.

[18] Nattrass, B., & Altomare, M. (1999). *The natural step for business: Wealth, ecology, and the evolutionary corporation*. Gabriola Island, BC: New Society Publishers.

[19] Holmberg, J. (1998). Backcasting—A natural step when making sustainable development operational for companies. *Greener Management International*, *23*, 30-51.

[20] Callenbach, R., Capra, F., Goldman, L., Lutz, R., & Marburg, S. (1993). *EcoManagement: The Elmwood guide to ecological auditing and sustainable business*. San Francisco: Berrett-Koehler.

[21] 原文は"corporate social integration"という概念を取りあげているが、日本においては、持続可能性に軸をおいた経営戦略に関するポーターの理論は「CSV（共有価値創造）」という枠組みでもって語られることが多い（M.ポーター著『経済的価値と社会的価値を同時実現する　共通価値の戦略 DIAMOND ハーバード・ビジネス・レビュー論文』など参照）ため、ここでは「CSV」の語を用いた。

PART I: FRAMEWORKS

Kramer 2006[22]）は、企業が付加価値を生み出すバリューチェーンの各段階で、社会に対してどのような影響を与えているのかを分析し、さらに、イノベーションが生み出される条件を、企業の戦略、経営資源や人材などの内部要素、パートナー企業や産学官連携などによる外部支援、そして、市場から求められている需要の質と量という四つの要素に分解する「ダイヤモンド・フレームワーク」を用いて、社会的な影響が企業の競争力にどのように作用するかを示しました。

この理論によれば、企業が自社を取りまく競争環境を理解し、適切な戦略を策定するためには、既存の経営戦略のフレームワークの中に社会的な視点を取り入れねばならないということになります。企業が社会的責任を果たしているかを判別する究極の問いとは、その活動が意義深いものかどうかという主観に左右されるものではなく、それが共有価値を生み出す機会を提供するものなのか——つまり、社会にとっての価値とビジネスにおける利益の両方を資するものなのかという事実にもとづく厳格な問いなのである、とポーターとクラマーは述べています。

持続可能性を企業の戦略策定に組み込むためのフレームワークは、このほかにもいくつか挙げることができます。そのなかでも、非連続的あるいは破壊的な変化にどう対応するかを示唆する分析法、すなわち、将来に関する不確定要因が数多く存在するなかで戦略を立案する手助けとなる分析ツールは有用なものとなります。

システム・ダイナミクス論は、多様な要因・影響が複雑に絡まり合う市場環境を分析し、組織内のさまざまな階層における「学習」がどのようなプロセスになっているかを理解するためによく用いられる理論です。もう一つ議論の出発点となるのは、いわゆる破壊的イノベーションに注目すると、テクノロジーが大きく進化したときに、それまで成功をおさめていた企業がそれについていけないという事例がみられることです。そうした破壊的転換を読み解くための分析ツールとしては、ポーターと同じハーバード・ビジネススクールの教授だったクリステンセンの「イノベーションのジレンマ」に関する理論などが挙げられます。

また、将来何が起こるかを予測するのはそもそも難しいものです。そのため、複数の代替案をできるだけ長い間選択可能な状態にキープし、不確定要素であったものについての理解が進むにつれて、そのときどきの状況に応じて最適な戦略をとる「リアルオプション・ポートフォリオ」というアプローチも近年支持を集めるようになってきました。

幅広い工業分野、そのなかでも石油産業において顕著に使われているのは「シナリオ・プランニング」という手法です（Van der Heijden 1996[23]）。これは、意思決定を行う経営陣が、起こり

---

[22] Porter, M. E., & Kramer, M. R. (2006). Strategy & society: The link between competitive advantage and corporate social responsibility. *Harvard Business Review, December 2006*.

[23] Van der Heijden, K. (1996). *Scenarios: The art of strategic conversation*. Chichester: John Wiley.

うる未来の状態を可視化するために用いられます。シナリオ・プランニングには何通りかのやり方があり、最もよく使われるのは演繹的アプローチで、戦略策定の土台とするために、まず四つのそれぞれ等しく起こりうる将来の展開の概要を描き出します（Van der Heijden 1996）。これを基に、四つのシナリオすべてにおいて機能し、かつ大きなブレがなく頑健な戦略をつくりあげるのです。これについて、「頑健な戦略というのは、ほとんどの状況下において、許容の範囲内ではあるにせよ平凡な結果に終わりがちで、どんな場合においても傑出した成果をだすことはない」という批判もあります。しかし、シナリオというのは、戦略をめぐる議論のなかで、企業の意思決定者が思考を広げたり絞り込んだりするための一つのインプット情報となるものであり、等しく起こりうる将来の可能性とそれに照らしたときの戦略の頑健性というコンセプトは、この議論において確かな役割を果たしてくれるのです。なお、シナリオ・プランニングは主に企業の戦略策定プロセスにおいて用いられるものですが、それ以外の場面でもクリエイティブな使われ方をすることがあります。たとえば、カールソン＝カンヤマら（Carlsson-Kanyama et al. 2003[24]）は、ヨーロッパの五つの都市で、社会をどう発展させていくべきかを理想の状態から逆算して考える「バックキャスティング」という手法とシナリオ・プランニングを用いた住民参加型のアプローチを組み合わせたワークショップを行いました。

近年では、著名な研究者のなかにも、持続可能性を中心的なテーマとして取りあげる人が増えてきました。センゲら（Senge et al. 2008[25]）は、『持続可能な未来へ』という著書のなかで、持続可能な未来へ向けた改革は経済的価値があるのか、なぜ企業が取り組まなければならないのかについて解説していますし、アメリカの経営学者でありコンサルタントのC.K.プラハラードは複数の学者とともに執筆した論文（Nidumolu et al. 2009[26]）を通して、「なぜ今、持続可能性がイノベーションを起こすための重要な起爆剤となっているのか」と問い掛け、持続可能な開発を目指す以外の選択肢は残されていないのだということを示唆しています。

> 未来においては、持続可能性を目標におく企業だけが競争優位を確立するだろう。これは、製品やテクノロジー、生産・流通プロセスのみならず、ビジネスモデルそのものについて考え直す必要がある、ということを意味する。

この論文では、持続可能性確立のための課題、求められるコア・コンピテンス、そしてそこで得

---

[24] Carlsson-Kanyama, A., et al. (2003). Images of everyday life in the future sustainable city: Experiences of back-casting with stakeholders in five European cities. *FOI Memo*, D.nr.03-2849, Forskningsgruppen för Miljöstrategiska Studier and Swedish Defense Research Agency.

[25] Senge, P., Smith, B., Kruschwitz, N., Laur, J., & Schley, S. (2008). *The necessary revolution: How individuals and organizations are working together to create a sustainable world*. New York: Doubleday.

[26] Nidumolu, R., Prahalad, C. K., & Rangaswami, M. R. (2009). Why sustainability is now the key driver of innovation. *Harvard Business Review, September 2009*.

PART I: FRAMEWORKS

られる機会を整理した五段階のモデルが提示されています。（1）法令遵守、いわゆるコンプライアンスを制約ではなくチャンスととらえる、（2）持続可能性に配慮したバリューチェーンを構築する、（3）環境に負荷をかけない製品やサービスの提供の仕方をデザインする、（4）新しいビジネスモデルを開発する、そして（5）こうした次世代型の取り組みに再現性・展開性をもたせて仕組み化していく。このフレームワークにもとづき、プラハラードらは「このモデルは、企業の経営陣が『持続可能性の追求はイノベーションと同義である』というシンプルな事実をきちんと認識したとき、はじめて実現する」と結論づけています。

ポーターはこの論をさらに推し進め、気候変動とビジネス戦略には直接の関連があるのだと強調しています。曰く、「気候変動や環境に対する取り組みをあくまで本業とは切り離された CSR の一環として位置づける企業は、大きな代償を払うリスクを侵している。環境が企業活動に及ぼす影響は今やはっきりと目にみえるものであり、環境問題は慈善家ではなく、戦略家的な手法によってこそ最も効果的に対処がなされうるものなのだ」。

環境に配慮した製品をつくりだすテクノロジーとそれを受け入れる市場の創出

もう一つの目立った変化の兆しは市場においてみられるものです。元来保守的であった自動車産業においてすら大きな変化が起こりつつあり、そこで成功をおさめるためには持続可能性に配慮したイノベーションが欠かせなくなってきています。2009 年の日本市場において、環境負荷が小さいトヨタのプリウス III は売上ナンバーワン、ホンダのハイブリッドカーも第四位になっています[27]。また、2010 年の米国カー・オブ・ザ・イヤーは、ハイブリッドエンジンを搭載したフォードのフュージョンが受賞。近年では、ほぼすべてのメーカーがリッター22km 以上[28]の低燃費車を発表しており[29]、この分野で世界トップを走るフォルクスワーゲン[30]は今ふたたびリッター33km 以上のディーゼル車を市場に投入しようとしています（フォルクスワーゲンは、1998 年にディーゼルエンジン搭載の「ポロ」で初のリッター33km オーバー車を発売しましたが、この

---

[27] 2016 年 6 月の時点でも環境に配慮した低燃費・低環境負荷カーの人気は変わらず、新車乗用車販売台数において、2016 年 1〜5 月の期間、トヨタ・プリウスは第一位、同じくトヨタのアクアとシエンタが第二・三位を占める。ホンダのハイブリッドカー、フィットは第四位（日本自動車販売協会連合会ウェブサイト www.jada.or.jp/contents/data/ranking.html より）。

[28] 原文は"4.5 liters per 100km"と「100km 走るためにどれだけのガソリンを必要とするか」を基準にした表記となっているが、日本ではガソリン 1 リットルあたり何 km 走れるかを示す「リッター○km」という表記が一般的であるため、換算して示している。

[29] 現在（2016 年 6 月時点）では、リッター20km 以上はもはや「低燃費」とは言えず、トヨタ・アクアはリッター37.0km、ホンダ・フィットもリッター36.4km となっている（国土交通省ウェブサイト「自動車燃費一覧（平成 26 年 3 月）」http://www.mlit.go.jp/jidosha/jidosha_fr10_000019.html より）。

[30] 残念ながら、この「環境に配慮した自動車の開発で世界トップ」というフォルクスワーゲンの評判は、2015 年に同社が排ガス・燃費性能を実際よりも高くみせる不正なプログラムを搭載していたことが明るみに出たことで地に堕ちた。

車はギアボックスに不具合が多く同社にとってはむしろ悩みの種となっていました）。

持続可能性は、イノベーションと製品開発のための第一原則としてますます脚光を浴びるようになってきています。米国 GE の CEO、ジェフリー・イメルトは、GE で開発されるいかなる製品も、持続可能性の確立というビジョンにもとづいたものとする、と明言しています。「GE は、環境に配慮せよという顧客の最もタフで難しい挑戦を解決するための新たなアプローチをとる。我々はそれを、環境に配慮する『エコ』に想像力、すなわち『イマジネーション』を組み合わせた『エコマジネーション』と呼ぶ」。GE はさらに、イノベーションに対する取り組みまでも変えようとしています。それは、「高性能の製品を開発して、それを新興国向けにグレードダウンさせる旧来のやり方ではなく、それぞれの地域で現地に合わせた最適のテクノロジーを開発し、それを世界に展開していく」というアプローチです（Immelt et al. 2009[31]参照）。

---

[31] Immelt, J. R., Govindarajan, V., & Trimble, C. (2009). How GE is disrupting itself. *Harvard Business Review*, *November 2009*.

第3章　「ロックイン」と共有地の悲劇を打破するには

Mats Williander, *Viktoria Institute & Chalmers*

ほとんどの人は、現状からの変化を厭う習慣、行動パターンに落ち着きがちな「思考モデル」にとらわれているものです。この状態で、特に大きな変化の必要性をなんら感じないまま過ごす人もいることでしょう。こうした、現状にとらわれた——ある意味で最適化した——状態のことを「ロックイン（Lock-in）」と言います。しかし、一旦最適化した状態を修正することができるスピードよりも速く状況が変化するようになると、ロックインは個人、組織、ひいては社会にとっての脅威となります。変化を厭う惰性のようなものは、環境に柔軟に適応するための妨げとなるからです。進化論的な観点からすると、そのような変化の抑制は"種の存続"を脅かす要因となりえます。事実、個人にせよ企業や文明にせよ、環境にもはや適合しなくなった思考モデルにロックインされていたがゆえに必要な適応をすることができずに滅んでいった例は枚挙に暇がありません。

このロックインの影響は、人類が原因となって引き起こされている環境の悪化や気候変動、多くの種の絶滅といった諸問題についての知識そのものはあふれているにもかかわらず、なかなか対策が講じられないのはなぜなのかを説明するうえで、重要な鍵の一つとなるものです。

ロックインはまた、顧客が重きをおく価値観に沿って製品を環境にやさしいものにつくりかえた一部の企業が「ビジネスの歴史上、最も大きなチャンス」（Hart & Milstein 1999[32]）を享受しているという洞察が知れ渡っているにもかかわらず、なぜ多くの企業が製品に変更を加えることに対してこれほどまでに腰が重いのかを説明するための一助となるかもしれません。

ロックインは、個人、企業などの組織、そして社会全体という、社会のあらゆるレベルの仕組みのなかに見出すことができます。そして、起業家にとっては、このそれぞれのレベルにおけるロックインすべてが脅威であり、同時にビジネスチャンスをもたらすものにもなるのです。

この章では、ロックインとそれによって引き起こされる「共有地の悲劇」をいかにして打破するかを論じます。この中でフォーカスをあてるのは起業家です。どうすればロックインによる脅威を打破できるのか、そしてそれをビジネスに転換することによってどのようにチャンスを掴むことができるのかについて論じていきます。

---

[32] Hart, S. L., & Milstein, M. B. (1999). Global sustainability and the creative destruction of industries. *Sloan management Review*, *41*, 23.

PART I: FRAMEWORKS

ロックインとは

そもそも「ロックイン」とは何でしょうか？ロックインとは「変更したり修正したりすることが難しい、硬直した行動パターンまたは状態のこと」であり、「強固なコミットメント、束縛、制約」となるものです。キーボードのQWERTY配列[33]はロックインの典型的な例だと言えるでしょう。QWERTY配列は、もともとはタイピングのスピードを「遅くする」ための工夫でした。かつてのタイプライターは物理的にキーが動いて紙に直接印字する仕組みで、速くタイピングしすぎるとキー同士が絡まりあってしまったため、それを予防するために考案されたものだったのです。しかし、QWERTY配列のキーボードが搭載されたタイプライター、そして後にワープロやパソコンが世界中で生産され、あらゆる人がそれを使うことに慣れきってしまった今、明らかにタイピング効率が悪いはずのこの特殊なキーボード配列を新たに刷新することはもはや不可能に思えます。ロックインが、変化に対する抑制を生み出したのです。

あらゆる事柄において、我々は自分たちが生きる時代の「思考モデル」にとらわれているものです。ファッション、生活水準、社会的地位に伴うさまざまな特権、社会そのものの見方、追い求めるに値するものとしないもの…。ロックインは決して新しい現象ではありません。人類はかつて地球が平らな世界であり、宇宙の中心に位置している、そして太陽はその周りをまわっているのだと信じていました。そして、この信念、世界観を変えることは容易なものではありませんでした。ガリレオ・ガリレイのように、この思考モデルに疑義を唱えた人たちは逮捕されたり、それよりも恐ろしい仕打ちを受けたりしたのです。ロックインは、社会のあらゆるレベルにおいて、そしてどんな時代でも起こりうるものなのです。

ロックインの定義とその限界

以下のパートでは、環境保護の観点から、いかにすれば起業家が環境にやさしい製品を開発することで持続可能なビジネスを築き上げられるかに関する洞察を見出すために、ロックインと変化に対する抑制という現象について議論をさらに掘り下げていきます。このために、まずは「共有地の悲劇」と呼ばれる現象について理解する必要があります。また、効用という概念にも触れ、個人にとっての効用と社会全体における効用という二つの次元について論じます。さらに、表出化（Externalization）と内面化（Internalization）という概念についても、それらがどのような影響をもたらすものなのかも含めて説明していきます。

---

[33] パソコンなどのキーボード上のキーの配列パターンのうち、もっとも有名かつ普及しているもので、アルファベットキーの左上にQ、W、E、R、T、Yのキーが並ぶことからこの名称がつけられた。

共有地の悲劇とは

共有地の悲劇（Hardin 1968[34]）というモデルは、現在の経済成長の枠組みが持続可能なものになっておらず、また、それを改善するためのテクノロジーが存在することを知っているにもかかわらず、なぜ多くの消費者や企業が対策をとる、またはそうした環境にやさしい技術を導入することに対して及び腰なのかを説明する重要な手がかりを与えてくれます。

共有地とは、海や空気など、コミュニティ内で誰もが使えるよう開かれた資源を指します。もともとは土地、特に牧草地のことを指していました。共有地は、コミュニティに住む住人にとってはタダで魚をとったり、家畜にエサを与えたりすることができる場所です。では「共有地の悲劇」がなぜ起こるのかと言うと、そのように共有地を利用することで得られるメリットは個人が享受する（利用者は、共有地を使えば使うほど個人的利得が向上する）一方で、共有地を濫用することによって生じる結果はコミュニティ全体に分散される（特定個人が責任を負うわけではない）からです。このことをアメリカの生物学者ギャレット・ハーディンは、村の牧草地に牛を放つ農民を例にとって以下のように述べました。

> それぞれの農民は、自分の家畜を際限なく増やすようロックインされている——資源に限りがある世界のなかで。こうして、あらゆる農民が共有地を利用することの自由を重んじる社会のなかで、自分にとって最善の利益となる道を追求した結果、待っているのは破滅にほかならない。誰もが自由に共有地を利用できるようにするとあらゆる人に破滅がもたらされるのだ。

ここで何が悲劇的なのかと言うと、一人ひとりの個人は、彼女ないし彼にとって最善の利益を追求しているに過ぎない、ということです。しかしながら、全員が共有地を利用して最善の利益を追い求めると、そこに待つのは破滅のみ。破滅は、誰にとっても明らかに最善の利益とは言えません。同じ原理は、（家畜のエサなどの）資源を獲得するのではなく、不要ないし有害なものを廃棄するための共有地についても成り立ちます（Hardin 1968、p.1245）。

> ここでは、共有地から何かを得るのではなく、何かをそこに捨てるときのことを考えてみよう——下水や化学物質、放射性廃棄物、河川への廃熱・廃水、空気中への有毒で危険なガスの排出、あるいはうるさくて不快な広告が、街のあちこちで否応なく目に入ってくることなどだ。ここでの効用の計算式は先ほどの場合と変わらない。合理的な人間であれば、共有地に廃棄する前に自分でゴミを洗浄・浄化するコストよりも、共有地にそのまま廃棄してコミュニティ全体にその影響とコストを分散させるほうが自分にとっては得だということに気づく。そして、これは誰にとっても同じことであるため、我々がみな、他者に影響されない、合理的で自由な存在として振る舞う限り、この「自分たちの巣を自分たちでだいなしにする」構造にロックインされてしまうのだ。

したがって、我々が暮らす世界に「共有地」が存在し、それを害する活動を法的に禁じることが

---

[34] Hardin, G. (1968). The tragedy of the commons. *Science*, *162*, 1243-1248.

PART I: FRAMEWORKS

できない限り、共有地の悲劇は、環境問題に関する意識が高まっているのにそれが行動となって現れないことについての重要な説明であり続けるというわけです。特筆すべきは、共有地の悲劇の構造は、個人だけではなく企業や国家にも同様にあてはまるということ。濫用の結果が全体に分散され、濫用者に限定してはねかえってこない限り、個人であろうと企業であろうと、あるいは国家であろうと、自由に使える共有地を前にして自己犠牲的な行動をとることはありません。

ハーディンの理論には批判もあります。経済成長が環境にもたらす影響に関する仮説の一つに、社会が発展する初期段階においては確かに環境保護よりも経済成長が優先されるけれど、発展が進み、市民が豊かになるにつれて環境保護に重点が移る、というものがあります。社会の発展度合とそこで重視される価値観の変遷が連動することで、最終的な環境への影響は緩和されるのではないか、というわけです。これは「環境クズネッツ曲線仮説」と呼ばれる仮説で、環境汚染と国民一人あたりの収入との相関データにもとづくものです。

都市におけるゴミ問題や二酸化炭素排出量など、いくつかの環境汚染問題については、データはこの仮説に沿ったパターンをみせています（Azar et al. 2002[35]）。ただし、確かに多くの国々において、GDP 比でみたときの二酸化炭素排出量には改善がみられるのですが、排出される二酸化炭素の絶対量そのものを削減するのは容易ではありません。このため、環境クズネッツ曲線仮説は、二酸化炭素およびその他の温室効果ガスが環境に与えるインパクトを考慮するにあたってはそれほど有用だとは言えないのも事実なのです。

米国の進化生物学者・生物地理学者であり、ノンフィクション作家でもあるジャレッド・ダイヤモンド（Diamond 2006[36]）は、資源濫用によって滅んだ社会について論じるとともに、何世紀にもわたって機能する自己組織化された社会生態学的システム（Social-Ecological System、SES）を備えた地域社会の例について述べています。2009 年のノーベル経済学賞受賞者の一人であるエリノア・オストロムは、どのような条件下であれば、資源を利用する人たちが自ら持続可能な仕組みをつくりあげるのかについて何十年も研究を重ねてきました。SES には以下のような特徴があるとされています。

- 巧妙に構築された SES には、思慮深い資源の利用の仕方が組み込まれている。

- SES は、それ自体が複数のサブシステムから成っており、ちょうど生物の身体が複数の臓器から成り、臓器がさまざまな組織から成り、組織が細胞から、細胞がタンパク質などより細かい分子から成るのと同じ階層構造によって成り立っている。

---

[35] Azar, C., Holmberg, J., & Karlsson, S. (2002). *Decoupling—past trends and prospects for the future*. Chalmers University of Technology, Dept. of Physical Resource Theory, Gothenburg.

[36] Diamond, J. (2006). *Collapse—How societies chose to fail or survive*. New York: Penguin.

第3章 「ロックイン」と共有地の悲劇を打破するには

- したがって、SESを理解するためには、個々の要素を分析するだけではなく、部分がいかに全体を形づくって一つの複雑系を成しているかを学ばなければならない。

悲劇を避けるためのフレームワーク

オストロムは、SESの働きと重要性を示す例としてイースター島に着目しました。イースター島では、かつて自然資源のゆっくりとした回復スピードに比して急激に人口が増加した時期がありました。そして、SESに関する理解不足が壊滅的な自然破壊につながったのです（Ostrom 2009[37]）。イースター島の事例は、前述のダイヤモンドの著書でも取りあげられており、ロックインがそれにとらわれた人たちにとっていかに脅威になりうるのかを描きだす格好の題材とされています。

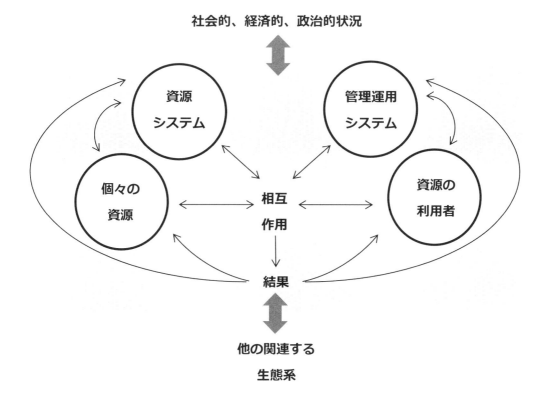

図3-1： SESを分析するためのフレームワークにおける主要サブシステム

オストロムは、SESにおける持続可能性を分析するための汎用的なフレームワークを提案しています。これは、図3-1に示した主要サブシステムから成るもので、これに付随して彼女は、ある

---

[37] Ostrom, E. (2009). A general framework for analyzing sustainability of social-ecological systems. *Science, 325*, 419-422.

PART I: FRAMEWORKS

SES が持続可能なものに発展するか否かを左右する、より詳細な要因を挙げています（Ostrom 2009、p.420）。これらの要因すべてをここで挙げることは紙幅の都合上できませんが、主なものを以下に列挙します。

- 資源全体の規模
- システムがどう挙動するかの予測可能性
- 資源の流動性
- 資源を利用する人の総数
- 資源を利用する人が持つ SES に関する知識

持続可能な SES を構築することは生態系に影響を与えないこと、ではありません。なぜなら、生態系への影響は人が生活し、社会を築くにあたって避けることはできないものだからです。むしろ持続可能な SES 構築の妨げになるのは現在主流となっている「効率性」第一の枠組みであり、それに付随する直線的思考こそが、持続可能な生態系という考えと合致しないものなのです。普通、我々は自分が生産するものの収量を最大化したいと考えます。これを実現しようと思うと、どういうことになるでしょうか。

- 我々が生産したいと思うもの以外のものは取り除くことになります（これが多様性に乏しい動植物環境を生み出します）
- 我々が生産したいと思うものをエサとして狙うものをすべて駆除することになります（上記のものよりもさらに上層の食物連鎖ピラミッドにおいても生物多様性を損なう結果をもたらします）
- "生産性"を高めるために合成肥料を使い、灌漑を最大限に行います。これらは往々にして持続可能な生産法とはなりえません
- "需要"に応えるために地理的に生産地を拡大していきます。これによって多様性に乏しい環境を押し広げていくことになります

これらの行動は、どんな影響をもたらしたのでしょうか。いくつか挙げてみます。

- 産業革命以前と比較すると、生物の絶滅率は約 100 倍に増加しました
- 現在のままのスピードで環境破壊が進めば、2030 年までに地球上の熱帯雨林はすべてなくなってしまうと言われています
- 失われてしまった生物多様性を回復させるには、少なくとも 1 億年という茫漠たる年月がかかるという予測もあります。しかも、これは一度絶滅した種がまた甦るということではありません。あくまで多様性が元のレベルに戻ることを指しています

ホルムバーグらは、持続不可能なビジネスモデルに陥ることを避けるための概念的な枠組みとし

て、80年代後半に「ナチュラル・ステップ」というアイデアを提唱し、その後さらに検証を進めました（Holmberg 1998参照）。四つ挙げられている原則のうち、三つは生態系の持続可能性に関するものです。以下、ホルムバーグの言葉を引用します（Holmberg 1998[38]、p.33-34）：

> 持続可能な社会を築くためには、自然が本来有する機能と多様性に対して
>
> 1. 地殻から採取された物質がひとつところに偏在・集中するようにしてはならない
> 2. 社会が生成・生産するものがひとつところに偏在・集中するようにしてはならない
> 3. 自然の機能や多様性が、乱獲や過剰な伐採あるいはその他の自然に手を入れる人為的介入・操作によって損なわれてはならない

すでに考察してきたように、現在我々の社会がのっとっている直線的な思考モデルはこれらの原則と相容れない面が多々あります。よって問題は、持続可能性を維持するための要件を満たしつつ、いかにして既存の持続不可能なモデル同様の経済的成長を担保できるビジネスモデルを構築するかにあるのです。

「効用」という概念と製品がもたらす「個人的効用」

「効用」という概念あるいは製品の価値というものは、単に客観的な有用性を最大化させるということを意味しません [訳注：ここで言う「効用」には、原書では"Good"の語があてられている。経済学において、"Good"とは物質的・精神的に何らかの効用をもたらすものを指し、「財」の訳語をあてるのが一般的だが、本書では議論の文脈等を勘案して「効用」の訳語をあてた]。ここで考えなくてはならないのは、ある製品の「個人的効用」――つまり、それに対価を支払う顧客が果たして何に対して価値を見出しているのか、ということです。

ここで一つ、石油化学複合企業大手のシェルの例を挙げましょう。2000年、シェルは硫黄排出量が少ないガソリン製品を（「純粋」を意味するピュアをもじって）「ピューラ」という製品名のもとに発売しました。値段は少し割高なリッター0.45ユーロ。市場に向けて発信されたメッセージは、これがより環境にやさしいガソリンであるというものでしたが、残念ながら、ピューラによる売上はシェルのガソリン全体のわずか数パーセントにとどまりました。

しかし、シェルはこの結果にめげずに、今度はフェラーリとともに開発を続け、さらに硫黄排出量が少ない新製品をつくりあげました。この新製品は「Vパワー」というブランド名をつけられ、今度はエンジンの機能性を高め、吸気弁をきれいに保つ効果があるものとして販売されました。すると、Vパワーはあっという間にシェルの売上全体の20%以上を占めるようになったのです。

ピューラとVパワーはどちらも製品に関する真実を語っていましたが、一方は社会全体にとって

---

[38] Holmberg, J. (1998). Backcasting: A natural step in operationalising sustainable development. *Greener Management International*, *23*, 30-51.

PART I: FRAMEWORKS

の効用を謳い、もう一方はユーザー個人にとっての効用をアピールしていました。それが顧客の目からは大きな違いとして映り、結果として非常に大きな獲得シェアの差となって現れたのです。

製品は、ときに純粋に機能的な価値よりも大きな社会的意義を持つことがあります。

自動車は、A 地点から B 地点へと移動するための道具ですが、それと同時に、今日の社会においては単なる機能、スペックを超えたステータスやライフスタイル、快適さ、その他諸々の意味合いと関連づけてとらえられるものでもあります（この点に関しては、以下の文献をご参照ください：Ahuvia 2005[39]; Belk 1988[40]; Dobers & Strannegård 2005[41]; Wattanasuwan 2005[42]）。自動車におけるステータスを決定づけるものは、（その他の要素も勿論ありますが）エンジンパワー、すなわち馬力とトルクであり、これはその自動車のエネルギー効率を左右します。したがって、二酸化炭素排出量の観点からすると、ステータスを求めることは自動車の環境性能と相反するものとなるのです。対照的な例として、たとえば冷蔵庫の場合、エネルギー消費が大きいことはより高いステータスを必ずしも意味しません。むしろ、性能が悪い証拠としてとらえられ、かえってステータスを貶める要因となるでしょう。このように、マーケットの顧客からどうとらえられるかという観点に立つと、製品によってポイントになる環境性能の要素というのは変わってきます。

製品の社会的な側面としてもう一つ重要なのは、その製品が他の製品やサービスに依存している度合です。自動車の有用性は、燃料を供給するガソリンスタンド等のインフラに大きく依存しています。同様に、冷蔵庫はその国の電圧やコンセント差込口の形状に適合している必要があるでしょう。このように製品やサービスが相互依存したネットワークでは、時間とともに、変化に対する強い抑制作用が生じるようになります。自動車を例にとると、その動力源を化石燃料やディーゼル燃料から再生可能エネルギーに転換することは、自動車メーカーにとっては容易でも、顧客にとっては（馴染みのないものに適応しなければならないため）短期的には不便を強いられますし、石油業者などの燃料供給者にとっては死活問題となってしまいます。対照的に、より独立性の高い製品、たとえば衣料などは、かなりの程度単独で製品として成立しえるため比較的革新を起こしやすいものであると言えます。

ある製品に対して、どこまでの環境保護性能の改善が求められるかは顧客がその時点でその製品

---

[39] Ahuvia, A. C. (2005). Beyond the extended self: Loved objects and consumers' identity narratives. *Journal of Consumer Research*, *32*, 171.

[40] Belk, R. W. (1988). Possessions and the extended self. *Journal of Consumer Research*, *15*, 139.

[41] Dobers, P., & Strannergård, L. (2005). Design, lifestyles, and sustainability: Aesthetic consumption in a world of abundance. *Business Strategy & the Environment*, *14*, 324.

[42] Wattanasuwan, K. (2005). The self and symbolic consumption. *Journal of American Academy of Business*, *6*, 179.

に対して見出している意味合いに決定的に影響されます。したがって、持続可能な道を模索する企業にとって重要な能力の一つは、大幅に環境性能を向上させることが望ましく、かつ、「旧来の」代替製品よりも優れたものであると感じるように製品の意味づけを再定義させることにあります。現時点では環境性能に関する事例はそれほど多くはありませんが、製品の意味合いを劇的に変化させたイノベーションに関する、より一般化された理論は急速に発展しつつあります（Dell'Era et al. 2010[43]; Verganti 2008[44]など参照）。イタリアの家具会社カルテルやルーチェプラン、アレッシィ、そして米国のアップルなどは、まさしくこの「製品を再定義する能力」に長けており、それによって新たな市場、競合他社が手を出せないマーケットを開拓してきました。

このように、顧客が環境性能の向上に対価を支払うようになるかどうかは、インフラまわりも含めた製品の役割や意味合いなど可変的な要素によるところが大きく、そこに顧客がどれだけの価値を見出すかによって変化し、このような顧客の認識の変化を引き起こすことの難しさはこれまたケースバイケースで異なります。環境性能の改善に対価を支払ってもいいと顧客が思うかどうかは、その製品の社会的な意味合い、それを取りまくより大きなインフラ全体と製品の適合性、そして顧客がその製品に対して見出す価値に影響されます。これらの要素は石に刻まれた碑文のように不変ではなく、時とともにうつろいゆくものです。企業やNGO、メディア、そして政府の活動が——意識的にせよ無意識にせよ——これらの認識を変化させてゆくからです。このことが意味するのは、さまざまな製品群においてそれぞれに異なる環境改善（以下、「グリーン・イノベーション」と言います）に向けた課題があり、それらの課題に対して意識的に働きかけ、変化を促すことが可能である、ということです。

「公共の効用」と環境性能改善

共有資源の誤用や濫用を減らすことは、公共における効用を高める、あるいは公共の害を少なくすることであると表現できます。環境保護に関する問題というのは、往々にして共有資源の誤用・濫用に端を発するものであるからです。

化石燃料を燃焼させることによる二酸化炭素の排出は、今日では大気中の二酸化炭素を人為的に増加させ、望ましくない気候変動を引き起こすことによって、人類全体に害をなす行為だとみなされています。一方で、化石燃料の使用量を削減するためのグリーン・イノベーションに向けた企業努力は、公共の効用を改善する、あるいは、少なくとも公共の害を減らすものであるととらえられるようになりました。公共の効用あるいは害といった概念は、狭義の環境保護問題だけに

---

[43] Dell'Era, C., Marchesi, A., & Verganti, R. (2010). Mastering technologies in design driven innovation. *Research Technology Management*, *53*, 12-23.

[44] Verganti, R. (2008). Design, meanings, and radical innovation: A metamodel and a research agenda. *Journal of Product Innovation Management*, *25*, 436-456.

PART I: FRAMEWORKS

とどまらず、交通渋滞や騒音問題といったより広汎な事象をも取り込みうるものであり、グリーン・イノベーションはこの「公共の効用」を高める活動の一つなのです。

狭義の環境保護の推進ではなく、公共の効用という概念を用いるもう一つの理由は、より確立された理論である「個人の効用」という概念との対比が可能になるからです。企業が生き残りをかけて、自社製品がもたらす個人の効用を高めることは、市場経済における根源的な仕組みの一つとなっています。社会において、消費の増大に伴う悪影響に関する意識が高まると、それが企業にとっての新たなマーケットのルールとして作用します。個人の効用にのみ焦点をあてていた旧来の市場経済に現代的な「公共の効用」という観点が挿し込まれると、それが企業のマーケットに対する見方を変え、これまでとは異なるイノベーションの道を模索させるきっかけとなりえるからです。企業が公共の効用を高めるには──これまでの市場において、競争力を維持するために個々の顧客にとって何が個人の効用たりうるのかに関する知識を必要としたのと、まったく同様に──何が公共の効用となるのかについての知識が必要になります。

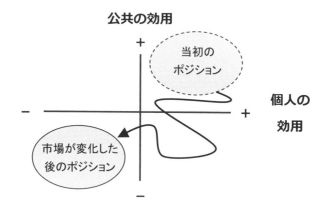

図 3-2：変化しない企業の競争力は時とともに劣化していく

図 3-2 の縦軸を境にして、右側は個々の顧客が個人的な効用を認めてくれる領域で、ここに位置する製品は一般的な意味で競争力があると言えます。それに対して、グリーン・イノベーションは製品を図の上方に押し上げることを意味します。したがって、グリーン・イノベーションがうまくいくというのは、製品を右上の象限に位置づけることにほかなりません。

言い換えると、「成功するグリーン・イノベーション」とは、一般的な意味での「成功するイノベーション（製品を図の右側に推し進めるもの）」の、より方向性が絞り込まれたものであり、グリーン・イノベーションのなかにはかえって競争力を落としてしまう（製品を図の左上に位置づける）ものもある、ということになります。

ちなみに、図の矢印で示したようにマーケットにおける企業のポジションが変化（劣化）してし

まうのは、言わずもがな市場環境、とりわけ顧客の嗜好が変化するためです。たとえば、一世を風靡した米国フォード社の「黒でありさえすれば、どんな色でもご要望にお応えします」という方針（＝黒以外に車体のカラーは一切選べなかった）はいつまでも堅持できるものではありませんでしたし、今や箱型のブラウン管テレビの競争力は皆無に等しいものになっています。

ある産業において環境保護の動きを進めることは、公共の益となる一方で共有地の悲劇の原理があてはまるものでもあるため、環境にやさしい製品が受けいれられ、広く普及する魅力的なものであるためには対価を支払う顧客に対して個人の効用を高める価値を提供しなければなりません。ここまで述べてきたように、この個人にとっての価値というのは既存の枠組みの中で向上させることもできますし、製品の意味合いそのものを変革させてつくりだすこともできます。

費用の外部化と内部化

先ごろ挙げた引用において、ハーディンは「合理的な人間であれば、共有地に廃棄する前に自分でゴミを洗浄・浄化するコストよりも、共有地にそのまま廃棄してコミュニティ全体にその影響とコストを分散させるほうが自分にとっては得だということに気づく」と述べています。

ここで述べられているのは、ある（合理的な）人が彼ないし彼女にとってもはや必要としないもの、つまり不経済なものを持っている、という状況です。彼ないし彼女がそれを共有地に廃棄した場合、これを「費用の外部化」と言います。社会がこうした廃棄行為による悪影響を懸念して、共有地に廃棄物を捨てる前には必ずそれを浄化しなければならないという規制を定めた場合、彼ないし彼にとっては「費用の内部化」が起こります。つまり、外部化あるいは内部化とは、なにかしらの不経済（たとえば有害な廃棄物）を生み出した個人、組織、または国家といった主体がその不経済に対する責任および費用を外部に移管させるか、それとも自ら引き受けるかの問題だとみなすことができるのです。

自動車における不経済の内部化の例は、エンジンから燃焼によって排出される窒素酸化物や有機化合物、高濃度炭素、一酸化炭素です。これらの有害排出ガスは、今日では各国の政府によって最大排出量が規制されています。不経済を内部化することは当該主体（この場合は各自動車メーカー）にとってはコストとなるため、それを実現するには法規制が必要となるのです。

ロックインがいかにして形づくられるか（知識の観点から）

ロックインがいかにして形成されるかを理解する方法の一つは、知識に着目してみることです。

人は、主に二つの方法で知識を得ます。一つは広い意味での観察あるいは間接的体験を通して、もう一つはより直接的な体験、つまり実験や実践を通してです。典型的な起業家は市場に新たな製品を投入してそれが売れるかどうかという（個人の効用に焦点をあてた）実験的なアプローチ

PART I: FRAMEWORKS

をとりますが、多くの人々は環境問題に関して見聞きした（公共の効用に焦点をあてた）情報を
もとに知識を得ます。

約100年前、起業家ヘンリー・フォードは――ガソリンを燃焼させる内燃機関を動力源とする自
動車という――当時最新のテクノロジーによって大きな成功を手にしました。

自動車の市場が発展しつつある段階では、移動の自由は各種のサプライヤーにとっての市場拡大
を意味し、それによって消費者はより多くの商品を手にすることが可能になり、また、雇用主に
とっても労働者にとっても雇用・労働市場が広がることを意味していました。自動車によって名
もなき個人がそれまでとは比較にならないほど自由に移動できるようになり、さまざまな場所で
仕事をし、生活を営むことができるようになりました。

それ以来、世界の自動車人口は急激に成長し続けてきました。1946年の時点では世界の自動車総
数は約5千万台でしたが、その後50年以上にわたって年平均5%以上の成長を続け、1996年に
は約6億5千万台に達しました（Metz et al. 2001[45]）。これほど歴史的な成長を遂げてきたにも
かかわらず、また、その他さまざまな移動手段との比較においてその重要性は相対的に落ちてい
ると思われるにもかかわらず、自動車のマーケットは将来的にさらに大きくなると予想されてい
ます（Schafer & Victor 2000[46]）。個人そして社会全体が移動の自由が高まったことによる恩恵
を享受しており、それ以上に、そうした自由のない生活には耐えられないと思っているからです。

実は、自動車の黎明期には、ガスエンジンや電気モーター車など、さまざまなタイプの自動車が
存在していました。しかし、結果として市場を席巻したのはガソリンによる内燃機関を組み込ん
だ、今日よく知られる形式であり、それ以来、自動車の開発と改善は内燃機関を前提としたもの
であり続けました（Hård & Jamison 1997[47]）。

その結果、そこでの技術開発とは主にクレイトン・M・クリステンセンの言う持続的イノベーショ
ンとして特徴づけられるものでした（Tushman & Anderson 2004[48]）。個人、組織、社会全体、
あらゆる階層において、前提や概念、価値観、実践方法が同一の枠組み――ある一つの文化的な

---

[45] Metz, B., Davidson, O., Swart, R., & Pan, J. (2001). *Climate change 2001: Mitigation—contribution of working group III to the Third Assessment Report of the Intergovernmental Panel on Climate Change*. Cambridge, UK: Cambridge University Press.

[46] Schafer, A., & Victor, D. G. (2000). The future mobility of the world population. *Transportation Research Part A: Policy & Practice*, *24*, 171-205.

[47] Hård, M., & Jamison, A. (1997). Alternative cars: The contrasting stories of steam and diesel automotive engines. *Technology in Society*, *19*, 145-160.

[48] Tushman, M. L., & Anderson, P. (2004). Managing strategic innovation and change: A collection of readings. Oxford: Oxford University Press.

パターン——に集約されていったのです。

ガソリン型内燃機関ありきの考え方は自動車産業だけではなく、社会におけるその他のさまざまな領域にも広まっていきました。それらの関連産業やサービスのネットワークの存在は、教育システムから（ガソリンスタンドなどの）燃料供給のためのインフラ、自動車整備工場や各地のホテル・宿泊施設などの各種サービス施設などを生み出し、形づくっていったのです。これらの関連産業は、渾然一体となって自動車というテクノロジーを中心とする一つの巨大なシステムを形成し、それが全体として変化に抵抗する強烈な力を持つようになりました（Hughes 1987[49]）。個々の消費者および社会全体が、自動車単体から得られる便益だけではなく、自動車にまつわる開発、生産、認証、流通販売、道路を中心とするインフラ整備、燃料供給ネットワーク、そして自動車の廃棄にいたる一連のサイクルにさまざまな形で関わっているのです。

100年前に自動車産業が産声をあげた時点では、自動車の消費に伴う不経済の外部化という問題についての社会の知識はほとんどないに等しい状態でした。しかしながら、年月とともにデータが蓄積され、自動車による不経済の外部化に関する社会的な意識は高まってきました。自動車の消費に伴う（有害な）副産物が蓄積され、それらによるさまざまな悪影響が可視化されてゆくにつれて社会、産業界、そして一人ひとりの個人が、何か対策を打たなければならないと実感するようになっていったのです。

今日では、自動車によって生じる不経済——騒音や事故、交通渋滞、温室効果ガスの排出、有害な廃棄物など——の外部化は、重要な世界的課題となっています。こうした不経済の外部性について、これまで自動車業界は削減することは難しいという姿勢をとってきました。その他の多くのテクノロジー同様、（不経済の外部性を克服するための）代替テクノロジーは初期段階においてはより高価で非効率的であり、たとえ環境性能には優れていようとも既存の技術に対抗するのは難しいと目されていたからです（Kemp et al. 1998[50]）。

代替テクノロジーが市場に受けいれられるためには、既存の技術体系にある程度適合しなければなりません（Hård & Jamison 1997; Newton 2002[51]）。同様に、一般的消費者もまた、より良い環境性能というものに対して、わざわざすすんで対価を支払おうとはしないものです

---

[49] Hughes, T. P. (1987). The evolution of large technological systems. In W. E. Bijker, T. P. Hughes, & T. J. Pinch (Eds.), *The social construction of technological systems: new directions in the sociology and history of technology*. Cambridge: MIT Press.

[50] Kemp, R., Schot, J., & Hoogma, R. (1998). Regime shifts to sustainability through processes of niche formation: The approach of strategic niche management. *Technology Analysis & Strategic Management*, *10*, 175.

[51] Newton, T. J. (2002). Creating the new ecological order? Elias and actor-network theory. *Academy of Management Review*, *27*, 523.

PART I: FRAMEWORKS

（Diekmann & Preisendörfer 2003[52]; Tyler at al. 1982[53]）。

これは決してモラルの低さや知識の欠落、無知を表すものではなく、むしろ長年にわたって築き上げられたシステムが備えた抑制力のために、変化とはこのうえもなく難しいものであると思いこんでしまうことによるものだと言えます。これを打破して不経済の外部化を削減するには、政府機関によるトップダウンの介入が不可欠であり、それがなければ何の変化も起こり得ないと主張する人もいます（Norberg-Bohm 1999[54]; Porter & van der Linde 1995[55]など）。その一方で、変革を実現するために必要なのは（政府による強権的な介入ではなく）「新しい考え方」を提唱する起業家の力である、という声があることも忘れてはなりません[56]。

自動車産業の事例をもとに、ロックインが生じる"進化の過程"を一般化する

本項の見出しのもとになった問い、つまり、ロックインがどのようにして生じるのかについて考えてみましょう。

まず、知識の問題があります。公共の効用を高める、あるいは公共の害を削減するためには、何が益となり、何が害をなすのかについての知識が必要ですが、そういった知識は必ずしも利用可能であるとは限りません。社会は問題に気づくのはそれが観察可能になってからです。よって、問題が生み出され、どんどん大きくなり、それが目にみえる形となって現れるほどの時間が経ってからでないと、何が害をなすものなのか社会は理解できない、ということになります。

害をなしうる問題が生み出されてから、それが観察可能な状態になって科学コミュニティでの議論の対象に挙げられ、知識として波及していくまでの間にはかなりの時間を要します。問題の発生時点から、それが本当に問題なのだという知識が確立するまでには数十年が経過することも稀ではありません。自動車の例で言うならば、窒素酸化物や高濃度炭素、有機化合物、一酸化炭素や二酸化炭素といった排出ガスが問題であると認識されるまでに、まさにそうしたスケールの時間が必要でした。

---

[52] Diekmann, A., & Preisendörfer, P. (2003). Green and greenback: The behavioral effects of environmental attitudes in low-cost and high-cost situations. *Rationality & Society*, *15*, 441-472.

[53] Tyler, T. R., Orwin, R., & Schurer, L. (1982). Defensive denial and high cost prosocial behavior. *Basic & Applied Social Psychology*, *3*, 267-281.

[54] Norberg-Bohm, V. (1999). Stimulating "green" technological innovation: An analysis of alternative policy mechanisms. *Policy Science*, *32*, 13.

[55] Porter, M. E., & van der Linde, C. (1995). Green and competitive: Ending the stalemate. *Harvard Business Review*, *73*, 120.

[56] ヨハン・ロックシュトロムの TED スピーチ「環境に発展を導かせよう」参照。 https://www.ted.com/talks/johan_rockstrom_let_the_environment_guide_our_development?language=ja

第3章 「ロックイン」と共有地の悲劇を打破するには

二つめに、ロックインそのものが問題となります。社会が知識を得るまでの間に、問題はどんどん膨らみ続けます。ただし、こうした「問題」というのは、あくまで消費者が喜んで対価を支払う、広く受けいれられた製品（自動車の場合だと、高トルクのエンジンなど）の副産物だということを忘れてはいけません。

こうした製品は広く受けいれられており、需要も大きいため、資本が投入され、生産も拡大し、それらの基になっているテクノロジーは市場を席巻していきます。多くの企業が同様の技術をもってマーケットに参入し、消費者の嗜好も洗練されていって、市場はさらに成長し、その製品は社会にとってなくてはならないものになっていくのです。テクノロジーと組織は互いに鏡写しの相互依存関係をより包括的なレベルで強めていき、これらすべてが全体として、新たな変化に抵抗するロックイン状態を構築していきます。

三番目に、こうした枠組みに人々そして企業が一旦とらわれるとそこに共有地の悲劇が生じます。

各々の企業は、生き残りをはかり、競争力を高めようと消費者にとっての効用を最大化する努力を重ねます。はじめのうち、「問題」（と後になって社会が気づくもの）は消費者にとっての個人の効用を高めようとする取り組みから無意識的に生じる副産物に過ぎません。これは少なくとも部分的には、まだ社会に知識が醸成されていない、一般的な知識不足によるものだと言えます。

しかし、効用は個人に直接享受され、一方で害は社会、公共で分散されるという原理とあいまって、問題が認識された後も自発的な問題解決に取り組むことへの抵抗感が生じます。この抵抗感は、今やっと認識された「問題」が、長年培われ享受されてきた個人にとっての効用と分かちがたく絡み合っていることから生み出されます。

問題は公共のものであり（たとえば、車の排気パイプから社会全体に向けて外部化され）、一方で既存のテクノロジーを使い続けることによる効用は個人が直接享受するため、市場において公共と個人の効用の間には競争関係が生まれ、企業は個人から評価されることによって業績が伸びるため共有地の悲劇が起こるのです。

どの企業も自社の利益最大化を目指し、それを自ら削減しようとすることはありません。共有地の悲劇は消費者の側にもあてはまります。「問題」を解決することが消費者にとって負担を強いるものである場合、個々の消費者にとって自分だけが犠牲となることを受けいれるのは不合理なことに思われるからです。さらに、同じことは多くの国々にもあてはまります。産業が発展してGDPを成長させるための重要な貢献をなすようになってくると、その国にはより環境規制が緩やかな他国に競争で負けるわけにはいかないという動機が生じます。当該の産業が引き起こす不経済性が、二酸化炭素排出のように世界全体で分散されるものであればなおさらです。

PART I: FRAMEWORKS

このように、製品はあくまでも企業などの組織が持つ知識が形となって現れたものに過ぎず、社会にとっての「害」と「効用」はその製品の基になっているテクノロジーが備えた二つの側面として同時に生じるのだという見方をとることによって、なぜ変化に対する抵抗がこれほど強烈なのかについての理解を深めることができます。ただし、（先述したように既存の技術に対して工場建設などをはじめ長年にわたり多額の投資を行ってきた）フォードや GM といった歴史ある大企業の考えやものの見方を変えることは容易ではなく、一朝一夕になしうることではありません。

最後に、どうすれば「問題」を削減ないし解決できるかに関する知識が形成されなければなりません。オストロムは、我々が直面しているのは環境や社会、テクノロジーなどが複雑に絡み合った問題であるのに、「環境に関する科学的知見と社会に関する理論は、それぞれ個別に研究されていて、そう簡単には結びつけることができない」、つまり先述の SES（社会生態学的システム）に関する総合的な知識が十分蓄積されるまでにはいたっていない、と指摘しています（Ostrom 2009、p.419）。

どのような代替テクノロジーであっても、この世界における資源を利用する、あるいはなんらかの廃棄物を排出する以上、それが本当の意味で持続可能であると証明されない限りは、将来新たな問題を生み出すものとなる可能性があります。しかし、実際には SES の複雑性、その要素間の相互依存性に関する知識はまだ十分ではなく、そうした実証は困難であると言わざるをえません。

持続可能な代替テクノロジーを開発するための手法の一つが「バックキャスティング（Backcasting）」と呼ばれるもので、この本の第 5 章で詳しく説明します。「問題」を生じさせないような画期的ソリューションをつくりだすにあたり、現在そして将来において必要とされる知識は何か、それらの知識をどのように組み合わせたらいいのか、そして、そうした知識を組織のなかに留めておくべきか否か──この最後の点は、知識へのアクセスのしやすさ（Accessibility）と排他性の問題にかかわってきます──といったことが、起業家にとって重要なポイントになります。

経営学者のグラントは、知識そのものよりも知識へのアクセスとさまざまな知識の統合こそが決定的に重要な競争優位の源泉であると述べており、起業家にとって知識をいかにマネジメントするかが非常に大切な問題であることを示唆しています（Grant 1996[57]）。

---

[57] Grant, R. M. (1996). Prospering in dynamically-competitive environment: Organizational capability as knowledge integration. *Organizational Science*, *7*, 375.

第3章　「ロックイン」と共有地の悲劇を打破するには

三つの階層におけるロックイン

社会を形成するシステムにおいて、ロックインは主に三つの階層で生じるとされます。すなわち、個人（ミクロレベル）、組織（メゾ）、そして社会全体（マクロ）です。これまで、ロックイン効果は主に組織という、本来ならば個人と社会の中間に位置するメゾのレベルにおいてのみ語られてきました。そこで、以下では個人および社会におけるロックインについて述べていきます。

マクロ（社会）レベルにおけるロックイン

まずマクロレベル、つまり社会全体におけるロックインについてみていきましょう。

政府の役割の一つは、マーケットの公平性を担保し、できることならば「完全市場」、つまり、いかなるプレイヤーないしプレイヤーの集団であっても他のプレイヤー（集団）より優遇されることのないマーケットをつくりだすことです。完全市場における売り手と買い手の取引は、その二者のみに関わるものであり、それ以外の何者もその取引によって影響されることはありません。仮にそのような副次的な影響が発生した場合には、政府は税制や法規制を用いてそれを実質無効化することが求められます——つまり、いかなる商品の市場価格であっても、それは直接間接両方の費用をすべて含むものであるよう取り計らう必要があるのです。

ここでタバコの市場を例にとって考えてみましょう。喫煙は健康に悪影響を及ぼすため、喫煙者は平均よりも多く医療施設・制度を利用します。もしタバコの市場価格に一切の税金が含まれなければ、喫煙者が利用するぶんの医療システムを支えるために非喫煙者は余分な税金負担を強いられるので影響を被ってしまいます。

そこで政府は、喫煙者が必要とするであろう医療費ぶんをカバーするだけの税金をタバコに課すことになります。市場価格が直接間接両方のコストをすべて含むものであるとき、はじめて消費者は正しい判断をすることができます。タバコと喫煙に関して言うと、世界中の多くの国々において、課税をしなければそれは実質的にタバコ産業に不必要な助成金を与えているのと同じだということが今日では認識されています（タバコが非課税の場合、喫煙者がそのぶん医療システムを「割安」で利用できることになるため）。

1998 年当時、アメリカ合衆国ではガソリンの店頭価格はガロンあたり 1 ドルでした。しかし、（ガソリンの燃焼によって大気中に排出される温室効果ガスなどの）間接的なコストすべてを勘案したうえでのあるべき推定価格は 1 ガロンあたり 5.60〜15.14 ドルと試算されていました。この差額は、ガソリンの取扱・販売業者および消費者から社会、そして将来の世代に向けて外部化されていたのです。

PART I: FRAMEWORKS

「本来の」価格と実際の店頭価格との間にこれほどの開きがあり、ガソリンをそれだけ「格安」で利用できるとなると、人々はそれを大量に消費してより多く車で移動するようになり、一方で公共交通機関の利用度を減らします。また、燃費の悪さを気にせずにより大型の車を選び、経済性よりも馬力があって高トルクの車種をより好ましいと思うようになります。マーケットはよりガソリン消費を促進する方向へと偏向し、本来の（ガソリン消費による環境負荷まで織り込んだ）価格帯であれば市場で成功をおさめたかもしれない環境にやさしいテクノロジーを搭載した車が市場で生き残ることは不可能になってしまいます。

人間社会による温室効果ガスの排出は、気候変動を引き起こし、さまざまなコストを増加させることが今日では知られています。（第2章で取りあげた）スターン報告でも、これらの環境に負荷をかけるガスの排出量を削減するコストは、何も対策を打たない場合に起こりうる事態から発生するであろうコストよりもはるかに小さいことが示されています。

化石燃料を使用すれば二酸化炭素が排出され、温室効果ガスの総量が増加する、ということは社会に知れ渡っているのに実効性のある対策はほとんど何もとられていません。「市場経済」がほとんどあらゆる面において第一原則となっている世界では、ほぼすべての国々において化石燃料に関連するマーケットは間接的に不当な助成金を得ているようなものです。

我々の社会が、この「目にみえない助成金」を考慮しない思考モデルにロックインされていることは、たとえば「風力発電に助成金を投じるのは結構だが、本来そんなものは不要なはず」といった新聞の見出しからも明らかです。なぜなら、化石燃料の利用に対して、実は目にみえない形で不当な助成金を与えている以上、その他の代替エネルギーへの（目に見える）助成金の是非を判断することは非常に難しいことであるはずなのに、そのことにまったく無自覚でいるからです。

では、なぜ社会は化石燃料については上記のような形でロックインされているのに、タバコについてはそれを免れているのでしょうか？

この謎を解くには、タバコとは比較にならないほど社会のあらゆる場面で我々が化石燃料に依存していることを考えねばなりません。化石燃料と代替エネルギーの問題は、タバコと医療費の問題よりも繊細で、より多くの、そしてはるかに強大な社会的権力を有する石油メジャーや国際コングロマリット企業体などの利益が絡んでくるからです。

助成金制度にまつわる潜在的ジレンマ

政府はふつう、「技術的に中立な」形、つまり何かある一定の方向に技術の発展を誘導することのないような形で助成金を創出しようとします。

しかしながら、実際には助成金は起業家や発明家の関心を特定の方向に向けさせ、影響を及ぼします。たとえば、スウェーデンでは、ある一定以上の規模のガソリンスタンドでは、少なくとも一種類のバイオ燃料を販売しなければならないと定められています。同じバイオ燃料のなかでも、バイオガス燃料はエタノールよりも 10 倍ほど高価なためスタンド側から敬遠され、ドライバーにとってエタノールはよく目にするけれどもバイオガスはそうではない、ということになります。結果、上記の制度は期せずしてマーケットをエタノールにとっては有利に、バイオガスに対しては不利なものにしているわけです。

この問題に対する一つの代替策は、あまり人気があるものではありませんが、将来こうあるべきと思われるものを促進するのではなく（なぜなら、将来どんな発明が生まれてくるかは誰にも分からないことなので）、代わりに、現在問題視されているものに懲罰的措置を課すことです。たとえば、有害であることが知られている物質の使用ないし排出に対して特別税を導入・増額する、などといったことが考えられます。

マクロレベルでのロックイン解消法に関する議論

税金は可処分所得を減らすことになるので、それを好ましいと思う人はほとんどいません。では、消費者の可処分所得に悪影響を及ぼすことなく、化石燃料への間接的な助成制度を是正することはできるでしょうか？NASA の研究者ジェイムス・ハンセンは、「炭素税と 100％配当」と彼が呼ぶ仕組みによってこのジレンマを解消できるのではないかと提唱しています。

炭素税とは、含まれる炭素の量に応じて化石燃料に課される税金のことです。

ハンセンの案では、この炭素税による税収は、全市民に対して一人あたりいくらという形で払い戻されます。これによって、マーケットに出回るあらゆる商品の価格は、それが生産され、店頭に並ぶまでにどれだけの炭素排出を伴うかを総合的に反映したものになっていきます。炭素税による税収は市民に払い戻されるので、消費者の購買力は維持されたままになります。そして、炭素負荷量が大きい商品（たとえば燃費が悪くガソリン消費量が大きい車など）を好む消費者はそれだけ多くの税金を支払うのに対して、炭素負荷が小さい商品を好む消費者は相対的に多くの払い戻しを受けることができます。消費者はより正当な価格の商品を手にすることができ、マーケットはより公正なものになるのです。こうすれば、商品の市場価格とその商品の生産・流通に伴う二酸化炭素排出量とがより強固に連動するようになるため、時とともに、より炭素負荷量が小さい商品が市場では好まれるようになる、というわけです。

ミクロ（個人）レベルにおけるロックイン

個人のレベルにおけるロックインは、（1）意味づけ、（2）組織、（3）行動の枠組みそれぞれにおいて確立されたテクノロジーが、ものごとを定義づけることによって生じます（Hård &

PART I: FRAMEWORKS

Jamison 1997)。こうした構造に組み込まれるように適応しなければ、既存の技術体系に対するいかなるイノベーション、代替テクノロジーであろうとも消費者の考慮対象にのぼることはありません（Hård & Jamison 1997; Newton 2002）。

さらに、新しいテクノロジーが世に受けいれられるためには、既存の構造のうち、あまりに多くのものに対して同時に変革を迫るようなことはすべきではありません（Chen 2001[58]）。「個人、組織、社会という三つのレベルすべてにおいて既存の枠組みからの転換を迫るようなイノベーションが成功したためしはほとんどありません」（Hård & Jamison 1997、p.148）。ある製品がこれら三つのレベルにおいてどれだけの性能を発揮できるか次第で、消費者にとっての価値、すなわち「個人の効用」が決まります。

消費者が感じる利得と損失には、ある非対称が存在することが分かっています。何かを失うことによって感じる痛みは、同じ量のものを得ることによる喜びよりも大きく感じられるのです（Kahneman & Tversky 1979[59]）。このことを示す一例が、「ある商品を所有するために支払ってもいいという金額と、同じものを手放すために代価として要求する金額には有意な差がみられる（一旦所有したものを手放す場合、人はそれを獲得するときに支払ってもいいとするよりも多くの代価を求める）」という現象です。

これが意味するところは、既存の技術体系に対して新たなイノベーションを提案する場合、それがほんのわずかでも性能面で劣っていたりすると、不当なほど酷評され、受けいれられるのに多大な苦労を強いられるということです。さらに、企業がイノベーションから対価を得られるかどうかは、消費者がそれを比較するものをみつけられるかにもかかっています（Sjöberg 2005[60]）——既存のものと比べられない、文字通り類まれなものであれば、対価を得られるチャンスはそれだけ大きくなります。

比較によるインパクトを軽減させるための理論はいくつか存在します。ブルーオーシャン戦略（Kim & Mauborgne 2005[61]）やデザイン主導型イノベーション（Verganti 2008）などは、既存の枠組みを飛び越えて、そもそも競合が存在しないマーケットを切り拓くことを狙うよう提唱しています。そのほかの競争戦略としてはクリステンセンやハメルとプラハラードが提唱したも

---

[58] Chen, C. (2001). Design for the environment: A quality-based model for green product development. *Management Science*, *47*, 250.

[59] Kahneman, D., & Tversky, A. (1979). Prospect theory: An analysis of decision under risk. *Econometrica*, *47*, 263.

[60] Sjöberg, M. (2005). *The hybrid race*. Chalmers University of technology, Dept. of Technology Management & Economics, Division of Project Management, Göteborg.

[61] Kim, W. C., & Mauborgne, R. (2005). *Blue ocean strategy: How to create uncontested market space and make the competition irrelevant*. Cambridge: Harvard Business School Press.

のが有名です（Christensen 1997[62]: Hamel & Prahalad 1994[63]）。これらは、それぞれに異なる理論的観点から提唱されたものですが、消費者に製品のとらえ方、意味合いの（劇的な）変革を迫るという一点において共通するテーマを指し示しています。新しい製品にどのような意味合いを見出すかは、その製品をつくりだす起業家や発明家だけではなく、それを評価する消費者にもかかっているのです。

したがって、公共の利益や精神の社会的意味合いに対して消費者がどのような反応を示すかを深く知ることは、グリーン・イノベーションを志向し、かつ、それをきちんと利益を確保できる形で実現したいと望む企業にとって重要なポイントになってきます。

ミクロ（個人）レベルでのロックイン解消法に関する議論

個人レベルでのロックインの解消は段階的になされるべきであり、いちどきにすべての場面において変革を求めるべきではありません。同時に全面的な変革を迫ると、その製品が個人にもたらす価値があまりに大きく損なわれてしまうからです。

自動車を例にとって、社会的な意味づけという面での製品の「価値」について考えてみましょう。

車は社会におけるシンボルとして非常に大きな価値を有しています。クロームめっきや革づかい、エンジン出力、車体のサイズ、さらには価格すらも、車の所有者にとっての社会における自分の立ち位置、アイデンティティを形成する材料となるからです。既存の自動車に関する（たとえば「大きいことは良いことだ」といった）価値観を自分のプライドやアイデンティティの拠りどころにしている人は、環境にやさしい車こそが素晴らしいという変革を訴えるメッセージに対して抵抗を示すでしょう。

組織という枠組みで考えると、たとえば、ガソリンやディーゼル燃料を供給するスタンドや車のエンジン等を整備・修理する訓練を施されたスタッフが配置された整備工場等のインフラがロックインを形成する要因となります。それらを整備するためにこれまでに投下された資本がムダになりかねないからです。

行動における枠組みに関するものとしては、自動車の積載量、フルに給油した状態での航続距離、快適さ、騒音レベル、加速度などへの期待があります。利便性を損ねる方向にこれらの要素を変化させるイノベーションはなかなかロックインを打ち破れません。電気自動車は環境によりやさしいと知らされても、100km も走らないうちに充電が必要になるのは不便で、これまでの行動パ

---

[62] Christensen, C. M. (1997). *The innovator's dilemma: When new technologies cause great firms to fall*. Cambridge: Harvard Business School Press.

[63] Hamel, G., & Prahalad, C. K. (1994). *Competing for the future*. Cambridge: Harvard Business School Press.

PART I: FRAMEWORKS

ターンを変更すること（一度に長い距離を移動するときは車ではなく電車などの公共交通機関を利用するようにする、など）を消費者に強いるからです。

車体サイズが小さく、エンジンも控えめで、普通のガソリンスタンドでは補給ができないような動力源で走るエコカー、というのはおそらく市場で成功をおさめることはないでしょう。しかしながら、これはまさしく自動車におけるグリーン・イノベーションを追求した、少なくとも二つのメーカーがまさに辿った路線であり、そのどちらもが失敗に終わりました（Williander 2006[64]）。以下は、メタンガス燃料を用いた自動車とハイブリッドカーを比較した報告書からの抜粋です。

メタン自動車の場合、消費者はバイオ燃料またはメタン専用のエンジンを搭載した車を（ガソリンで走る既存の車を含む）一連の自動車ラインナップにおける亜種として認識した。メタンガス自動車のエンジン出力は最低ランクで、既存の車種と比べ 4,000 ドル以上の追加費用が必要だった。

この車は、既存のガソリン車と変わらない航続距離を走れるがメタン燃料しか使えず、燃料タンクの容量も小さいものか、バイオ燃料対応車である（つまり、従来の石油由来のガソリンに加えてメタン燃料でも走れる）けれども既存の車種の半分しか航続距離がないかのどちらかしかなかった。メタン燃料で走る車は米国で 23 年間にわたり販売されたが、メタン燃料を補給できるステーションはわずか 1,600 箇所しか整備されなかった。これは全米に 17 万 5 千箇所も備わっているガソリンスタンドの比ではない。スウェーデンでは、メタン燃料の補給ステーションは南部に散らばっている。

スウェーデンでも米国でも、メタン燃料を取り扱うステーションのほとんどではメタン燃料だけしか取り扱っておらず、ガソリンは提供していないため、ガソリンの補助剤としてメタン燃料を利用する車のユーザーは二つの補給所（ガソリンスタンドとメタン燃料ステーション）に立ち寄らなくてはならない。また、スウェーデンにおけるガソリンとバイオ燃料の価格差を勘案すると、一般的な利用者の場合、10 年以上バイオ燃料車に乗ってはじめて、ガソリン車に乗るよりも経済的見返りが大きくなる計算だった。

スウェーデンでも米国でも、エコカーに乗ることによる経済的メリットは、ガソリン車に乗る場合と比べてごくわずかだったのだ。

ハイブリッドカーとガソリン車の価格差は、バイオ燃料対応車のそれとほぼ同様の範囲におさまっていた。燃料消費の削減量は、スウェーデンでも米国でも、メタン燃料車で走った場合とほぼ同様だった（2003 年 10 月時点）。

当時、プリウスは唯一のハイブリッドカーであり、プリウスに乗っているということはすなわちハイブリッドカーの所有者であるということを意味し、直接の比較対象となる存在はなかったのでなにが参照価格とされるべきかは曖昧だった。プリウスは公共の利益と個人にとっての便益を融合させる唯一無二の製品とみなされ、その二つはプリウス所有者にとって不可分のものであるとされた。

プリウスは、既存の自動車テクノロジーの枠組み――その意味合い、社会構造、そして個人消費者の行動パターン――に対して、抜本的な刷新を迫るものではなかった。けったいな代替エネルギーを使う必

---

[64] Williander, M. (2006). Absorptive capacity and interpretation system's impact when "going green": And empirical study of Ford, Volvo Cars and Toyota. *Business Strategy & the Environment*, *16*, 202-213.

第3章 「ロックイン」と共有地の悲劇を打破するには

要はなかったし、優れた燃費性能のおかげで航続距離については既存のガソリン車と同等かそれ以上の性能を示した。独特のデザインとハイブリッドテクノロジーと一体になったハイテク風の内装を押し出した近未来的なイメージがマーケティングには用いられ、それがプリウスの社会的シンボルとしての意味合いを生み出した。消費者は、プリウスが燃費性能と環境保護性能とを一体化させた最先端のテクノロジーであると、さまざまな方法で印象づけられたのだ。メタン燃料車とハイブリッドカーという、二つの製品が——既存のガソリン車と比較したときに追加で必要になる費用と燃料消費削減量はほぼ同じだったというのに——消費者から、まったく違うものとして受けとめられたのは明らかだ。

2004年1月30日、米国フォード社は当時販売していた2004年モデルをもってメタン燃料車の販売を停止すると正式に発表した。スウェーデンのボルボ社は、今でも年間数千台のバイオ燃料車を販売し続けているが実に細々としたものだ。一方、2004年に日本国外で発売されたプリウスIIへの消費者の関心の高まりを受け、トヨタは2004年8月にはその生産台数を50%増産することを決め、2005年3月には「ガソリンと電気の両方を動力源とする中型セダン『プリウス』は、2004年3月、月間販売台数の新記録となる10,236台を売り上げ、160.9%の販売増を記録した。

メゾ（組織）レベルにおけるロックイン

メゾレベル（競合する企業間）におけるロックインは、それにとらわれない起業家にとっては実は大変ありがたいものです。

既存の競争環境を前提にしてそこで生き残りを図るのではなく、環境（市場）そのものを自らつくりだすことで「競争という概念自体を無意味なものにする」（Kim & Mauborgne 2005）手法はいくつか存在します。つまり、イノベーションには、既存の枠組みにおける競争力を強化させるものもあれば、競争力の定義自体を破壊するものもあるということです（Tushman & Anderson 2004）。競争力というのはそうそう変えられるものではないので、競合がどこも有していない強みを活かした「ブルーオーシャン戦略」を構築してゲームのルールを変えてしまうことで、リソースが限られた小さな企業であっても大企業を向こうにまわして勝利をおさめることができるようになります。

メゾレベルでのロックインから機会を見出すことに関する議論

米国アップル社は、「ブルーオーシャン戦略」によって、製品の意味合いを幾度も、劇的に変えることに成功した好例です。

当時確立されつつあったMP3プレイヤー市場において、既存の企業はバッテリーの持ちの良さやデータ容量で競い合っていましたが、アップルは誰も予想していなかった形で市場に参入、独特で直観的に使えるユーザーインターフェースを備えたiPodを発売しました。コンピュータ上で音楽データを管理するソフトiTunesとともに使用することで、ユーザーは手持ちの音楽を管理するだけでなく新たな楽曲をインターネット経由で購入することもできるようになりました——こ

PART I: FRAMEWORKS

れは当時音楽データの取扱いについて問題となっていた点を勘案した仕組みでした[65]。既存の市場における社会的シンボルとしての音楽の意味合いを独自のデザインとブランドイメージによって、そして、消費者の行動パターンを直観的なユーザーインターフェースと iTunes によって変革することで、アップルはバッテリーの持ちの良さやデータ容量といった既存の MP3 メーカーの強みに直結したスペックの問題を陳腐化し、デザインや使い勝手、ブランドイメージといったアップルが強みを持つ要素の重要性を引き上げることに成功したのです。

ほどなくして、アップルは破壊的進化の歩みを止めずに携帯電話の市場に参入し、iPhone を発売しました。iPod の場合と同様、直観的なユーザーインターフェース（この場合はタッチスクリーンという画期的技術に立脚したもの）に、サードパーティを巻き込んだ多様なアプリを搭載した"スマートフォン"というイノベーションを投入することで、アップルはまたしてもそれまで争点となっていたポイントを二義的なものにしてしまい、市場を席巻することに成功したのです。

持続可能なビジネスモデルをいかに構築するかについての知識を備えたどこかの小さな企業が、環境にやさしい製品にそれをあてはめてアップルのような成功を再現できたとしたら、それは「歴史上最大のビジネスチャンス」を創出することになるでしょう（Hart & Milstein 1999、p.25）。

自動車業界は、今日にあっても「夢」を売るモデルを堅持し続けています（自動車の CM は、今でもそのほとんどが、たった一台の車が曲がりくねった峠道をスピード制限なしで駆け抜ける、といったものばかりです）。この業界において、多くの人々が日々経験している現実を踏まえたうえで、顧客にとっての移動体験を現状とは異なるものにし、同時に企業に大きな利益をもたらす形で新たな市場を切り拓くようなイノベーションを起こして、自動車というものの意味合いを抜本的に変革させうる道はどのようなものなのかは、いまだ誰も答えを見出すことができていない問いとして残されているのです。

次頁の二つの写真を見比べてください。フォードやボルボは、既存の「夢を売る」競争に飛び込む以外の道をとっていれば、メタン燃料車をより成功させることができていたでしょうか？そしてトヨタのプリウスは、この枠組みのどこに位置づけられるのでしょうか？これらの問いの先に、ロックインを打破して成功を掴みとろうとする起業家にとってのヒントが隠されているはずです。

ロックインについてのまとめ

一般化してまとめると、ロックインには以下の三つの「進行過程」があります。

---

[65] 「いかにしてキャズムを越えるか」に関するジェフリー・ムーアの議論をご存知の起業家のために付言すると、iPod と iTunes を一体化させたことによってアップルの音楽サービスはより完璧なものになり、それはまさしくムーアが提唱したキャズム克服のためにとるべき方策と合致するものとなった。詳しくは、ムーアの著書を参照されたい。Moore, G. A. (2002). *Crossing the chasm: Marketing and selling disruptive products to mainstream customers*.

第3章 「ロックイン」と共有地の悲劇を打破するには

　　自動車業界がアピールする「夢」　　　　　多くの人々にとっての「現実」

1) **「黎明期」**。対価を支払う顧客個人の効用に焦点があてられ、望ましくない副産物は（意識的に、あるいは無意識的に）社会に向けて外部化されます。

2) **「成長期」**。まだマーケットの全体像についての理解は完全ではなく、引き続き個人の効用が重視される一方で、市場規模と投資額が拡大し、競争が激しくなっていきます。

3) **「洞察期」**。この段階に至って、はじめて現行の産業構造が生み出している副産物の蓄積に伴う、望ましくない効果が明らかにされます。

ロックインは、社会における三つの階層――個人レベル、組織レベル、そして社会全体のレベル――のすべてで生じえます。このいずれのレベルにおけるロックインも、起業家にとっては脅威であると同時にチャンスともなりえます。問題は、次の見出しになっている問いに尽きます。

<u>環境保護に向けた関心を持つ起業家には、一体何ができるのか？</u>

上記の通り、ロックインは社会のあらゆる階層においてみられますし、そのいずれもが起業家にとっての脅威となり、機会となりえます。

ロックインが進行する三つの過程（「黎明期」→「成長期」→「洞察期」）に関する知見からは、いかなる業種業態であろうとも――たとえば、この文章を読んでいるあなた自身が属する業界においても――副産物を生成して外部化し、後々になって社会に負荷を引き起こしていることが判明するようなロックインは発生しうる、ということを示唆しています。したがって、ここで一つ問わねばならないのは、自分の会社のビジネスモデルは果たして持続可能なのか？というものになり、この問いに答えるには自社を取りまくSESを理解する必要があります。

オストロムが指摘した通りSESは複雑なものであり、おそらく自社のみでは十分なデータ、知識は持っていないと思われます。起業家は――ビジネスを成功に導くためには情報は不可欠ですから――経済は勿論のこと、ブランド開発や特許、商標、その他の知的財産権にまつわる問題、関連法等々について入念に調べるものです。しかし、ほとんどの会社の取締役会や経営陣は、これ

PART I: FRAMEWORKS

まで環境保護に関する諸問題について知識を持ち合わせていませんでしたし、正しい知識にアクセスする手段も持っていませんでした。自分の知識に自信を持つ起業家とて、同じ轍を踏まないとは限りません。先に引用した経営学者グラント（Grant 1996[57]）によれば、それを避ける良策は情報を得るために体系だった知識獲得戦略を立てておくことと広汎かつ多様な情報ネットワークを持つことです。それらの知識戦略と情報ネットワークをもとに、バックキャスティングなどの手法、そして自社を取りまく SES に関する理解を活用することで、自社のビジネスの「健康状態」、すなわち持続可能性を検証することが可能になります。

次に、自社がビジネスを展開するマーケットに偏りはあるでしょうか？ロックインに関する知識を活用し、自社がおかれた競争環境の状態について学びましょう。そこで外部化されている不経済性、コストはありますか？それらのコストが、これまでにどれだけ蓄積されてきているか推定できますか？それは、現代の社会に直接反映されるコストでしょうか、それとも将来の世代にツケをまわすものですか？

環境に立脚した持続可能性の観点から、市場を検証し、理解を深めるべきです。マーケットにおける偏向を見極め、それをベースにして計画を立案し、SES 構築プランを立てるべきです。アクセルロッドとコーエン（Axelrod & Cohen 2001[66]）の研究からは、勇気づけられる結論が導き出されています。曰く、どんなに複雑なシステムにおいても、たったひとりのプレイヤー、たった一社の企業──たとえば、名もなき起業家が興したベンチャー企業──が、不釣り合いなほどの影響を全体に及ぼすことが可能だ、ということです。ですから、市場にインパクトを与えようという際に、自社の規模や「発言力」の小ささに怖気づいてはいけません。むしろ、どうすれば市場の力を自分たちのプロジェクトを推し進めるために活用できるかを考えるべきなのです。

環境に配慮する起業家にとって、ロックインがどのような形で脅威または機会となりうるか、主なものを下記のリストにまとめました（それに続く図 3-3 もご参照ください）。

マクロレベル： 起業家にとって、国の制度がマーケットを偏向させるようにロックインされていることは深刻な脅威となるかもしれません。既存の産業、業界団体による政府への働きかけ、いわゆるロビイングも大きな脅威となりえます。これを打破するためのひとつの方策は、積極的に公の場で論陣を張ることです。既存の産業がいかに不経済の外部性によって公共に対して害をなす一方で自分たちのビジネスを有利に進めているかを指摘し、公共の利益、効用の重要性を訴えれば比較的容易に注目を集めることができます。起業家が成功をおさめるための重要なポイントは、SES を構築するにあたって積極的な、できれば主導的な役割を演じることで

---

[66] Axelrod, R., & Cohen, M.D. (2001). *Harnessing complexity: Organizational implications of a scientific frontier*. New York: Basic Books.

第3章　「ロックイン」と共有地の悲劇を打破するには

す。起業家が、しかるべき科学者コミュニティとのネットワークなどを通して
SES を築き上げるための知識を活用できるように準備していれば、これを実践す
ることははるかに現実的だし容易になります。

メゾレベル：	既存企業を向こうにまわして自社のリソースが足りないと感じられる場合でも、起業家はブルーオーシャン戦略を活用することによって状況を一変させることができます。知識そのものよりも知識をいかに組み合わせ、統合するかが競争優位を生み出す決定的要因になる、というグラントの提言にのっとって、秀逸な知識獲得・活用戦略を打ち立てられれば、この効果はさらに高められます。起業家の強みは、その業界の常識となった「思考モデル」にロックインされていないことです。この視点に立てば、ロックインされた状況というのは大きな機会となりえます。特にその状況に特化することが既存企業の競争力の源泉となっている場合は特にそうです。なぜなら、そうした──現行のマーケットの仕組みに最適化された──企業ほど、変化を嫌い、新たな（起業家が切り拓く）市場のルールに適応することができなくなるからです。
ミクロレベル：	消費者におけるロックインは、起業家にとって脅威と機会のどちらにもなる可能性があります。消費者が既存の市場の仕組みにロックインされていることによる、もっとも顕著な問題は、既存の社会的シンボル性、組織的構造、行動パターンを抜本的に変革するようなものを打ち出してブルーオーシャンを切り拓いたとき、それを消費者に理解してもらうためのコミュニケーションコストが高くつくことです。それが革新的な製品やサービスであればあるほど、既存の枠組みにとらわれた消費者がその価値に気づくのが難しくなるためです（シェルの「ピューラ」と「V パワー」の例を思い出してください）。革新的なもの（たとえば、「一切無料」で使えるソーシャルメディアなど）を理解してもらうための方策をみつけられれば、そこには大きなビジネスチャンスが待っています。競合が追随してくるよりも早く消費者の意識のほうが変わってくるような場合、これによってリソースに乏しい企業であってもチャンスをつかむことができます。繰り返しになりますが、こうした機会をものにするための秘訣は、適切な知識獲得・活用戦略を整え、情報をビジネスにいち早く、そして効果的に転換することです。

締めくくりとしてのいくつかの考察

この章では、「グリーン・イノベーション」に焦点をあてて論じてきました──なぜそれを実現するのが難しいのか、それを他に先駆けて実現させようとする野心的な人々、つまり起業家はどういった困難が待ち受けていることを覚悟すべきなのか。これらの議論の中で取りあげた理論は、

PART I: FRAMEWORKS

必ずしも環境保護や持続可能性、「グリーン・イノベーション」といったことを念頭に研究を進めていた学者によって開発されたものではありません。だからこそ、これらの理論は、狭義の環境保護問題だけに限らず、より広汎な事象——たとえば、いかにイノベーションの価値を伝え、それによって新たなビジネス、市場を切り拓くか——にあてはめることができるものなのです。

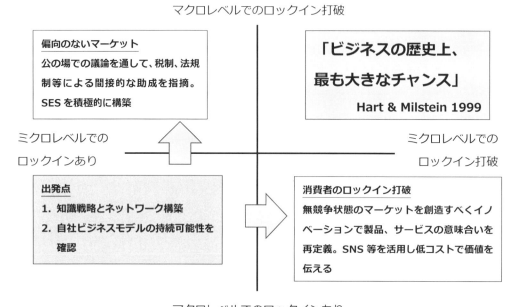

図 3-3：ロックインを打破するレベルとビジネスチャンス

環境保護の問題は、「直接利害関係のない第三者に損害を与えることなく事業を営むにはどうすべきか」という、より一般的な命題の一部だと言えます。この章で取りあげた理論やモデル、そこで使われている論理もまた、環境問題だけではなく、より広汎な議論にあてはまるものです。そして、これらの理論を組み合わせることで、激しい競争に晒され、低い利益率とリソース不足に悩む多くの企業にとって、より競争力がある価値提供のありかたを見出し、それを実践するための条件がどういったものかについて多くの示唆を得ることができるのです。

持続可能なビジネスモデルを打ち立てて「グリーン・イノベーション」を推進するという挑戦に臨むと決めたならば、それは社会に対する貢献を成しうるだけではなく、市場の変革を推し進める重要な資質、ケイパビリティを構築することを意味します（これは、既存の市場に合わせる「マーケット至上主義」の姿勢とは根本的に異なるアプローチです）。それを実現できれば、文字通り持続的な競争優位性を手にすることができるでしょう。次章以降では、そのための方策と手段について詳細に説明していきます。どうぞお楽しみに！

第4章　アイデアの起業価値評価のための「パッケージ・アプローチ」

Mats Lundqvist, Chalmers

本章では、あるアイデアが持つ起業価値——つまり、そのアイデアをもとに起業した場合にどれだけのポテンシャルが見込めるか——を科学的に評価する手法について述べていきます。

アイデアの起業価値評価は持続的なビジネスを開発するための最初のステップであり、最終的には環境にやさしいだけではなく、社会的にも経済的にも持続性が高いソリューションに結実するプロセスの一環です。評価に付されたアイデアがすべて起業に結びつくとは限りません。しかし、起業価値についてより広く深く検討がなされていればいるほど、そのアイデアに関する機運が高まり、たくさんの人を惹きつけて、より多くのリソースを集められるようになります。

本章でご紹介する起業価値評価のための手法は、多くの点で既存の理論とは異なっています。それは「パッケージ・アプローチ」と呼ばれるもので、あるアイデアが社会、個人、そしてビジネスにとってどのような価値を持ちうるかについて洞察し、統合するための一連の手法です。ただし、それは事業の立ち上げに向けてステークホルダーを縛りつけるビジネスプランではありません。それはアイデアが持つ将来の可能性を花開かせ、今はまだそのことに気づいていない未知なるステークホルダーを惹きつけるような、誰にでも分かりやすい形で「パッケージ」にまとめて伝えるための手法であり、アイデアを前に進めて実現させるための方法論なのです。

上記の通り、この独特の手法のことを本書では「パッケージ・アプローチ」と呼びます。アイデアを一つのまとまりとして"パッケージング"することは、あるアイデアについて、それがさまざまな立場にあるステークホルダー、そして社会全体にとってどのような意味を持つのかを特定し、コミュニケーションすることにほかなりません。

アイデアをパッケージすると言ったとき、そこには二つの意味合いがあります。一つは、プレゼントをきれいな包装紙でラッピングするように、アイデアのみせ方、伝え方を工夫することでその魅力を高めること。もう一つは、小包のようにアイデアに新たな「宛先」を与えて、それまで考えられもしなかったようなひらめきを見出すことです。最終的には、知識経済システムの中を上手にパッケージングされたアイデアが行き交うことで、人々の心に火をつけ、持続可能な発展に向けた新たな起業家精神を呼び起こすようになると我々著者は信じています。

新しいアイデアをうまくパッケージングするには、そのアイデアが将来どのような利用価値を持つのかを見極めると同時に、それが現時点でどのようなものであるかに関して非常にクリアかつ現実的な分析をしなければなりません。つまり、将来の可能性についてビジョンを示すと同時に、現状を冷静に見極めることがパッケージ・アプローチには欠かせないのです。ビジョンを示すことで長期的展望への期待を引き出し、それと同時に、現実的な分析を示すことで、そのアイデア

PART I: FRAMEWORKS

の可能性を追求したいと願う人が手をつけやすくなるからです。イノベーションの歴史を振りか
えってみれば、社会にインパクトを与えたアイデアというのは、往々にして事前に予想のつかな
いところから、しかも同時並行的に生み出されてきたことが分かります（Van de Ven et al.
2000[67]などを参照のこと）。しかし、アイデアをうまくパッケージすることによって、イノベーシ
ョンの本質を取りまく、一筋縄ではいかない、あっちこっちに行ったり来たりする、複雑なステ
ークホルダー間のやり取りをより効果的に進めることができるようになるのです。

我々が本書で提唱する「パッケージ・アプローチ」は、7ページのレポートと、それに伴うパワ
ーポイントのプレゼンテーションに結実するものです。もちろん、このフォーマットは絶対不変
のものではありません。しかし、これは何年間にもわたって、スウェーデンにおけるイノベーシ
ョンとアントレプレナーシップ教育の中心地であるイェーテボリの産学官連携システムの中で、
我々がアイデアの起業価値評価を行ううちに辿りついた実践的な手法です。

この簡潔なフォーマットによって、アイデアを評価する人は、その本質を見出す（「パッケージに
まとめる」）よう迫られます。それと同時に、このフォーマットは、アイデアを取りまく既存およ
び新規のステークホルダーの関心を呼び覚ますには充分な分量の情報を取り込めるだけの長さで
もある、ちょうどいいバランスなのです。アイデアをパッケージングするにあたっては、我々は
下記の三点がおさえられているべきだと考えています：

1. アイデアそのものの描写（機能性、新規性、特許等の整備による"取りまわしやすさ"
   （Freedom to operate）、など）

2. そのアイデアにどんな価値があるかを示す、活用法に関するビジョン

3. アイデアの起業価値実現のために必要となる開発および資金調達ニーズの特定

これらの要素一つひとつについてより深く掘り下げる前に、ここで一旦脇道に入って、アイデア
をビジネスに昇華させるために使われる既存のモデルについて考察し、それらのモデルに我々が
提唱する「パッケージ・アプローチ」がどのように関連づけられるかをみていきましょう。

プロセス型モデル

研究者が初期の事業開発プロセスをモデル化しようとした場合、一直線の線形的開発プロセスを
描写するか、あるいは最終成果物であるプロダクトを取りまく全体的、統合的なプロセスに目を
向けるかのどちらかになりがちです。線形プロセスモデルと統合的プロセスモデルは、どちらも
商業化されたプロダクトに連なる道筋の全体像をとらえようとしており、そのことでかえってア

---

[67] Van de Ven, A. H., Angle, H. L., & Poole, M. S. (2000). *Research on the management of innovation: The Minnesota studies*. New York: Oxford University Press.

イデアの初期段階については限定的な取扱いにとどまってしまっていることを以下に示します。

線形プロセスモデル

線形プロセスモデルでは、研究、開発、製造、マーケティングといった個別のステップが強調されます。このプロセスにおいては、研究フェーズの担当者たるリサーチャーは発見の新規性や革新性に集中することが期待されます。同じく、開発担当者は研究から生み出された技術を製品開発につなげることに焦点をおき、製造担当者は製造工程を最適化させること、マーケターはできあがった製品を売りさばくことに注力する、といった具合です。このため、線形プロセスモデルではしばしば、アイデアはそもそも顧客に端を発するものであり、彼女ら彼らとのやり取りを通して磨かれていくものだという当たり前の事実を見落としてしまうことになりがちです。

本書で取りあげる事例において、線形プロセスモデルがそのままあてはまるものはほとんどありません。もっとも近いケースは、最初に問題に焦点をあて、次いで製品開発、販売へと順に力点を移していったネットクリーン社のものでしょう（第14章参照）。しかし、この事例においてすら、テクノロジーや研究成果ありきで物事が進められたのではなく、それが顧客、社会、そして会社にとってどんな価値を持つのかに焦点があてられていることが分かるはずです。

結論として、線形プロセスモデルは、あくまで既存の確立された組織内部で——部署から部署へと引き渡されていく中で——どのようにアイデアが形を変えていくかを示したものであり、アイデアを生み出し、価値を引き出すためのモデルとしてはあまり役に立つものではありません。アイデアを生み出し、ビジネスにつなげられるように発展させるにあたって、一直線に進む線形のプロセスというのは決して効果的でも効率的でもないのです。

むしろ、線形プロセスモデルは、あるアイデアが幾多の組織文化の壁を乗り越えて辿る（そして耐え忍ばなくてはならない）苦難の旅路を描写したものとしてみるべきなのかもしれません。

統合的プロセスモデル

統合的モデルは、競争と変化が激しくなる一方の環境における効率的かつ効果的な製品開発に関する研究成果にもとづくものです（Wheelwright & Clark 1992[68]などを参照のこと）。このモデルに「統合的」という名称が付されているのは、それが個々別々のさまざまなタスクを一つの総体、つまり新製品にまとめあげる（＝統合する）プロセスに目を向けているからです。

統合的モデルは80年代から広く使われるようになりました。それは線形プロセスモデルの非効率性に対する反動とも言える動きであり、当時市場を席巻していた日本企業の競争力の源泉がどこにあるのかを理解しようとする試みから生み出されたものでもありました。つまり、統合的な

---

[68] Wheelwright, S. C., & Clark, K. B. (1992). *Revolutionizing product development*. New York: Free Press.

PART I: FRAMEWORKS

製品開発モデルは、多大な投資を要する製品を、適正なクオリティと価格で、しかもタイムリーに市場に投入する、という複雑きわまりないプロセスを理解するために開発されたものなのです。

このことが、統合的モデルをアイデアの起業価値評価にあてはめようとしたときにしばしば問題となります。なぜなら、表 4-1 が示すように、一般的な製品開発と革新的なテクノロジーを商品化することとの間にはハッキリとした違いがあるからです。最も顕著な違いは、テクノロジーにもとづく新しいアイデアというのは、最終的にマーケットにどんな形で導入されるかについて確定しておらず比較的オープンなものであるのに対し、通常の製品開発プロセスでは新製品を構成する部品やサブシステムを統合するために、最初から確固とした製品の仕様、ターゲットとなるユーザー、利用される場面が定められている、というところにあります。

表 4-1：従来の製品開発プロセスと革新的テクノロジーの商品化の違い

特徴	従来の製品開発	革新的テクノロジーの商品化
商品化の対象	特定の機能・デザイン	（テクノロジーによって実現可能になる）多面的な可能性
起点となる時期（および商品化までのタイムスパン）	製品のコンセプトが立案されたとき（1～5年）	価値を生み出すかもしれないコンセプトが提案され次第（10～20年）
重要なステークホルダー	最終的にユーザーとなる顧客	テクノロジーに興味関心を持つ、さまざまな関係者
商品への需要	ターゲットとなる顧客にある	製品によって引き出される
競争相手・競合	同様の機能を持つ類似製品	同じ製品ないし機能に使われる他のテクノロジー
マーケティング上の課題	完成品における独自の提供価値を見出して提示すること	そのテクノロジーによってどんなことが可能になるかを徹底的に明らかにすること
市場投入のタイミング	エンドユーザーが市場に新製品を求めているとき	競合する他のテクノロジーの開発状況や応用研究の進捗、リソース供給の状況次第
価値創造と収益化によって見出されうる機会	製品の製造販売による収益	製品の販売収益に加えて、テクノロジーの特許、ライセンスによる収益等

第4章　アイデアの起業価値評価のための「パッケージ・アプローチ」

重複ステージモデル

革新的なテクノロジーの商業化に関する著作で知られる研究者ジョリー（Jolly 1997[69]）は、彼が提唱するテクノロジー商業化のための重複ステージモデル（図 4-1）で、線形プロセスと統合的プロセスを融和させられることを示しました。

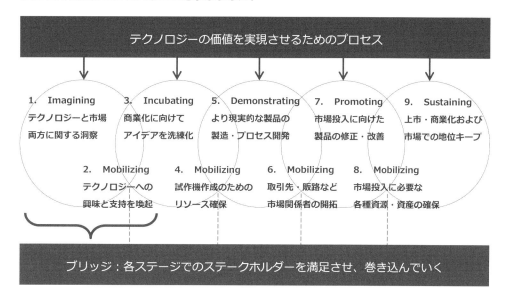

図4-1：Jolly (1997) の重複ステージモデル

このモデルは、各ステージを順に進んでいくという点においては線形プロセスの特徴を残しています。しかし、それと同時に、それぞれのステージがビジネス目線で全体観を持って意味づけられているという意味では統合的でもあります。

このモデルでは、ステージごとに次の段階に向けた検証がなされ、それをクリアしていくことで次のステージに「ブリッジ」し、同時に新たなステークホルダーを巻き込んでいくプロセスが織り込まれています。最初のブリッジでは、テクノロジーに対する興味と支持を引き出してアイデアを煮詰めていき、後の段階になると取引先や販路の開拓などより市場に関連性の高い関係者を巻き込んで、最終的には製品を形にして上市することになります。

ジョリーによれば、革新的なテクノロジーに関するアイデアを商業化まで持っていくのは実に困難な道のりであり、その途中には間違いをおかしやすいポイントがたくさんあると言います。

たとえば、新たに見出されたテクノロジーを市場に眠るビジネスチャンスと結びつける、開発初期の時点でそのテクノロジーに対する支持をとりつける、テクノロジーの真価が明らかになると

---

[69] Jolly, V. K. (1997). *Commercializing new technologies: Getting from mind to market*. Boston, MA: Harvard Business School Press.

PART I: FRAMEWORKS

ころまで開発を進める、検証を行うために必要な資金等のリソースを確保する、利用が想定される場面でテクノロジーを実証する、マーケットに製品を送り出すために取引先や販路を開拓する、製品をアピールしてその存在を知らしめる、適切なビジネスモデルを構築してテクノロジーのポテンシャルを最大限に引き出し、そして持続可能な形で商業化する…

こうした一連のプロセスをやりおおせて初めて、革新的なテクノロジーを市場に流通する製品として世の中に出すことができるのです。図 4-1 は、テクノロジーの商業化を成功させるために不可欠なこれらのプロセスとそれをつなぐ「ブリッジ」の全体像を示しています（Jolly 1997, p.4）。

パッケージ・アプローチ

本書で我々が提唱する「パッケージ・アプローチ」とは、初期段階のアイデアの起業価値評価とその成長性にフォーカスするものです。その意味で、パッケージ・アプローチは、ジョリーの重複ステージモデル（図 4-1）の最初のステージを拡張していると言えるかもしれません。

しかし、それはテクノロジーにもとづく技術駆動型のアイデアだけではなく、社会、顧客、あるいはビジネスに関して何かしらの価値を提供しうるすべてのタイプのアイデアにあてはめることができるものでもあります（Lundqvist 2009[70]参照）。大きなポテンシャルを秘めたアイデアというのは、技術革新やテクノロジーにおけるブレイクスルーから生み出されることもあれば、社会やユーザーのニーズを深く理解することで見出されるケースもあり、パッケージ・アプローチはそのどちらから生まれてくるアイデアであっても取り込めるように設計されています。このアプローチでは、どのようなアイデアであっても、まず、テクノロジーとマーケットという二つの軸でその洞察を探ることが重要なステップとして位置づけられています。

「Imagining とは、テクノロジーとマーケットを同時に洞察することである」——Imagining は、ハンガリー生まれの作家アーサー・ケストラーの代表作『創造活動の理論（原題：“The Act of Creation”）』（1964 年刊行[71]）に着想を得たとされ、ジョリーのモデルにおける最初のステージとなるプロセスです（図 4-1 参照）。

新たなアイデアをパッケージングする際、決定的に重要になってくるのが、考慮の対象となっているテクノロジーの技術的な可能性とそれが市場においてビジネスに結びつく可能性の組み合わせをあらゆる形で想像し、検討することです。技術的側面とビジネス的側面、どちらに偏りすぎても、アイデアの起業価値評価はうまくいきません。テクノロジーとマーケットを同時に洞察す

---

[70] Lundqvist, M. A. (2009). The university of technology in the societal entrepreneurship arena. In M. Gawell, B. Johannisson, & M. A. Lundqvist (Eds.), *Entrepreneurship in the same of society: A reader's digest of a Swedish research anthology*. Gothenburg, Sweden: Swedish Knowledge Foundation.

[71] Koestler, A. (1964). *The art of creation*. Oxford, U.K.: Macmillan.

ることは、それ自体がクリエイティブで想像力を要します。機能、スペックに関する視点と、利用者の立場からみた有用性、使いやすさに関する視点とを、それまで誰も考えたことのなかったやりかたで組み合わせる必要があるからです（図4-2参照）。

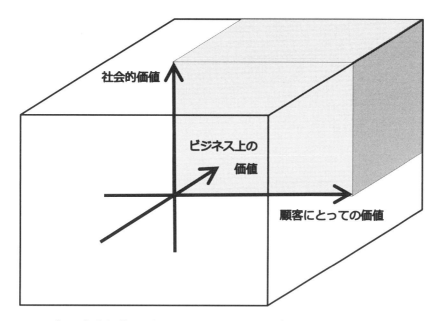

図4-2：アイデアの起業価値を評価する際は社会、顧客、ビジネスにおける価値を多面的にみて、それらを最大化するべきである（Lundqvist 2009）

テクノロジーとマーケットのどちらからみても有望と思われる洞察が見出せたら、より踏み込んだ分析が始まります。

ここでは、焦点となるアイデアをより細かい要素に分解し、それによって何ができるのかを試し、強みを磨き込んでいきます。これによって、アイデアに秘められた可能性を明らかにして、ジョリーのモデルで言う最初の「ブリッジ」——アイデアに対する興味と支持を周囲から引き出すこと——を達成すること、ひいては次の段階である"Incubation"につながってゆきます。我々が提唱するパッケージ・アプローチは、最終的には「アイデアの起業価値評価レポート」という成果物に帰着するわけですが、それを作成する過程を通して、アイデアにかかわるさまざまな人々を巻き込んでいくことを狙いとしています。

本書でご紹介する数々の事例を通して、この初期段階のアイデアを評価するプロセスと、より発展的な、アイデアを実際のビジネスにまで昇華させるプロセスの両方を学べるでしょう。

たとえば、エコエラの事例（第11章）は、"Imagining"の過程を経ることで、いかにして農業用

PART I: FRAMEWORKS

ペレットの技術が大気中の二酸化炭素濃度を削減するカーボン・シーケストレーション・プラットフォームに進化し、同時に、より効果的で持続可能な食料生産とエネルギー利用、農業廃棄物処理につながったかを示す好例となっています。この事例はまた、モデルで示されている各ステージは一方通行ではなく、行きつ戻りつを繰り返しながら進む、非線形のプロセスであることも明らかにしてくれます。セフィブラ（第12章）は、いかにしてアイデアを取りまく人々から支持をとりつけ、プロジェクトを前進させるリソースを獲得するかについてのケーススタディとして最適です。ヴェーコ（第13章）とネットクリーン（第14章）は、アイデアがすべてのプロセスを経て持続可能な形で商業化され、収益をあげて成長を達成するまでにいたった事例になります。

これらのケーススタディを通覧することで、初期段階にあるアイデアに対して起業価値評価という観点からアプローチするとはどういうことかを大づかみすることができるようになりますし、それによって、後の段階になって現れる困難や課題について想定したり準備したりすることができるようになります。それでは、いよいよ我々が提唱するアイデアの起業価値評価のためのパッケージ・アプローチについて、詳細にみていきましょう。

アイデアの起業価値評価レポート

パッケージ・アプローチとは何かをご説明するにあたっては、その最終成果物、つまり「パッケージ」がどんなものかをお話しする方が分かりやすいと思います。既に述べたように、経験上、我々はアイデアの起業価値評価のための便利なテンプレートとして、7ページのレポートとそれに伴うパワーポイントのプレゼンテーションスライドを作成することをお勧めしています。このレポートは、大きく四つのセクションに分かれます。

1. **サマリー（Summary）**。アイデアの要点と、それがどんな将来の可能性を秘めているかについて、（レポートを手にとった人が、これ以降のセクションにも目を通してくれるように）できるだけ魅力的にまとめたもの

2. **アイデアの客観的描写（Idea Description）**。アイデアそのものの説明に加え、技術的な側面に関する詳細やその新規性、特許等の整備状況をはじめとする"取りまわしやすさ"（Freedom to operate）などの関連情報を描写したもの

3. **実用化のビジョン（Value Visions）**。アイデアが具体的にどのような場面で活用できるのかに関する青写真。シナリオ分析や潜在顧客分析から、アイデアが適用可能な状況を特定し、そこで見出された顧客価値、社会的価値、ビジネス上の価値をイメージしやすくまとめたもの

60

4. **今後に向けて（Next Steps）**。そのアイデアにどれだけの潜在的な市場価値があり、それをさらに追求するためには今後どのような分析、追加での開発・実証が必要なのか。大まかな財務予測もこのセクションに含める

レポートの個々の要素の詳細について述べる前に、アイデアの起業価値評価プロセスについて、二つほど付言しておくことがあります。

一つは、実際にアイデアの起業価値を評価する順番そのままにレポートが書かれるわけではない、ということ。まだ大雑把なアイデアしか浮かんでいない段階であっても、同時進行的にいくつかのセクションに手をつけ始めたほうが良いのです。アイデアについて多くの仮説を立て、前提となる条件を掘り下げて特定しておけば、それらを実証に移していったときに（仮説が正しかろうと、そうではなく他の仮説にとって代わられようとも）より迅速にアイデアを前に進めることができるからです。

もう一つのポイントは、アイデアが初めて示されたときというのは（それがあなた自身の発明ではないとして）、好奇心を持ってその可能性を探求するよりも粗探しに走ってしまいがちだということです。ですので、アイデアを評価するにあたってはできるだけ謙虚であるように努め、あらゆるタイプのアイデアに対してオープンな姿勢で臨むことをお勧めします。たとえば、もし仮にアイデアに新規性が欠けていたとしても、だからといって実用化のビジョンや今後の開発計画が立てられないわけではありません（むしろ新規性が薄れた"枯れた"アイデアのほうが、幾多の検証を乗り越えてきており、頑健であったりするものです）。

その意味で、我々は本書においてアイデアの起業価値「評価」という用語を選びはしました（なぜなら、この表現のほうがより広く知れ渡っているからです）が、本当のことを言えば、これはダメ出し、粗探しをするという意味ではなく、むしろアイデアに秘められた価値を認め、そのポテンシャルを引き出して最大限に成長させることなのだと考えてもらいたいと思っています。

典型的な起業価値評価レポートの目次は以下のようなものになります。

1. **サマリー**（半ページほど）

2. **アイデアの客観的描写**（1〜3ページ）
   a. 技術・機能的側面に関する説明
   b. 発案者／発明者について：略歴と専門分野、興味関心等
   c. 新規性
   d. 特許等の整備をはじめとする"取りまわしやすさ"（Freedom to operate）に関する説明

PART I: FRAMEWORKS

3. **実用化のビジョン**（1〜4ページ）

   a. 実用化可能な場面状況の特定および優先順位づけ

   b. 特に優先順位が高いと思われる利用法についての現状分析

   c. 特に優先順位が高いと思われる利用法においてアイデアが顧客にもたらす価値

   d. 特に優先順位が高いと思われる利用法においてアイデアが社会にもたらす価値

   e. アイデアを実用化したときのビジネスモデルとそれがもたらす経済的価値

   f. 潜在的なマーケットについての定量分析

4. **今後に向けて**（1〜3ページ）

   a. さらなる実証および開発研究に向けた構想

   b. 完成品に求められる性能要件

   c. 想定されるリスクに関する分析

   d. 財務予測

5. **付録**

   a. ログ（誰が、いつ、何を行ったかについての記録）

   b. その他の重要と考えられるデータ

サマリー

通常、サマリーは最後に書かれるもので、レポートの中でも最も重要なパートとなります。

起業価値評価とは、そもそもアイデアに対する興味関心や支持を引き出すべく、より魅力的なパッケージをつくりあげることが主たる目的です。ですので、サマリーはそのアイデアの本質をできるだけ分かりやすく、誰にでも伝わりやすい形でとらえることに注力して書かれるべきです。アイデアをシンプルな形にしたり、喩えを使ったりしてアピールするのを躊躇ってはいけません。

アイデアの詳細や細かな懸念点については、レポートのその他のパートの中でいくらでも説明することができます。ですので、サマリーではアイデアの本質と強みとなる点を伝えることに集中すべきなのです。

とはいえ、多くの場合、サマリーの最後のところで強み以外の主要なポイントに触れておくのは適切なケースがほとんどではありますので、そこはバランスをみて調節しましょう。全7ページの起業価値評価レポートにおいて、普通サマリーが占めるのは半ページほどで、1ページを超えるようならば修正の必要があるとみて間違いありません。

アイデアの客観的描写

このセクションには、アイデアそのものに加え、そのアイデアの発案者／発明者についての短く

第4章　アイデアの起業価値評価のための「パッケージ・アプローチ」

分かりやすい説明が含まれます。アイデアの技術的な高度さ、複雑さによっては、ここにさらにアイデアの新規性、そして特許調査の結果等をまとめたアイデアの"取りまわしやすさ"（Freedom to Operate）に関する分析が記載されることもあります。

技術・機能的側面に関する説明

サマリーに既にアイデアの概要、本質的な部分に関する説明が書かれていることを前提に、このセクションでは、アイデアそのものに関する（図表なども交えた）より詳細な説明を提示します。

元となるアイデアが技術的に高度なものであるか否かにかかわらず、その機能性に関する所見はたいてい重要なポイントになります。ここで言う「機能性」とは、顧客やユーザーというよりも、むしろ（アイデアを製品コンセプト、そして、最終的なプロダクトに落とし込んでいく）デザイナーやエンジニアに向けた言葉で綴られるもので、そのアイデアが発揮することができる性能、パフォーマンスに関する定性的、できることならば定量的な説明のことを指します。また、後に続くセクションで潜在的な顧客のニーズやユーザーにとっての利便性を見極めるためには、ここで他にはない、そのアイデア独自の機能を明確にすることも重要になってきます。

高度なテクノロジーにもとづくアイデアというのは、単に機能やスペックだけでは語り尽くせない側面があるものです。どれくらいそのアイデアの可能性（それによって何ができるようになるのか）が明確なものか、どれくらい複雑なのか、そしてこれまでにどれだけの実証研究がなされているのかに応じて、技術的側面についての説明は、ごく短い記述から、個々の構成システムの状態や機能を網羅した詳細な図説にいたるまで、非常に幅広い形をとりえます。

初期段階のアイデアを実用化に向けて開発するとき、一つのやりかたとして 1,400 ものバイオミミクリー（生物模倣）デザインの事例を集めたデータベース[72]を使う、という手があります。こちらのウェブサイトを参照することで、アイデアを取りまく関係者に新たな可能性についての意識を呼び覚まし、そのアイデアを最初に目にしたときの印象とは違う観点から考えるよう促すことができるからです。

手元にあるテクノロジーをまったく別の角度からとらえなおすのを怖がってはいけません（多くの人は、そんなことをしても時間のムダだとか、専門外のことは分からないから、といって試してみようとすらしないのです）。最終的に実用化のビジョンの土台となる洞察は、アイデアを評価するあなた自身のひらめきから生まれるのですから。もちろん、アイデアそのものに、他にはない独自の機能性が備わっていたり、革新的な性能を示す実証データが付随していたりする場合もあります。そういった場合は、そうした新規性・革新性をもとにしてアイデアをコピー製品から

---

[72] Biomimicry Institute のウェブサイト（www.AskNature.org）参照。空力学的に完璧に近い鳥の翼や昆虫の羽根など、さまざまな生物に見られる非常に洗練された機構や構造についての詳細なデータと解説がまとめられている。

PART I: FRAMEWORKS

守るための特許申請も考えておくべきでしょう。

テクノロジーにもとづくものではないアイデアについては、若干異なる取扱いが必要になります。テクノロジーにもとづかないアイデアとは、サービスに関する着想や、なんらかの（まだ満たされていない）ニーズに関するアイデアなどを指します。こうしたアイデアの起業価値を評価する場合には、まずそのアイデアがどのような場面で活かせるかという活用場面、活用法に着目するところからスタートします。そこでどんな価値を創出しうるのかを徹底的かつ体系立てて見極めたうえで、その価値を実際につくりだすために不可欠なテクノロジーやノウハウを特定していくのです。これができてしまえば、あとはこのセクションに書かれたアイデアの起業価値評価手法をほぼそのままあてはめることができます。

ただし、この場合はテクノロジーや技術が出発点ではなく、むしろ後付けで特定されたものとなるため、どのような基準、ロジックでそれが選ばれたのか、どうして他のテクノロジーや技術、ノウハウではなかったのかについての説明を追加する必要があるでしょう。代替案となりうる他のテクノロジーや技術との対照表のようなものがあると比較がしやすく、納得感が高めやすいと思います。

新規性と特許調査（FTO）

本書は、まるまる一つの章（第7章）を、アイデアの特許取得可能性（当然、新規性を含みます）とそのアイデアを使ってどれだけ自由に事業ができるかという"取りまわしやすさ"を見極めるための特許関連事項の議論に割いています。

その前段として、ここでは、なぜ新規性と"取りまわしやすさ"が初期段階のアイデアの起業価値を評価するにあたって決定的に重要な要素となるのかを説明していきます。

あるアイデアに新規性が認められるか──たとえ、それが特許取得可能性はほとんどないようなアイデアだとしても──は、後々ビジネス上の戦略策定において、非常に重要になってきます。そもそも初期段階のアイデアというのは、実際のところよりも目新しく、新規性があるようにみえるものです。数時間ほどウェブで情報を集め、冷静になった目で見直してみると、それまでみえていなかったものがみえてきて、より現実的な戦略を考えられるようになります。いくつかの相互代替的な戦略を立ててみると、それによって想像力が掻き立てられ、また迷ったときの拠りどころにもなるのでおすすめです。

たとえ第一印象で直観的に「こんなアイデア、使いものになるわけがない。何も目新しいところなんかないじゃないか」と思ったとしても、それにとらわれてはいけません。より適切な反応というのは、意識して「さて、ここを出発点にしたとすると、果たして何が考えられる？このアイデアをどこまでいじくれるかな？」といった感じのリアクションをとることです。我々が提唱す

第 4 章　アイデアの起業価値評価のための「パッケージ・アプローチ」

るパッケージ・アプローチでも、アイデアの新規性を探るプロセスは、そのアイデアをより深く掘り下げ、ビジネスのための着想を広げるツールとして位置づけられており、単に特許取得可能性を見極めるためだけのものではありません。

あるアイデアを使ってどれだけ自由にビジネスが行えるかに関する調査は、"取りまわしやすさ"を表す英語 Freedom to Operate の頭文字をとって FTO 調査と呼ばれ、多くの点で新規性の検証と対をなすものです。特許管理システムを使ってアイデアの新規性を調べる場合、それは同時にそのアイデアの FTO についても確認していることになります。

ただし、FTO は新規性以外にも、そのアイデアに関する権利を誰かが主張しているか、それが認められているかにも左右されます。

これをチェックするプロセスのことを「脱落テスト（degunkification）」と言います（Petrusson 2004[73], p. 161）。アイデアというのは、往々にして、誰かが既に似たようなことを過去に提唱していて、それ以上発展させるのは望み薄に思えるものです。しかし、多くの革新的アイデアに関する事例にみられるように、行き詰まりと思われたところからもう少し掘り下げてみると、アイデアをこれまでにない方向性に押し進める活路が見出せたりするものです。そこまでうまくいかないケースであっても、少なくともあなたが今検討中のアイデアの FTO を確立するために、どこで、誰と、どんな交渉をしなければならないかは調査することで明らかにすることができます。

アイデアの起業価値評価レポートにおいて、アイデアの概要を説明し、その新規性および"取りまわしやすさ"（＝FTO）について述べるのが最初のセクションの中身となります。これは、あくまでもレポートを読む人にアイデアの魅力を伝えるコミュニケーションの場であり、微に入り細を穿って詳細を述べるものではありません。したがって、技術的なディテールにこだわりすぎず、誰にでも分かりやすい記述を心がけるべきです。また、アイデアを取りまく関係者の興味関心や略歴について述べるのも忘れないように。図表やグラフを使って、直観的にアイデアの魅力が伝わるように書きましょう。テクノロジーに関する細かい点や補足事項は文末の付録にいくらでも記載することができます。

具体的な利用場面・状況の設定と実用化ビジョンの策定

まだアイデアが初期段階にあるうちに、それが実用化されたらどんな価値を生み出しうるかについてのビジョンを描き出すのは豊かな想像力と繰り返しの試行錯誤を要するプロセスとなります。

ここで想像力を働かしそこねると、大きなチャンスを逃してしまいかねません。なぜなら、どん

---

[73] Petrusson, U. (2004). *Intellectual property & entrepreneurship: Creating wealth in an intellectual value chain.* Göteborg, Sweden: CIP.

PART I: FRAMEWORKS

なアイデアであっても、それを実用化する道はいくつもあり、そこでどんなビジネスモデルを構築するかについてもさまざまな可能性がありうるからです。といっても、アイデアの起業価値評価において想像力が必要となるのは、それが実際に利用される場面をテクノロジーとマーケットに関する洞察をもとにして考えるときだけではありません。考えだした場面それぞれについて、可能な限り詳細に実用化に関する要件を突き詰めていくときにも想像力は必要になります。

たとえば、アイデアが潜在顧客にもたらす価値やビジネスモデルの詳細を詰めていくとき、たいていは何度も仮説を立てては検証することを繰り返す試行錯誤が必要となります。前提となる条件を見つけ出し、それら一つひとつを検証して、そこからまた新たな前提条件を導き出してゆく…想像力をどれだけ働かせられるかによって、このステップそれぞれの成果が大きく変わってくるのです。

このセクションでは、あるアイデアに秘められた可能性を最大限に引き出せるような実用化ビジョンを打ち立てつつ、そのうちの少なくとも一つについて具体的に詳細を突き詰めていくための方法についてご説明します。

我々が提唱するパッケージ・アプローチにおいて、実用化ビジョンは二つの逆説を内包するものとなります。それは「生成・発散 vs.選択・収束」と「内因性 vs.外因性」という二つの逆説です。

「生成・発散 vs.選択・収束」の逆説とは、アイデアの起業価値評価を行うにあたっての時間的制約からくるものです。あるアイデアをビジネスに活用するためにその実用化の可能性を広く、創造的に考えていくことと、一つの可能性について深く掘り下げ、詳細を詰めていくこととはトレードオフの関係にあり、一方に時間を費やせばそのぶんもう一方が犠牲にならざるをえません。この問題に対する単一の解法はありません。すべてケースバイケースでの検討が必要であり、ときには他の可能性を捨てて一つの分野に実用化の道を絞り込むという、苦渋の決断をせねばならないこともあります。このセクションでは、最初により多くの実用化の可能性を見出して多くのシナリオを描き出す「生成・発散」寄りの手法から論じていき、最終的には一つか、多くても二つの可能性に絞り込んで詳細を詰めるときに用いるコンセプトを説明していきます。

もう一つの「内因性 vs.外因性」という二項対立軸は、もともとは生物学の概念です。これは、外部環境を変えようがない所与のものとしてとらえ、内面、つまり検討の対象としているアイデアそのものの特徴（内因）からソリューションを導き出すことと、外部環境を移りゆくものとしてとらえ、そこ（外因）から実用化に適した道を探っていくことの両方の必要性を指しています。

これらの逆説に対峙する際に我々が提唱するアプローチは、まず内因と外因の両方を見据えて考えること──つまり、想定しうるアイデアの活用法からスタートして、それによってどんな問題を解決しうるかを考えるのと同時に、現在あるいは未来の社会における問題にどんなものがある

第4章　アイデアの起業価値評価のための「パッケージ・アプローチ」

かを洗い出して、検討中のアイデアに合致しそうなものをそこから探すやり方——で「内因性－外因性」の逆説を克服することを出発点とする、というものです。

それに続けて、現状分析という形で外因を丁寧に洗っていくと、将来起こりうる可能性についてもさまざまな面がみえてきます。それに続けて、現状分析から明らかになった外部環境において、検討中のアイデアはどのような活用法がありうるのかについて、複数の可能性を示しましょう。これは、より内因的な観点からの分析となります。そして、そこからまた外因的な観点に立ち戻り、上記のプロセスで見出された実用化可能性のうち、特にビジネス上望ましいもの、有望なマーケットが見込めそうなものを見極めていくことになります。

アイデアの利用場面・状況を見極めるには

あるアイデアの起業価値を詳細に評価するにあたっては、「利用（用途）」、「利用者」、「利便性（提供価値）」の三つの「利」が鍵となります。

「利用」というのは実に幅広い言葉であり、同じくらいの幅広さを持つ「場面・状況」という言葉と相まって、アイデアの起業価値評価のための出発点としてふさわしいものだと言えます。「アイデアの利用場面・状況」という表現を起点に、検討中のアイデアが誰のために、どんな場面で、どのように活用できるかを創造的に考えてみてください。一旦そのような利用場面ないし状況がイメージできたら、よりビジネス的な観点に近い概念である、アイデアの「利便性」についても具体的に考えやすくなるはずです。

価値という概念は、経済学や社会学、あるいは法学、心理学など、さまざまな分野で中心的なものとして研究されており、ちょっと油断するとあっという間に複雑でとらえどころのない議論に陥ってしまいかねません。

たとえば、人々のニーズというものは、外部環境とは無関係にその内面から生じてくるものなのか、それとも、人自身は非常に適応性が高いものであって、そのニーズはあくまで外部環境に端を発するものなのかについて考えてみましょう。マーケティングや財務、マネジメントに関する研究から得られた洞察をもとにした伝統的なビジネスの新規開発では、アイデアの利用場面やユーザーの状況というのは既に確立したものとしてとらえられており、したがって、ビジネスを検討する際の焦点はマーケットを年齢や性別といった一般的な枠組みでセグメント分けして、そこでどんな需要があるかということに集中していました。ここではビジネスの流れは確立しており、誰が顧客なのか、ユーザーがどのような行動を示すのかはよく知られています。つまり、アイデアの利便性・価値について外部的な分析は既に解明されている、ということです。

勿論、こうした既存のマーケットにおいて既存顧客についてよく理解できていること自体はなんら悪いことではありませんが、この本で取り扱うようなアイデアの起業価値評価プロセスにおい

67

PART I: FRAMEWORKS

て、そうした分析が必要になることはまずありません。ヴェーコやネットクリーン、エコエラといった本書でご紹介する企業の事例で明らかになるように、起業してベンチャーを興すことによって新たなビジネスが生まれ、それまでは存在していなかった新しい需要が喚起されるからです。そうすることによって、既存の製品やサービスを少しだけ改善したもので代替するのではなく、まったく新しい経済的な価値を創出するのがベンチャー企業の醍醐味だとも言えるでしょう。

このため、アイデアの起業価値を評価するにあたっては、現実的で地に足の着いた（そしてビジネスとして成り立つように）目標を設定すると同時に、アイデアの価値について既存の枠組みを押し広げてより幅広く検討しなければなりません。幅広く利用場面・状況を探ることによって、検討中のアイデアについて思いもよらなかった可能性を見出すチャンスも広げられるからです。

現状分析：シナリオ・プランニング、バックキャスティング、未来予測

本書で言う「現状分析」とは、現在の社会の情勢を見極めて未来に目を向けることをも意味しています。アイデアの起業価値評価という観点からそうした分析を行うには、時間軸をはじめとするいくつかのファクターに応じてさまざまなテクニック、手法が必要となります。

ふつう、現状分析から未来を洞察するとなると、現状の延長線上に未来の状況を思い描くようにして考えがちです。そのようなやり方はいわゆるマーケティング調査でよく用いられるものですが、検討の対象となるアイデアが革新的なものであればあるほど、そして、洞察を向ける先がより遠い将来のことになればなるほど、その有効性は限られたものになってしまいます。そこで本書では、より長期にわたって革新的なアイデアを分析するために適した現状分析手法として、シナリオ・プランニング、バックキャスティング、そしてインターネット上のツールを活用しての未来予測の三つをご紹介します。

シナリオ・プランニングは、それ自体非常に強力で奥が深い手法であり、第6章でも改めて個別に取りあげます。アイデアの起業価値評価において、シナリオ・プランニングはアイデアの利用場面・状況を検討していくつかに絞り込む前段階でも使えますし、利用場面を一つに絞り込んだ後、そこで起こりうる可能性を検討していく際にも大変有用なツールとなりえます。この二つのうち、一般的には後者の──ある限られた状況について複数のシナリオを描き出す──使い方がお勧めです。しかし、実際にはある利用場面・状況において起こりうるシナリオを描き出すこと自体が、アイデアの活用法を新鮮な目で見直し、外部環境要因についてさまざまな検討を加えることになって、そこから思いもよらなかった新たな利用場面が示唆されることもあります。このように、シナリオ・プランニングの利点の一つは、想像力を刺激して新たな着想を生み出すこと、そして手法自体が新たな可能性に対して常に開かれたものであることだと言えるでしょう。

二つめの手法である**バックキャスティング**とは、シナリオ・プランニング同様、私たちの思考を

第４章　アイデアの起業価値評価のための「パッケージ・アプローチ」

「今、ここ」から引き剥がして未来に起こりうることへの理解を助けてくれるものです。バックキャスティングの詳細については第５章で詳しく触れますが、この手法を用いることで、持続可能な、望ましい形で実現した未来を「出発点」として考えることができるようになります。バックキャスティングとシナリオ・プランニングを用いることで、単なる現状の延長ではない、さまざまな未来の可能性に思いを馳せ、検討を進めることができるようになると私達は考えています。その意味で、特に変化が激しい現代において未来の可能性を見極めようとする際に、これら二つの手法は既存の分析法よりも強力なツールとなるものです。たとえば、元米国副大統領アル・ゴア氏が『不都合な真実』を発表（第２章参照）して以降、SUVなどの燃費が悪い大型車の価値が急速に減じたことなどは、当時の状況をそのままベースにしても見通すことは難しかったでしょうが、複数のシナリオ（そのうちのいくつかは「環境意識が世界的に劇的に高まる」としたもの）をもとにして分析をあてはめていれば比較的予期しやすいものだったはずです。

最後に、現状をもとに未来予測を行うにあたって、インターネットはこれまで考えられもしなかった多くの可能性を実現させてくれます。その一つが、特許データベースを分析することで、将来盛り上がりを見せるであろう「ホットな」分野についての確かな示唆を得ることができます（この手法については第７章で改めて詳察します）。もう一つのインターネット活用法としては、ある分野について、さまざまなステークホルダーがそれぞれどんな見方をしているかを見極め、その姿勢を評価する、というものです。きちんと体系立てて、システマチックにウェブ上の情報を活用することで、将来の市場関係者の出方に関する予測精度を高めることができます。実際、スウェーデン・イェーテボリ発のスタートアップ、レコーディッド・フューチャー社などは、そうした緻密な未来予測のためのツール[74]を提供することでビジネスを展開しています。

顧客にとっての価値

アイデアの起業価値評価を探るにあたって、顧客にとっての価値は常にキーポイントとなります。

ある製品ないしサービスについて、顧客がそれを使うかどうか選択の余地がある、あるいは他にも代替品・サービスがある場合、つまり寡占市場でもない限り、顧客の視点からの分析は不可欠です。たとえ顧客がそのサービスなり製品なりに直接対価を支払わないとしても、彼女ないし彼にとって何が利便性・価値として認められうるのかはよくよく検討しておかねばなりません。

たとえば、ある調査（Williander 2007[75]）が明らかにしたところによれば、消費者は価格やデザ

---

[74] レコーディッド・フューチャー社（Recorded Future）はスウェーデン発のスタートアップで、サイバー攻撃をリアルタイムで可視化し、未来の攻撃に備えて被害を未然に防ぐサービスを提供している。そのビジョンはインターネット上で公開されているので参照されたい：https://www.recordedfuture.com/assets/BigDataWhitePaper.pdf （英文）

[75] Williander, M. (2007). Absorptive capacity and interpretation system's impact when "going green": An empirical study of Ford, Volvo Cars, and Toyota. *Business Strategy & the Environment, 16*, 202-213.

PART I: FRAMEWORKS

イン、性能といった一般的な意味での価値が他の選択肢と遜色ない場合にのみ、より環境にやさしい車を好んで購入する傾向にありました。つまり、一個人としての利便性が損なわれない限りにおいて、環境性能という社会的な効能に価値を認めた、ということです。

これは皮肉めいた態度に思われるかもしれませんが、本書で提案するパッケージ・アプローチの観点からすると、このような傾向があるからこそ、図4-2において網掛けで示したエリア、「ポジティブな箱」の領域にあてはまるアイデアが何か（そして、そこにあてはまらないアイデアは何か）を特定することができるようになるのです。

別の言い方をすると、顧客、社会、そしてビジネス上の価値のすべてを実現できないようなアイデア、いずれか一つないし二つの軸でむしろマイナスを生み出してしまうようなアイデアを追求したところで何の意味があるのか？ということです。もしこれまで、そして今現在も社会的な価値の軸ではマイナス側に寄った業界で新たに事業や製品開発を試みようとすると、たとえそれは多少改善がされていたとしても、やはりマイナスの社会的価値をもたらす――つまり、最初から「ポジティブな箱」の外に位置するものとなってしまうのも無理からぬことかもしれません。しかし、せっかくあなた自身の貴重な時間を投資して、新しいアイデア起業価値を見極めようというのに、最初からそんな後ろ向きの価値創出に向かっていく必然性はない。そう思いませんか？

アイデアを検証するにあたって、顧客をカテゴリー分けする手法にはいくつかの種類があります。

対価を支払う人、最終的に製品ないしサービスを利用する人、購入に関する意思決定を行う人、などなど…これらは同一人物のこともあるし、すべて別々の人であることもあります。どういった分類の仕方が適切なものとなるかは、検討の対象とされているアイデアと最も可能性が高いと目されている利用場面・状況次第で変わってきます（とはいえ、一般的な原則としては、はっきりそれと分かるニーズを持っている利用者について考えることを起点とするのが有用でしょう）。

誰が顧客となるかを特定できたら、次に、彼女ら彼らが望む価値とは何かを探っていきます。三番目に考えることとしては、あなたが提供する製品ないしサービスに対して、誰がどのような形で対価を支払うのか、ということがあります。これらについて整理することができたら、それはビジネス開発上、非常に強力なツールとなります。それによって、競合する製品やサービスとの比較を行い、あなたが検討しているテクノロジーにどんな優位性があるのかを見定めることができるようになるからです。

また、製品／サービスの利用者が直接対価を支払わないような利用場面・状況というのは、たくさんあります。道路や橋などのインフラ、健康保険制度などのヘルスケア、教育、あるいは安全や社会保障、そして環境問題もその一つです。そのため、多くの場合において、顧客にとっての価値は、実は利用者自身の経済的関心と直接のかかわりはなく、せいぜい（世論に影響したり、

第4章　アイデアの起業価値評価のための「パッケージ・アプローチ」

選挙結果に反映されたりするなどの）間接的な影響しかなかったりするのです。

しかしながら、たとえそういった場面・状況であっても顧客にとっての価値をおろそかにしてはいけません。たとえば、ヘルスケア制度が無償で利用されるとしても、そこで提供されるサービスには顧客（この場合、患者）の視点から設計、運用されるべきなのです。

残念ながら、この「顧客および利用者の視点」は不十分にすぎるケースが散見され、代わりに、社会的な価値に関する文脈上で「市民の視点」とでも呼ぶべきものと一緒くたにされて立ち現れることが多いものです。例を挙げると、ふつう我々個人が環境保護や安全、社会保障への投資において「顧客」となることはありません。むしろ、こうした社会的意義に関しては（納税者あるいは選挙における有権者としての）「市民」という立場でそれを評価することのほうが多いのです。

さらに顧客にとっての価値ということを考えるとき、我々はつい先進国の状況を念頭において考えがちですが、近年ではボトム・オブ・ピラミッド（BOP）、すなわち、社会において最も貧しい人々に関するところに最も大きな経済的チャンスをもたらすアイデアが眠っていることが明らかになってきました。プラハラード（Prahalad 2006[76]）の画期的著作で示された BOP に関する洞察は、顧客にとっての価値を見出すための新たな筋道を与えてくれます。

ボトム・オブ・ピラミッド（BOP）とは

ボトム・オブ・ピラミッド（BOP）市場は、年間 1,500 ドル以下の購買力しかもたない、世界に約 40 億人いると推定される人々を潜在的な顧客とするマーケットのことです。プラハラード（Prahalad 2006[76]）によれば、BOP 市場に参入するには下記の前提を覆す必要があります。

I.　通則では貧しい人々には購買力はないものとされているが、現実として BOP にマネーは存在する。たとえば、中国、インド、ブラジル、ロシア、インドネシア、トルコ、南アフリカ、そしてタイといった国々は、合わせて 30 億以上の人口を抱えており、これは増加し続けている世界人口の約 70% に相当する。これらの国々の購買力は日本、ドイツ、フランス、イギリス、イタリアの五カ国を合わせたものよりも大きい。

II.　一般的な認識とは裏腹に、BOP 市場に参入することは必ずしも難しくはない。たとえば、新興国における主要 23 都市では 1 千万人の人口がひしめきあって住んでおり、効率的な流通網を敷くことが可能である。

III. 貧しい人々は、ブランドではなく日々の必要性にもとづく費用対効果で購入する製品を選ぶ（そのため、新規参入が比較的容易である）。

---

[76] Prahalad, C. K. (2006). *The fortune at the bottom of the pyramid*. Washington, D.C.: Pearson Prentice Hall.

PART I: FRAMEWORKS

IV. BOP 市場における住人同士は強いつながりを持っており、情報がすぐに共有されてネットワーク効果が現れやすい

V. 通説とは異なり、BOP 市場の顧客は高度なハイテク製品でも柔軟に受けいれ、使いこなす

これらを踏まえたうえで、BOP 市場を開拓する際の要点は以下の三つとなる（Prahalad 2006[76]、pp.16-21）

A) あくまでも有償で製品あるいはサービスを提供すること。無償での提供はビジネスの維持・拡大を困難にするので避けるべきである。顧客が購入できる値頃感、アクセスのしやすさ、入手のしやすさにフォーカスすること。

B) 貧困層にある人が一旦顧客になると、それまではミドルクラスや富裕層が享受していたのと同様の敬意を持った扱いと選択の幅を求めるようになる。

C) BOP 市場に参入しようと目論む民間企業は、歴史的経緯から貧困層にある人々が企業に対して抱く不信感を払拭すべく、信頼関係の構築に腐心しなければならない。

最後に、プラハラード（Prahalad 2006[76]、pp.25-46）は、BOP 市場におけるイノベーションに関して、以下の十二の原則を提唱している。

1. 単に低価格を追求するのではなく、それまでになかった費用対効果、価格と性能のバランスを実現するべく注力すること。

2. 使い古された"枯れた"技術と革新的テクノロジーを組み合わせた「ハイブリッド型」ソリューションを生み出すこと。

3. いかなるソリューションを提供するにせよ、それが構造的に国や文化、言語を超えて展開できる、"スケーラブル"なもの、つまり単一市場の枠にとらわれず、大規模に展開・拡大が可能なものであるようにすること。

4. いかなるイノベーションであったとしても、できる限り資源を消費しないで済むようにすること。リサイクルのみならず、廃棄物を削減ないしまったく出さないようにすること。

5. 製品の機能性は決定的に重要である。先進国の富裕層向け製品を焼き直した程度のもので成功することはまずない。

6. 新興国、BOP 市場においては、流通のためのインフラを既与のものとして見込めないことが多いため、製品そのもののイノベーションと同じくらいビジネスプロセスにおけるイノベーションは重要である。

第４章　アイデアの起業価値評価のための「パッケージ・アプローチ」

7. 製品ないしサービスの開発・生産・提供に必要なスキルのレベルを最小限に留められるかが鍵となる。どんな製品またはサービスであっても、当該市場における労働者および利用者のスキルレベル、インフラの不備、遠隔地における各種サービスへのアクセスの難しさなどを考慮に入れておく必要がある。

8. 製品の使い方、利用法について顧客を啓蒙することが欠かせない。ときには動画スクリーンを搭載したトラックに街を走らせる、低コストで演劇や舞台作品を上演するなど、クリエイティブな施策を行うことも検討すべき。

9. 過酷な環境下でも故障せずに使える製品を開発すること。

10. BOP 市場におけるセグメントは実に多彩であるため、言語、識字率を含むスキルのレベル、製品の機能に関する慣れや知識等に関して、どれだけの幅があるのかをよく調べて理解しておくこと。

11. 流通手段にこそイノベーションが不可欠。

12. BOP 市場の変化は激しい。だからこそ、製品をそれ単体でとらえるのではなく、製品を提供するプラットフォーム自体を自社が握れるように戦略を立てるべきである。

社会における価値

社会における価値とは、そのアイデアがこの世界をより良い場所にするためにどれだけ役に立つかを指すものです。これを見定めるためには、想定される利用場面・状況だけではなく、生産および将来的な回収・リサイクルまで含めた全体的な製品ライフサイクルについて検討がなされなければなりません。

社会的価値は、金銭的・経済的な数値で表すこともできます（たとえば、医療コストの削減額などといった形で）。そうした表現は、適切に用いられさえすれば、アイデアの社会的価値を伝えるための強力な手法となりえますし、決して悪いことではありません。しかし、そればかりに頼っていると、金銭的価値を算出できる、あるいは経済的効果が見込めるものだけが重要なのだという印象を与えかねませんから、注意が必要です。いわゆる社会起業、あるいはソーシャル・アントレプレナーシップと呼ばれる事例の多くが追求する社会変革は多岐にわたります。既存のビジネスの振る舞いや行いに変化を求めるもの、地域社会・コミュニティを変えようとするもの、あるいは企業の社会的責任、CSR に関するものなど、実にさまざまです。

社会的価値の根幹にあるのは、人から人へと伝わって社会全体に広まり、最終的にはなんらかの制度となって社会構造の一部に組み込まれてほしいと我々が願うような（社会保障システムや環境保護制度などのような）価値観です。社会的価値というのは、60 年代にボルボ社がシートベル

PART I: FRAMEWORKS

トを発明したように、まず画期的な着想、アイデアから始まり、最終的にはそれが商用化・製品化されて顧客やビジネス上の価値を生み出すとともに、社会的価値（たとえばシートベルトのケースで言えば「安全」に対する基準）が人々に共有されるようになることで世界全体に広まっていくものなのです。

ヴェーコ社を取りあげた第 13 章で改めて詳しく議論しますが、同じ社会的価値に資するものであっても、自動車業界と切っても切り離せないコスト圧力という経済性がより深く関わる燃料消費量削減のほうが運転の安全性より実現しやすいものです。しかし、だからといって顧客側から自動車会社の側へと影響力を及ぼす道がないわけではありません。より安全な交通手段を求める顧客の声を世に問い、また、CSR に関する方針を公表している企業に伝えるためのテクノロジーが今では誰でも活用できるようになっているからです。そうやって伝えられた声は、コスト優先の保守的な企業にもいずれインパクトを与えるようになるものです。

社会的価値のありかたは事例ごとに千差万別ですが、第 2 章と第 3 章、そして第 5 章で取りあげる持続可能性やロックイン、バックキャスティングについての理論を用いて分析することができます。検討中のアイデアの環境的持続可能性を見極めるにあたっては、バックキャスティングの方法論における四つの条件（第 5 章参照）をもとに社会的価値を見極めることが特に有用です。

こうした原則にのっとって検討を進めることで、限られた資源という制約のなかで未来を洞察しやすくなります。また、このようなアプローチをとることで、消費を煽って目先の売上を追求するようなビジネスモデルにとらわれたり、希少な資源に過度に依存したりするのを避けることができるようになります。これは実に重要なポイントです。アイデアの社会的価値を見極めるには、製品やサービスを生産したり利用したりすることで一連のステークホルダーたち──顧客だけでなく、生産者やビジネスがかかわるコミュニティも──に対して、どのような影響があるのかも深くかかわってくるからです。

ビジネス上の価値とビジネスモデル

ビジネス上の価値とは、ちゃんと「ものになる」投資機会を創り出すことと直結しています。

この第三の価値は、検討中のアイデアが想定されている利用場面・状況において経済的に持続可能なビジネスを生み出しうるのかに関するものです。個人の私的あるいは社会的意義にもとづく自己犠牲的な利用を超えて、アイデアを世に広く普及させたいと思うならば、これははずしてはならないポイントになります。

ビジネスプランを策定するにあたって鍵となるのは、どうやって理想の将来像に到達するかという投資要件と、その将来像が現状と比べてどれだけの価値を持ちうるのかを峻別することです。投資に対するリターン、すなわち ROI の観点からは、諸々のリスク要因も組み込んだうえで、投

第4章　アイデアの起業価値評価のための「パッケージ・アプローチ」

資に必要な額よりも投資によって生み出される価値のほうが大きくなければなりません。

このようにリスクも織り込んだうえでビジネス上の価値を定量的に算出する方法としては、割引現在価値（Discount Cash Flow; DCF）分析が一般的です。ただし、アイデアがまだ初期段階にある時点でビジネス上の価値について正確な予測をすることには根本的に難しさがつきまといます。ですので、この段階では、むしろアイデアの将来性を示唆してくれるようなビジネスモデルの構築こそが目指すべき目標となります。

ビジネスモデルとは、いかにして価値を生み出し、それを対価として回収するかを記述したものを言います（Lindgren & Sundelin 2010[77]）。

今日では、各方面でいろいろなビジネスモデルとその枠組みが提唱されており、価値提案（Value Proposition）を生み出す内部的活動に焦点をあてるものもあれば、顧客やサプライヤー、ビジネス上の連携パートナー等外部との関係性に重きをおくものもあります。そのため、本書ではできるかぎり多様なモデルの事例を紹介するようにしています。

アイデアの起業価値評価に資するビジネスモデルとは、内部的活動に鍵となる外部要因やステークホルダーを紐付け、地に足のついた形で元となるアイデアを組み込んで経済的に持続可能なビジネスのあり方を示すようなものとなるはずです。このビジネスモデルについての議論の焦点は、言うまでもなくターゲットとなる顧客に対してどのような価値を提案できるのか、ということになります。一旦ビジネスモデルができあがれば、それを使っていかようにでも財務的な予測を立てることができるようになります。

マーケットを定量化する

参入先のマーケットの潜在的市場規模や競合の情勢に関する分析を盛り込むことは、アイデアの起業価値評価レポートの魅力を大きく高めます。製薬業界における複数のレイヤーを示した図4-3からも分かる通り、「マーケットの潜在価値」というのは実に曖昧な概念です。

ただし、「マーケットの潜在価値」と言ったときに、それが何を意味するものかがはっきり分かってさえいれば、下記のような推定を行うこともできます。

1. 検討中のアイデアをもとにしたソリューションを含めた複数の製品やサービスが競合する分野全体での潜在性（どれだけの販売量が見込めるか）、つまり、そのアイデアについて、どれだけの範囲に「マーケット」が広がりうるか。

2. そのマーケットにどれだけの成長性が見込めるか。

---

[77] Lindgren, J., & Sundelin, A. (2010). *Business model frameworks: Review and applicability*. Master's thesis: Chalmers University of Technology.

PART I: FRAMEWORKS

3. 検討中のアイデアをもとにしたソリューションに対して潜在的にニーズがある人、そのニーズが製品ないしサービスに対する需要として顕在化している人、顕在化した需要を満たすべく対価を支払う意思および能力がある人はそれぞれどれだけ存在するか。どこまでの範囲をターゲットとして含めるべきか。

4. 国内、近隣諸国地域、そしてグローバル全体ではどれだけの市場規模が見込めるか。

5. 検討中のアイデアをもとにしたビジネスの市場規模（マーケットシェア）はどれだけあって、マーケット全体にはそれと比較してどれだけの規模があるか。

6. 販売数量、売上高、アフターセールスによる売上等の市場規模はそれぞれどれだけあるか。

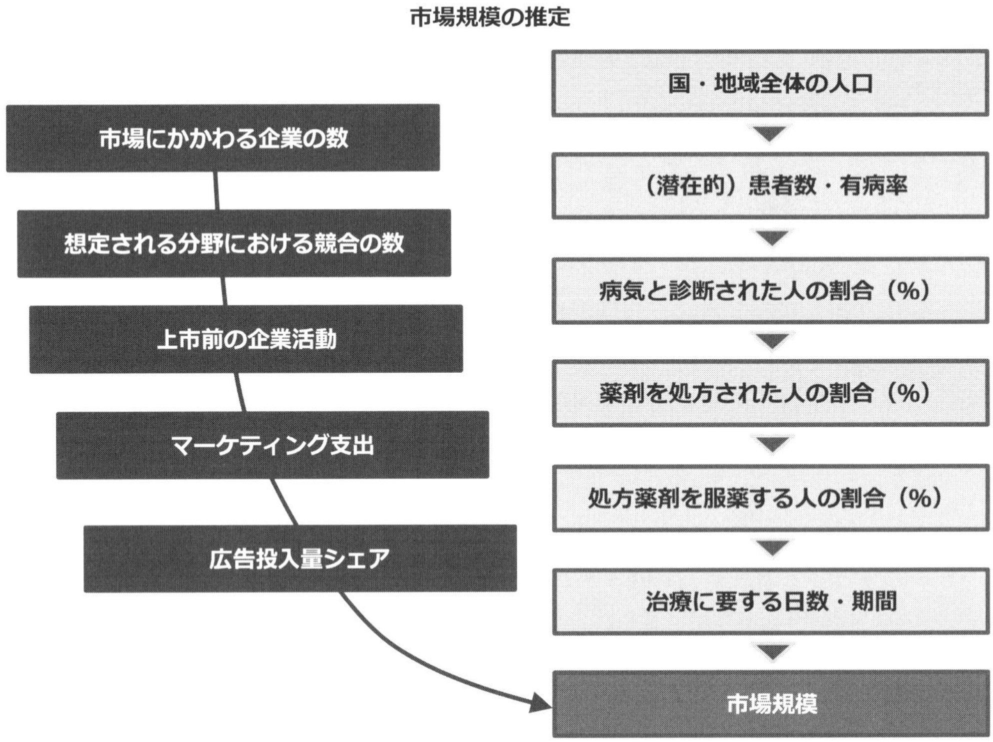

市場規模の推定

市場にかかわる企業の数

想定される分野における競合の数

上市前の企業活動

マーケティング支出

広告投入量シェア

国・地域全体の人口

（潜在的）患者数・有病率

病気と診断された人の割合（%）

薬剤を処方された人の割合（%）

処方薬剤を服薬する人の割合（%）

治療に要する日数・期間

市場規模

図4-3：製薬業界の市場規模推定に関係する要因とそのつながりの例

まだ実際に投資が動いておらず不確実性が高い初期段階においてこれらの問いに答えを見出す際には、誠実でありつつもアイデアの起業価値がもたらす機会を強調することが求められます。

したがって、検討中のアイデアにもとづく事業パッケージの魅力を最大限に高めるためには、きちんとした論理的な筋道を示し、誰もが納得できる前提をおいたうえで、小さな視野（限定された地域におけるマーケットや確かな支払い能力を持つ見込み顧客の人数など）よりも大きな展望（世界全体での市場規模や最大限に需要を取り込めた場合の成長性など）についてアピールする

第4章　アイデアの起業価値評価のための「パッケージ・アプローチ」

ほうが多くの場合においては賢い選択となるでしょう。

今後に向けたネクストステップ

アイデアの起業価値評価レポートの最後のセクションでは、検討中のアイデアが将来どこへ向かうのかについての前向きな「勢い」を示します。ここで「ネクストステップ」という言葉を用いているのは、この時点では予測がつかない、あまりに遠い未来に向けて計画を拡張するのではなく、より近い時点の将来に何ができるかに焦点を合わせるためです。一般的に必要とされるネクストステップとしては、マーケットに関する追加検証、アイデアのさらなる検証と開発、強みとなるコンピテンシー要件の確認、リスク分析、そして財務の見通しの策定などが挙げられます。

マーケットに関する追加検証

追加検証の多くはマーケットに関する分析が占めることになります。特にどうやってマーケットに参入するかについては分析してしすぎということはありません。

想定される利用場面・状況によって、検証すべき仮説は異なってきます。前述した市場規模について確認することに加えて、そのマーケットに新製品やサービスを投入したとき、それが実際にどのくらいのスピードで普及していくかも重要なポイントです。これを見極めるには、どのマーケットを参入先にして、ターゲットとなるセグメント、顧客層をどう定めるかが鍵となります。

これら一つひとつの要素について、インターネットなどから集めた二次情報や市場調査、見込み顧客へのインタビューなど、さまざまな手法を駆使して検証を行います。また、アイデアの性質によっては、よりマクロな外部環境——たとえば法制度や国際的な取り決めの変更など——が重要になるケースもあります。さらに、これらの検証とは別に、先述したビジョンをさらに磨き先鋭化させることによっても、アイデアの起業価値をより高める道が見出せることがあるのです。

アイデアのさらなる検証と開発

検証という言葉は、アイデアの可能性をより広く深く探求していくことに用いられます。

実証プランは、政府その他の助成金に応募するためのツールにもなります。そうした予算を獲得できれば、検討中のアイデアの価値を実証し、リスクを軽減するために欠かせない開発研究を実施することもできるのです。つまり、実証プランとは、アイデアをより確かな状態に持っていくためのものであり、その策定においては、アイデアの価値を多くの人に信じてもらえるようにするためには何を確認しなければならないのかを考え抜く必要があります。

投資家の目線で考えたとき、目の前のアイデアについて述べられている価値を認め、投資をするにあたってのリスクを減らしたいと思ったら、どんな検証結果をみたいと思うでしょうか？

PART I: FRAMEWORKS

実証プランは、究極的には将来そのアイデアにかかわることになるステークホルダーたちのために書かれるものです。畢竟、そうした（投資家や事業パートナーといった）ステークホルダーがリスクの削減やテクノロジーについての検証をどれだけ望むかによって、求められる実証プランは変わってきます。とはいえ、多くの場合、実証プランに求められるものは大同小異で共通部分が多いものですし、多くの人を巻き込んでいくためにも、アイデアの起業価値評価レポートでは少なくともそうした実証プランが確かなネクストステップとして予定されていることを示すことが大切です。

コンピテンシー要件

確かなコンピテンシーを持つメンバーを惹きつけることは、ビジネスを成功させるうえで非常に重要なものになります。

ふつう、良いアイデアの周りには優れた人たちが集まります。しかし、そのアイデアをさらに進化させようと思うと、新たな能力、コンピテンシーを備えた人たちが必要になってきます。一方で、そうした新たなコンピテンシーとは何かを見極めるのは難しく、特に長い間そのアイデアを抱え、あたため続けてきた発案者にとっては実に困難なものです。そのため、アイデアの起業価値を評価するにあたっては、そのアイデアの可能性を最大限に引き出してビジネスを成長させるためにはどんなコンピテンシーが必要となるかを第三者的な視点から見極めねばなりません。

コンピテンシーを見極めるにあたっては、想定されるアイデアの利用場面・状況が良い出発点となります。だいたいの場合、そうした場面を想定することですぐにそこで知見や経験を有するのはどんな人かが思い浮かぶものだからです。

あるいはビジネスモデルから必要なコンピテンシーを特定する方法もあります。たとえばモデルにB2B（対企業）の営業、つまり法人営業が重要な要素として組み込まれていれば、その経験が豊かな人が必要だと分かる、といった具合です。

三つめの方法は、コンセプト−知識（Concept-Knowledge; C-K）マッピングと呼ばれるもので、アイデアによって新たに確立されるコンセプトを支えるために必要な知識は何かを見定めることでコンピテンシーを絞り込むというものです。

このように手法はさまざまあるのですが、初期段階で最も必要になるコンピテンシーはアイデアの検証と開発にかかわるものに尽きます。ですので、将来の市場開拓あるいはソリューションの開発といった検証・開発上のニーズによって、どんなコンピテンシーを備えた人が必要となるかはおのずと明らかになっていくはずです。

第4章　アイデアの起業価値評価のための「パッケージ・アプローチ」

必要なコンピテンシーの要件を定義することは、人事採用とイコールではありません。ビジネスを立ち上げる初期の段階においては、プロボノ［訳注：本業を別に持っているプロフェッショナルで、無償のボランティア、ないしは、ごく廉価の報酬で特定のプロジェクトに携わる人のこと］や、将来の会社の発展に期待してストックオプションと引き換えに働いてくれる人たちによって多くの重要な仕事がなされるものだからです。また、大学発ベンチャーに関しては、喜んでアドバイスや人脈の紹介をしてくれる卒業生の貴重なネットワークも存在します。したがって、重要なのはどのようなコンピテンシーが必要なのかを見極めることであり、それをどのような形で充足するかについてはアイデアの発展段階に応じて都度検討していくことで対応できるものです。

リスク分析

リスク分析は、だいたいの場合においてアイデアの起業価値評価の最後に行うものです。ここまで来ると、検討中のアイデアについては驚くほど多くの知見が得られているはず。そこで、それらの知見をリスク分析表の形で整理しておくことが大切になります。

リスクという概念は、実は奥深く複雑なものです。

たとえば、リスクは客観的に決められるものでしょうか、それとも主観によるものなのでしょうか？そして、環境の変化といった外因的な要因までも考え合わせたうえで、実際にコントロール可能なリスクの量というのはどうやって決めたらいいのでしょうか？

アイデアの起業価値評価という観点からは、リスク分析とは、極端に悲観的にも楽観的にもならないようにしながら、下記の問いに対して答えを出していくことにほかなりません。

1.　マーケットとソリューションに関する主要なリスクは何か？

2.　ある特定のリスクについて、それが起こりうる確率はどのくらい──低い、中程度、あるいは高い──なのか？

3.　ある特定のリスクについて、それが起こったときのダメージはどのくらい──小さい、中程度、あるいは大きい──なのか？

4.　ある特定のリスクについて、それを予防するためにとりうる手段にはどんなものがあるか？

これらの問いに答えていくと、たいていの場合、リスク要因とされるものを三つから、最大でも七つほどのカテゴリーに分類することができます。こうした分類によって、どんな立場のステークホルダーに対してもアイデアに関する検討がきちんとなされていることを示し、その起業価値評価に自信を持ってもらうことができるようになるのです。そうやって重要な情報を隠すことなく、読む人に自信を与えられる形でレポートをまとめることで、アイデアに惹きつけられる人を増やし、将来のステークホルダーを巻き込みやすくすることができます。

PART I: FRAMEWORKS

この章のはじめのほうで述べたように、本書が提唱するパッケージ・アプローチは、最終的に優れたアイデアに対して事業化に向けた勢いをもたらすためのものですから、リスク分析もあくまでそのための「方便」としてとらえるべきです。すなわち、サマリーで興味を惹きつけ、それに続く各セクションでさまざまな関連情報や詳細を提示して、今後に向けたネクストステップ、特にリスク分析を通してレポートの読者に自信を与え、そのアイデアにより積極的に関わってみようと思わせることが究極的な目標となるのです。

財務分析

財務・ファイナンスに関する分析を含めた起業価値評価レポートは、アイデアの魅力を高め、レポートを読む人に自信を与えます。

ただし、リスク分析と違って、アイデアがまだ初期段階にあり、多くの要因について不確実性が高い状態における「ファイナンスに関する自信」は、容易に過信へとつながりかねませんので注意が必要です。無理のない範囲で製品の開発やサービスの提供のために必要なコストを算出し、将来的にどれくらいのプライシング（値付け）をするかを示すようにしましょう。また、ビジネスモデルをある程度作り込むと、それをもとにして将来のキャッシュフローについても（DCF 法を用いるかどうかは別にして）見込みを立てることができるようになります。

これらの分析をレポートの中で記述する際には、どんな前提条件をおくのかを明確にし、また、合理的な仮定の範囲内でプランを論じましょう。そして、アイデアの起業価値評価において、初期の段階では無理に財務分析を示す必要は必ずしもないということも覚えておいてください。

アイデアを「パッケージ化」するのはコミュニケーションのため

ここまではアイデアの起業価値評価におけるさまざまな要素について述べてきましたが、ここで本章の締めくくりとして、我々が提唱するアプローチにおいて最も重要な要素、すなわちアイデアの「パッケージ化」について論じていきましょう。

パッケージ・アプローチにおいて決定的に重要な意味を持つのはアイデアのみせ方、プレゼンテーションの仕方を発信者ではなく受け手の視点からコントロールすることです。手短に言えば、パッケージ・アプローチで我々が目指すのは、受け手が（1）**概要をつかむ**、つまりアイデアとその可能性についての全体像を一読して理解すること、（2）レポートの読者が感じる疑問について、事実やロジックとともに**実証がなされる**こと、そして（3）今後必要となる課題を明らかにするとともに将来の可能性についての自信を深めるために**ネクストステップを示す**こと、以上の三つが目標となるのです。

アイデアの主たるイメージを示すこと（1）は、レポートにおける抄録やサマリー、そしてパワーポイントプレゼンテーションにおける焦点となります。繰り返しになりますが、アイデアの要点をとらえるためにイメージや類推、例、メタファー、ストーリーといったツールの力を侮ってはいけません。そうした描写はコミュニケーションに力を与えるものですし、誤って用いれば受け手の理解をおかしな方向に導いてしまうほど強力なものです。アイデアのフレーミングに関する章でまた改めて論証を述べていきますが、あるアイデアに対してどんな用語をあてるかは、良きにつけ悪しきにつけ、後々それがどのように発展していくかに対して甚大な影響をもたらすものなのです。リスクを恐れず、できる限り多くの人の印象に残る力強い説明を心掛けましょう。本書でご紹介するなかには、テクノロジーや製品に関するコミュニケーションの秀逸な事例がみつかるはずですので、是非それらを参考にしてください。

実証に関するパート（2）は、アイデアについての信憑性と信頼性、現実感を醸成する箇所であり、アイデアの行く末について深い興味を持っている人に向けて書かれるものになります。また、ここは記述の仕方に関して最も自由度が高いパートでもあります。ふつう、レポートに目を通すのはアイデアの発案者と違ってその道のエキスパートではないため、むしろ専門家にはない補完的な視点を付け加えてくれそうな読者を念頭においた記述を心掛けましょう。また、ジャーナリストや研究者になったつもりで、アイデアに関する信憑性を掘り下げて強調することも大切です。信頼性のある参考文献を使うことを常に意識して、アイデアに関するリスクや問題点については現実的な見解を提示しましょう。レポートの冒頭で示す概要のパートでは読者にはっきりとした印象を残すことが最優先ですが、ここではより詳細に立ち入って分析を示すべきなのです。

最後に、アイデアの起業価値評価に関するレポート及びプレゼンテーションでは、少なくとも1ページは**ネクストステップを示す（3）**ことに費やすべきです。とは言っても、詳細なアクションプランや経営計画を示さなければならないというわけではありません。むしろ、もし追加のリソースが得られたら何を行うか、アイデアをさらに押し進めるためには何が必要なのかについて、大枠を示すのです。また、ここでは予備的なキャッシュフローや必要な投資額についての財務分析を示したりすることもあります。ただし、これも繰り返しになりますが、こうした財務に関する見通しはあくまでも市場投入間近の段階にまで至ったときにこそ必要となるものだということは忘れないでください。とはいえ、特に起業価値評価レポートの読者が投資家の場合には財務分析は不可欠のものとして求められることにはなりますから、用意しておいて損はありません。

これら三つのパートを書き終えたら、アイデアの起業価値評価の初期段階において為すべきことはすべて完了したと言えます。おそらくこの段階まではプロジェクトを表に出すことはなかったことでしょう。ここから先どのようにそれを進めていくかは、アイデアの所有権を保持する人々の思惑にかかっています。そこで特に支障がなければ、アイデアに興味を持ってくれる人たちに

PART I: FRAMEWORKS

対して、レポートやプレゼンテーションという形ですぐに提示して関心を呼び込み、さらに大きな進展と成長の可能性をつくりだしていくことができます。ここからは、あえてアイデアをオープンにして他の人々も使えるようにしましょう。自分以外の人々の付加価値を高めることによって、知識経済システムにおけるあなたという存在の魅力が大きく高められるからです。そこで認められれば、あなたの周りには多くの人が集まるようになり、さらに多くの価値がそれによって雪だるま式に生み出されるようになっていくはずです。

第5章　バックキャスティング　〜持続可能な未来と、それを実現するメソッド〜

Sverker Alänge & John Holmber, Chalmers

本章では、製品やサービスの開発工程そのものにイノベーションを起こすことを目的として、持続可能性を定義づける手法について論じていきます。ここでは、スウェーデンのホルムバーグ博士（Holmberg 1995[78]）と国際 NGO のナチュラル・ステップが共同で開発した、持続可能性維持のための四つの条件が議論の出発点となります。本章後半では、持続可能性を念頭においた戦略策定プロセスを組織に導入するにあたって、その効果が実証されている「バックキャスティング・アプローチ」という手法をご紹介します（Holmberg 1998[79]; Holmberg & Robèrt 2000[80]）。そして最後に、これをさらに発展させてバックキャスティングとシナリオ・プランニングという二つの手法を融合させたアプローチについても論じます（Alänge et al. 2007[81]）。

持続可能性を定義づける

持続可能性の定義は実にさまざまですが、共通の出発点となるのは第 2 章でも取りあげた国連ブルントラント委員会報告書「われら共有の未来（Our Common Future）」です（UN Brundtland Commission 1987[82]）。この報告書は、「持続可能な開発」を以下のように定義づけています。

> 持続可能な開発とは、将来の世代がその欲求を満たすための能力を損ねることなく、現在の世代の欲求を満たすものである

> 開発が持続可能であるとされるには、少なくとも、それが地球上の生命を支える自然の生態系——大気、水、土壌、そしてそこで暮らす生物——を危険に晒すものではないことが条件となる

この定義は実に懐が深いもので、政策決定に関わる人々から学者まで幅広い支持を集めました。しかしビジネスの世界に生きる実務家にとっては、いかに持続可能性というコンセプトを意思決定、そしてプランの実行に活かすかが問題となります。うまくいったものからそうでなかったも

---

[78] Holmberg, J. (1995). Socio-ecological principles and indicators for sustainability, Ph.D. thesis, Physical Resource Theory, Chalmers University of Technology & Göteborg University, Göteborg, Sweden.

[79] Holmberg, J. (1998). Backcasting: A natural step when making sustainable development operational for companies. *Greener Management International*, *23*, 30-51.

[80] Holmberg, J. & Robèrt, K.-H. (2000). Backcasting: A framework for strategic planning. *International Journal of Sustainable Development & World Ecology*, *7*, 291-308.

[81] Alänge, S, Holmberg, J., & Lundqvist, U. (2007). Strategies and practices for sustainability: Experiences from firm level, Proceedings from the International QMOD Conference, Helsingborg, Sweden.

[82] UN Brundtland Commission (1987). Report of the world commission on environment and development: Our common future. Oxford: Oxford University Press. Available at http://www.un-documents.net/wced-ocf.htm

PART I: FRAMEWORKS

のまで、持続可能な開発とは何かを理解し、実践するための数多くの試みがなされました。

中には比較的簡単に誰もが理解できるようなトピックもあります。たとえば、生産工程で発生する有害な副産物を直接下水に流したりするのはよくない、ということは今日では共通理解として広く認められています。その反面、持続可能性というテーマが「環境にやさしい製品づくり」に矮小化されてしまうことが多々あるのも事実です。しかしながら、持続可能性とは地球上の生命全体をいかに支えるかという、非常に多元的なコンセプトであり、単に環境にやさしい技術を使ったり、エコフレンドリーな製品づくりで経済成長を実現したりというだけにとどまらないものとしてとらえられるべきなのです（Sotoudeh 2005[83]参照）。

新たに開発される製品が悪影響をもたらさないかを見極めるのは本当に難しいことです。特に、そうした影響がすぐにではなく将来現れるものであったり、直接関係ないようにみえる他の環境変化と連動したときに初めて発生するものであったりするとなおさら、それを特定することは困難です。そうした影響や変化の全体像は企業が把握するには複雑すぎたり、それに関する知識ないしデータそのものがまだ存在しなかったりするからです。この問題については、クロイという学者が「無知のもとでの意思決定に関するジレンマ」というテーマで取りあげています。

> 1908年に自動車の構造そして利用法が大きく変化し、あっさりと実現された。しかし、それがやがて社会にもたらす変化——大気汚染やガソリンに含まれる鉛による被害、資源の枯渇、そして社会構造全体の変化等の諸問題——をその時点で正確に予測することは不可能だった。

> 今日では理解と実装の難易度が逆転してしまった。自動車によって引き起こされる悪影響を特定するのは簡単になったけれど、それを軽減するような変化を実現するのは極めて難しくなっている。

持続可能性に関する複雑性に対処する道として、研究者たちは主に二つのアプローチをとってきました。一つの方策は、持続可能性に欠けると思われる物質やビジネス上の慣行を調べ上げてリスト化し、そのリストに記載されているものを避けるよう企業に助言するというものです。

このアプローチの問題点は、ちょうどスポーツにおけるドーピング対象薬物リストと同じものです。リストが作成された時点でその影響がはっきり分かっていなかったものは見過ごされてしまいますし、何より、記載される物質や慣習はそれぞれ単独で考慮されるため、複数の要素が相互に影響し合って引き起こされる複合的な悪影響については検討の対象外となってしまいます。しかし、持続可能性に影響を与えるのは、むしろそうした複雑で複合的な現象であることがほとんどなのです。仮に再生可能な資源についてだけ検討するとしても、そこには複雑性が伴います。なぜなら「再生可能資源のほとんどは、複雑で相互に関連し合う生態系の一部であり、したがって、持続可能性を最大化するためには、それを利用することがエコシステム全体でみたときにど

---

[83] Sotoudeh, M. (2005). Links between sustainability and technology development. *IEEE Technology and Society Magazine*, 9-14.

のような影響をもたらすのかまで考慮に入れられなければならない」からです（国連ブルントラント委員会報告書より）。

だからこそ、複雑性を抑えて意思決定のガイドラインとして広く活用できる一般原則を導くための、もう一つのアプローチが必要となるのです。この第二のアプローチについて、これから述べていきます。

それは、ホルムバーグとロベールが提唱するアプローチで（Holmberg 1995, 1998; Holmberg & Robèrt 2000）、科学的に持続可能と認められるシステムの特徴を見定め、それを分析の基盤とするところから考え起こすというやり方です。このアプローチによって、持続可能なシステムの実現に関する四つの原則が公式化されました。

持続可能なシステムに関する四つの条件とは

持続可能なシステムに求められる条件を見極める際には、ある生態圏内に外部から人為的に影響がもたらされることで、その生態圏の機能や生物多様性がいかに破壊されるかに関する観察結果が出発点となります。そうした人為的な影響の例としては、生態圏内で行われる生産活動の結果ある種の物質が蓄積したりすること、過剰な伐採や採取によって生態圏の一部または全部が物理的に破壊されてしまうこと、あるいは一旦それが行われてしまうと二度と元の状態に戻すことができないような形で生態系を変化させることなどが挙げられます（Holmberg & Robèrt 2000）。

「生態圏」（エコスフィア ecosphere とも言う）とは、太陽からもたらされるエネルギーを起点としてさまざまな循環が生まれ、そこにある種の秩序が見出されるような持続的構造を備えたものを指す用語です。この定義にしたがえば、生態圏には、いわゆる生態系に加えて、有害な紫外線から地球を守ってくれている成層圏のオゾン層を含めた大気圏、地球の表面部分のうち水で占められている水圏、地中深くの岩盤層の上にある無数の地層からなる土壌圏などが含まれます。

それ以外の地球の構成部分、つまりコアやマントル、地殻といった部分は岩石圏と呼ばれます。この岩石圏で起こるさまざまな活動は地球内部に存在する重元素の放射性崩壊から生じるエネルギーによって引き起こされています。岩石圏における各種鉱石や無機物の生成と蓄積は非常にゆっくりとしたプロセスで、実質的には再生不可能な有限資源としてみなすのが適切なものです。

岩石圏から生態圏へと資源が人為を介さず自然に供給される流れとしては火山の爆発や鉱物層の風化といったプロセスがあり、その逆に深海その他から地中への沈降によって一部は地球の内部へと戻されていきます。とは言っても、生態圏内でのエネルギーや資源の移動量に比べれば、岩石圏と生態圏の間でなされるやり取りはごくわずかなものです。

こうした所見から、我々の社会を持続可能な形で維持し続けるためには、自然の生態圏の機能や

PART I: FRAMEWORKS

多様性を破壊的な活動から守ることが不可欠な条件として公式化されたのです。そうした活動とは、すなわち：

1. 地殻から採取された物質や鉱物を恒常的に人間の活動圏内にとどめ、蓄積し続けること、

2. 人間社会における活動から生み出された物質の生態圏内における蓄積量を増やし続けること、

3. 生態圏に人為的に介入し、過剰採取などによって恒常的に資源をやせ衰えさせること。

これらの三つの活動を差し控えることが生態的な持続可能性を維持するための枠組みとなります。加えて、社会における資源の適正配分のための原則として以下の第四の条件が付け加えられました。これは、国連ブルントラント委員会報告書が定めた持続可能性の定義に直結するものでもあります。

4. すべからく資源は、世界全体でみた人類の基本的なニーズを満たすよう、公正かつ効率的に用いられること。

これら四つの原則はさまざまな形で活用することができます。このセクションの締めくくりとして、その例をいくつか挙げてみましょう：

▪ 持続可能な社会に関する原則を受けいれ、そこで一定の役割を果たすことを目指す組織のリーダーたちに、バックキャスティングの手法を通して戦略策定に必要なインプットを与えてくれます。このとき、上記の四つの条件はリーダーが「正しい」問いを投げかけ、複雑性を減じて、せっかくの投資が行き詰まってしまうのを避けるためのガイドラインとして機能します（Holmberg 1998）。

▪ アイデアに関わる人たちすべての間で共通認識を構築してコミュニケーションを円滑にし、想像力を刺激して、個々人の努力をうまくまとめるのに役立ちます。

> 「問題を認識して、共通の枠組みでもってとらえることができさえすれば、それは得体のしれない何かではなく解決可能な課題になる。そうなれば、可能性を探って創造的な解決策を見出す能力を我々は持っている」（Holmberg & Robèrt 2000、p.293）

▪ ライフサイクルアセスメント（LCA）やエコロジカル・フットプリント、環境マネジメントシステムといった持続可能な開発のためのツールを使い分けるためのガイドラインとなります（Robèrt 2000[84]; Robèrt et al. 2002[85]など参照のこと）。

---

[84] Robèrt, K.-H. (2000). Tools and concepts for sustainable development: How do they relate to a general framework for sustainable development, and to each other? *Journal of Cleaner Production*, 8, 243-254.

[85] Robèrt, K.-H., et al. (2002). Strategic sustainable development: Selection, design and synergies of applied tools. *Journal of Cleaner Production*, *10*, 197-214.

- 日々の仕事における意思決定の一助となります。たとえば、製品開発初期のコンセプトづくりの段階においては、持続可能なシステムの条件を考慮することで、生態圏内で生成される物質の種類や総量を増やしたりしないような代替素材を選ぶようにすることができるでしょう。複数のコンセプト案があった場合でも、それらが持続可能なシステムの条件を満たすものであれば、いずれのコンセプトが採択されたとしても最初から持続可能性は担保されていることになります（Alänge et al. 2007）。

バックキャスティングとは

持続可能なシステムに関する四つの条件を組織に導入するにあたって一番よく使われている手法はバックキャスティングと呼ばれるものです（Holmberg 1998）。これは前述のナチュラル・ステップでも用いられているアプローチです（Nattrass & Altomare 1999[86]）。バックキャスティングによって、企業は将来の持続可能な社会で求められるものが何かを把握し、それに向けてどのように戦略を立ててゆくべきかを分析することができます。

また、バックキャスティングは、ロックインを打破して、既成概念にとらわれずに着想を得る助けとなるため、イノベーションを推進するためにも有効な手法であることが実証されています。このことを示す好例としては、他社に先駆けてエレクトロラックス社がフロンガス無使用の冷蔵庫やフリーザーを上市したことが挙げられるでしょう。同社はバックキャスティングを用いて持続可能性の観点から自社の製品やテクノロジーを見直し、環境に悪影響をおよぼすフロンガスを使わないようにすることを決定したのです。

バックキャスティングを行うには、以下の四つのステップを順に踏んでいきます：

1. 未来における持続可能な社会はどんな姿をしているのか？

⇨ 最初のステップは、持続可能性とは何かに関する基準を特定し、関係者全員の合意を得ることです。次に、その基準を枠組みとして用いながら以下のステップに進みます。

⇨ 上記の基準に沿って、持続可能性を実現した未来の社会はどんな姿をしているか、一つの共通したビジョンをつくりあげます。

⇨ このビジョンを念頭においてディスカッションを行い、自社に特有の文脈、コンテキストに沿った形で持続可能性に関する独自の原則を打ち立て、さらに、その意味合いについて詳細に掘り下げます。

---

[86] Nattrass, B. & Altomare, M. (1999). *The natural step for business: Wealth, ecology, and the evolutionary corporation*. Gabriola Island, BC, Canada: New Society Publishers.

PART I: FRAMEWORKS

2. **上記のステップで定めた持続可能性の基準に照らして、自社の現状を洗い出す**

   ⇨ 現在のミッションは何か、どんなマーケットにどのような製品ないしサービスを提供しているのか、環境に対してどれだけのインパクトを与えているか、どのような人材が揃っているか、等々。

3. **会社の将来のビジョンを描き出す**

   ⇨ ステップ１.で合意した持続可能性のための基準の枠からはずれないように。

   ⇨ 同時に、自社とマーケットに関する分析にももとづきながら。

4. **描き出したビジョンを実現させるための戦略を策定する**

   ⇨ ビジョンで示されている方向に自社のビジネスを進めるための目標と行動、さらにはそのフォローアップと振り返り、つまり PDCA サイクルを一貫した計画として立案します。

   ⇨ このとき、重要性が高いけれどもまだ詳細がどうなるかについての予測は困難な領域に対してしっかりとした戦略を立てたい場合には、第6章でご紹介するシナリオ・プランニングという手法を組み合わせるとより有効です。

シナリオ・プランニングと持続可能なシステムの条件との関連性

ホルムバーグ（Holmberg 1995）が提唱する四つの持続可能なシステムの条件は、次章で取りあげるシナリオ・プランニングという手法と組み合わせて用いることで、想定されるさまざまな事態に対してより堅牢な戦略を策定するためのガイドラインともなります。

四つの条件は、遠い将来も含めた長期的視点でみたときにも色褪せるものではなく、同時に今日における意思決定にも資する原則を示してくれるという意味で不朽のものであると言えます。ここにシナリオ・プランニングから得られる示唆を組み合わせることで、10～15 年といった長期の時間軸上で企業の業績を左右する可能性がある要因を広範囲にわたってあぶりだすことができるのです（図5-1 参照）。

持続可能なシステムの条件から考え起こすこのアプローチの利点は、特定の汚染物質の絶対量などの数値をもとに規制を設ける代わりに、より柔軟で応用が効くガイドラインを提供してくれる点にあります。最初の三つの条件は、恒常的な物質の蓄積や環境汚染によるダメージに注意を向けることで環境面での持続可能性についての示唆を与えてくれます。こうしたダメージとみなされるものには、岩石圏からの鉱物をはじめとする資源物質の採取や我々の社会が生み出す有害物質の蓄積、あるいは生態圏における生物多様性の減少などが含まれます。つまり、これら三つの条件は、持続可能な社会実現に向けて、企業等さまざまな組織が越えてはならない一線を示すガイドラインとなるのです。社会の内部活動と消費に関する原則——すなわち、すべからく資源は

人間社会のニーズを満たすうえで公正かつ効率的に利用されるべき、という原則──は、このガイドラインにもとづいて導き出されたものです（Holmberg & Robèrt 2000、p.298）。

このように、持続可能なシステムの四条件は、次の新製品に用いる素材を何にするかというはっきりとした特定の意思決定にも、あるいは今後どの市場にどうやって参入していくかといったより広汎な戦略的問いにも活用することができるものだということが分かるかと思います。仮に、今行おうとしている意思決定そのものは直近あるいは比較的短期間のうちに実施する活動についてのものだとしても、四つの条件にもとづくアプローチをとることによって、それが遠い未来の持続可能な社会の実現にも即したものとなるように確度を高めることができるのです。

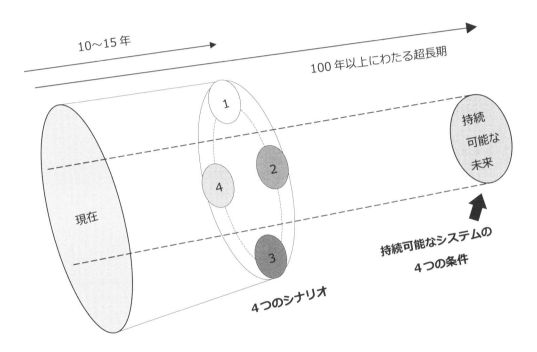

図5-1：四つの持続可能なシステムの条件とシナリオ・プランニングの関係性

ただし、この四条件が持続可能な未来に向けた事業開発や製品開発のための大枠を示してくれるとはいっても、会社が手掛ける開発案件に影響を与えるあらゆる要因に関して直接的な示唆を与えてくれるというわけではありません。

この意味で、シナリオ・プランニングは持続可能なシステムの四条件でかたちづくられる枠組みを補完するものであると言えます。シナリオ・プランニングを用いることで、想定されうるさまざまなトレンドや関連動向について考察するとともに、自社の成長と生き残りに対して大きなインパクトを与えるかもしれない不確定要因を洗い出すことができるのです。

PART I: FRAMEWORKS

シナリオを描くには、まず相互に独立しており、かつ、自社の業績に対して決定的な影響を与えうる要因を二つないし三つ選び出します。これらの決定的要因それぞれに関して、将来的にどのような変化が想定されるかを（できるかぎり合理的な範囲内で定量的に）推察します。次に、それらの要因を軸にとって表またはマトリクスの形にまとめ、起こりうる未来の状況についてのシナリオを複数描き出します。決定的要因となるものをしっかり見極めることができれば、これらのシナリオはいずれも十分起こりうるものであり、想定されうる未来の状態を指し示すものとなるはずです。図5-1の中心に描かれた円は将来起こるかもしれない未来の状態の振れ幅を示しており、そこには1～4までの複数のシナリオが含まれています。

こうして複数のシナリオを描き出すことで、従来の伝統的な戦略策定プロセスでは見出されないままになりがちだった不確定要因をおさえたうえで意思決定を行う基盤が得られるのです。そうすることによって、中心に描かれた円のおさまるシナリオのうち、どれが現実のものとなっても対応することができる、しなやかな戦略を打ち立てることができるようになります。将来どのような変化が起こりうるかを考え抜き、議論を重ねることで、最も可能性が高いと思われていたシナリオとは別の可能性が浮上してきたときにすぐそれをとらえて戦略を修正する「初期警告システム」を構築することもできるのです。次章では、そのような機能を持つシナリオ・プランニングの詳細について述べていきます。

第6章　シナリオ・プランニング　〜現在から未来を洞察するには〜

Boo Edgar & Sverker Alänge, *University of Gothenburg & Chalmers*

> シナリオ・プランニングは、我々の思考の枠組みを検証し、当然だと信じ込んでいるものに健全な疑問の光を投げかけ、心の柔軟性を引き出し、うまく用いることができれば、新たな希望を見出すための強力なツールとなるものです。シナリオにもとづいて物事を考えるスキルを身につけることで、変化し続けるこの世界において、いかなる場面からも洞察を見出し、新たなつながりを創り出して、画期的なソリューションを考え出すことができるようになるでしょう ── Scearce et al. (2004)

どんな組織であっても、そこで起案された新規プロジェクトを最終的に成果につなげるためには、それをさまざまな環境、条件に合わせて調整する必要があります。しかし、最も成功する組織というのは、変化が起こってからそれに合わせるのではなく、独自の洞察によってあらかじめ未来を見通し、そこから逆算して積極的に自らを変革することで競争優位を維持しているものです。企業の計画策定のために伝統的に用いられてきた手法は、現状の延長線上に何が待ち受けているかを予測するには有用ですが、そこからはずれる、大きな「破壊的」変化には対応できません。

シナリオ・プランニングはこの点において非常に強力なアプローチであり、指数関数的な変化や複雑性、不確実性を織り込んだクリエイティブな予測を可能にしてくれるものです。具体的には、現状起点での制約条件を一旦はずして、起こりうる未来の可能性について考察し、「明日何が起こるかを理解したうえで今日の選択をする」ことがシナリオ・プランニングの要諦となります。

本章では、このシナリオ・プランニングを実践するためのプロセスについてご説明します。鍵となるステップは以下の通り：

1. 自社のビジネスにとってポイントとなる論点や決定事項を洗い出す

2. 1.に関連する重要な外部環境要因を特定する

3. 変化を引き起こす原動力となるのは何かを特定する

4. 2.および 3.で特定した諸要因を、その重要性と不確実性によって優先順位付けする

5. 上記 1.〜4.にもとづき、複数のシナリオを描く

6. 個々のシナリオを肉付けして、具体的影響について詳細に分析する

7. あるシナリオが実現しつつあるとき、そのことを示す指標や兆候を特定する

8. 関係者間でシナリオとその分析結果を共有する

つまり、シナリオ・プランニングとは、当て推量をできる限り取り除くと同時に、さまざまな偶発性を検討材料として織り込むことによって未来への洞察を可能にする手法なのです。そのため、

PART I: FRAMEWORKS

シナリオ・プランニングは、長期にわたる予測や破壊的な変化が予想される分野において、特に重宝するアプローチであると言えます。

シナリオ・プランニングの概要

もしタイムトラベルができるとしたら、あなたは何をするでしょうか？そして、あなたがタイムトラベルできることを他の人たちが知ったとしたら、どんなことに興味を持って、どんな質問をしてくるかを想像してみてください。

未来を知ることができるとしたら、その"予備知識"を使って何ができるでしょうか？競馬のレースやサッカーの試合、宝くじ、ノーベル賞の選考結果などを知ることでひと儲けできたりとか？

未来に関する知識でひと儲け、という発想は 1895 年に書かれた H.G.ウェルズの『タイム・マシン』にこそ出てきませんが、タイムトラベルをテーマにした近年の小説や映画では、むしろおなじみのものです。果たして、未来をあらかじめ知ることができるというのは人を幸せにしてくれるものなのでしょうか？

シナリオ・プランニングとは

テクノロジーや科学、文化、政治経済、そして環境にまつわるさまざまな要因が相互に絡み合うことで世界にどのような影響をもたらすかを見通すのは容易なことではありません。専門家や有識者からの意見集約を核とするデルファイ法など、未来を予測するためにありとあらゆる手法が講じられ、多くのリソースが費やされてきましたが、これといった進展は今日までなかなかみられませんでした。しかし、ここにきて、ある画期的な手法が注目を集めています。

「シナリオ・プランニング」の名で知られるこの手法は、もともとは軍事的な目的で開発され、その後、オランダとイギリスに籍をおく多国籍石油企業ロイヤル・ダッチ・シェル社が先鞭をつけてビジネスに用いられるようになりました。なお、「シナリオ・プランニング」という名称は、米国のシンクタンク、ランド研究所によって後年になってから付されたものです。

シナリオ・プランニングでは、さまざまな不確定要素とそれに影響を与える原動力を考慮して、それぞれに異なる、しかし、いずれも十分に起こりうる複数の未来像（シナリオ）を描き出し、それらを深く検証していきます。これによって、企業は起こりうる未来を予測すること、そして、そこからひるがえって現在の戦略を見直し、これまで考えてこなかったような画期的な突破口を見出すことができるようになるのです。

シナリオ・プランニングの考案者の一人、ピエール・ワックは、それをクリエイティブで起業家精神に富んだ発想を促し、変化と複雑性、不確実性に満ちた世界でそれでも行動を起こすために背中を押してくれるものだと言います。

第6章 シナリオ・プランニング

シナリオとは、未来がどうなるかではなく、どうなりうるかを示唆するものです。それは未来に関する不確定要素を思考のための原料として、いくつもの可能性を考慮し、詳細やときには筋道すらも変わりうることを念頭においたストーリーであって、必ずしも実現可能性が最も高いものだけに注目するのではなく「もしこうなったら、どういうことが起こりうるか？」という問いに軸をおくものです。

シナリオをつくる目的は、この世界がどのように変化するかについて理解を深めることにあります。さまざまな要素同士が互いに関連し合うことでどのように固有のストーリーに結実していくかについては、世界中の企業から寄せられたデータとともに『持続可能な開発のための世界経済会議（World Business Council for Sustainable Development; WBCSD）』が分析していますので参考になります。WBCSDによれば、こうした関係性は図6-1に示されているモデルで表せると言います。

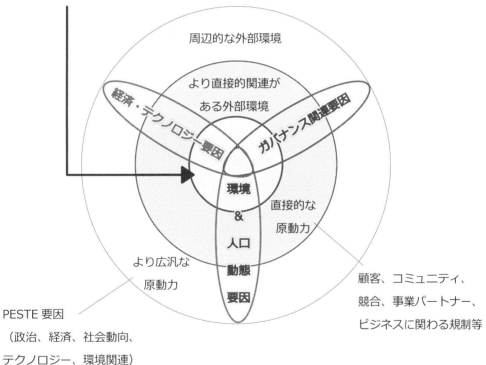

図6-1：さまざまな要因による複合的・複層的影響のモデル（WBCSDより）

旧来のプランニング、計画策定プロセスにおいては、こうした要因のうち、主たるものを一つないし二つほど定めて分析を行っていました。不確実性がそれほど高くなく、将来の事態に対して

PART I: FRAMEWORKS

比較的コントロールが効きやすかった時代にはそれで十分であり、効率的ですらありました。しかしながら、不確実性が高く、先読みが効かないときにはシナリオ・プランニングのほうが有効になります。このことを踏まえ、世界的なビジネスネットワーク What if?(もしこうなったら?)のレポートでは、『ハッカーを追え!』などの著作で知られる SF 作家ブルース・スターリングの言葉を引用しています。

> 「未来派思考というのは認識を改める一つの技法なんだ。それは、生命というのは移ろいゆくもので、変化が避けがたいことを教えてくれるし、なぜ、どのようにして変化が起きてきたかに我々の目を向けさせてくれる。未来に目を向けることで、旧来の世界観の妥当性が色褪せていること、そして新たなビジョンの可能性がみえてくるんだよ」

シナリオ・プランニングは、こうした新たなビジョン、世界観を現実のものにして、変化が激しい時代を乗り切るための重要なツールを提供してくれるものなのです。

プランニングメソッドについて

このセクションでは、シナリオ・プランニングだけではなく、回帰分析など伝統的な手法も含めて、プランニングに用いられる手法を論じていきます。第 5 章でご紹介したバックキャスティングについても思い起こしながら読み進めていってください。

図 6-2 は、これらの手法が、それぞれどのような状況下で最も力を発揮するかを示したものです。

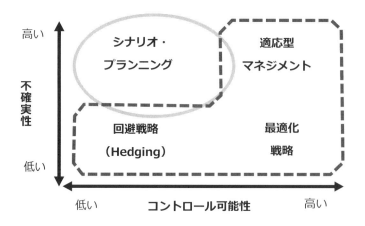

図 6-2:点線で囲まれた回帰分析ベースの手法が効果を発揮する場面は多い。しかしその一方で、不確実性が高く、外部環境をコントロールできる余地が小さいときにはシナリオ・プランニングがより有効な手法となる（Peterson et al. 2003[87]参照）

---

[87] Peterson, G., Cumming, G., & Carpenter, S. (2003). Scenario planning: A tool for conservation in an uncertain world. *Conservation Biology*, *17*, 358–66.

第6章　シナリオ・プランニング

より実現可能性が高い未来を見極めるには

企業の戦略策定に用いられる伝統的なプランニングメソッドは、より実現可能性が高い未来を見極めるためのものです。社会の空気感や個人の信念などを含む、データとして構造化できるもの、いわゆるファクトをすべて用いて将来を予測します。

ただし、ここで重要なのは、それらが「物事は、基本的にこれまでとほぼ同じパターンで続いていく」という前提をおいたものである、ということです。

予測・予見とは

本書で「予測」と言ったとき、それはある前提にもとづいて実現可能性が高いと思われる将来の状態を述べるものを指します。畢竟、予測は現在の状態がどのようなものかに依存し、そこに影響を与える諸要因に関する（現時点での）理解にもとづくものとなります。予測に用いられる統計モデルでは、検証の対象となる事象が発生する確率は一定の分布にしたがうものと仮定されており、したがって、その前提となる条件が満たされる限りにおいて、将来に関するベストな推定をもたらすものだと考えられています。この場合、要因がどう変化しようとも揺らぐことのない予測を導き出すモデルほど良いものとされます。

統計モデルを用いて予測を行う科学者たちは、それがあくまでも前提条件に依存した確率論的なものであることを理解していますが、統計学をよく理解していない人はそのことを分かっていないことが多々あります。そうした人たちは、一旦モデルの予測結果としてはじきだされたことは何が起ころうとも実現するものと誤解したりするのです。

未来はきっとこうなるはずだ、という意見のことを「予見」と言ったりもします。予測および予見は、「これをすればあれが起こる」式の思考法（たとえば、増産をすれば市場シェアが増える）であり、最適化戦略と呼ばれる戦略策定のための意思決定において重要な位置を占めるものです。

最適化戦略や、適応型マネジメントと呼ばれるアプローチは、ある一定の時間軸における総合的な利益予想額の最大化あるいは損失額の最小化を達成しうるものだとみなされています[訳注：紙幅の都合上、本書内で最適化戦略や適応型マネジメントの詳細に立ち入ることはしません。興味をもたれた読者の方々は、それぞれを取りあげた専門書や論文をご参照ください]。状況をコントロールできる余地が大きいとみられるときにはより積極的な最適化戦略を、コントロール可能性が低い場合にはリスクを最小化する回避戦略（Hedging）を企業は選択します。

回帰分析とは

回帰分析とは、過去の売上データや開発履歴、ニーズ予測といったデータ（アンケート等による調査データを含みます）にもとづいて将来に関する予測を立てる数学的なモデル分析のことです。

PART I: FRAMEWORKS

こうした現在の時点で得ることのできるデータから見出されるパターンを線形ないし非線形回帰モデルで外挿することで、その延長線上にあるとされる未来への予測を立てるのです。このとき、競合他社の動向や業界水準（製品に求められる品質レベルなど）が絡んでくると、分析はさらに複雑になります。モデルから予測されるパターンが状況次第で変化する部分が多くなるためです。

モデルに投入するデータが確度の高いものであればあるほど、そこから導き出される予測もより正確なものになります。こうした分析を通して、企業はどの戦略が最適なものか知ることができますし、各事業・プロジェクトに投資するタイミングや規模についても示唆が得られます。こうしたプロセスそのものは、本章で後述するシナリオ・プランニングと通底するものがあるのです。

反応性の欠如

こうした回帰分析ベースの戦略策定におけるリスクは、そこから導出される予測が目にみえるもの、定量的に測定可能なデータから推定できる範囲を超えることがなく、そのため、想定外の事態に対する反応性に欠けるという点にあります。そのため、事前にデータを得ることができない事象、特に想定の範囲を超えるような大きな変化に対して適応したり、それを予期したうえで前もって手を打ったりするようなことは難しくなってしまうのです。

起こりうる未来

不確実性というのは物事をややこしくしますし、ときには、それによって無力感を覚えることもありますが、将来何が起こるか分からないというのは、裏を返せば多くの可能性を示すものでもあり、今行動を起こすことで望む結果を実現させうるという希望の源ともなるものです。未来とは、あらかじめ仔細に定められた決定論的なものではなく、我々の行動が積み重なることで創りあげられてゆくものなのです。

意思決定に際して自分たちにはコントロールしきれない不確実性が常につきまとう、というリアリズムはシナリオ・プランニングの核となるものであり、これがあるからこそ、シナリオ・プランニングでは（最も実現可能性が高いものではなく）十分起こりうるストーリーに焦点をあてるのです。これは、できる限り確度の高いデータを集めて予測精度を高めようとする回帰分析ベースの手法とは根本的に異なるアプローチであるということをまず理解しなければなりません。

シナリオ・プランニングがその力を発揮するのは：

1. 大きな戦略的論点に対峙しているとき

2. 検討中のソリューションに不確実性が伴うとき

3. 現在争点となっている事項に対して決定的な解決策がない（破壊的イノベーションが求められている）とき

4. 不確実性が高い状況にあるとき

5. 組織が変化に対して前向きで、そのための議論ができる状態にあるとき

6. 変化に向けたプロセスへの理解と支持が得られるとき

7. 変化のために必要なリソースを確保できるとき

上記1.にあるような戦略的意思決定を行うにあたって有用とされるツールのなかでも、シナリオ・プランニングは特に出色のものとされています。シナリオ・プランニングが用いられた成功事例としては、ざっとみただけでも、

- 急激な政治的変化をピンポイントで予測し、それをうまく自社の成長に利用した（イースタン・ブロック社）
- 革新的なサービスにもとづくビジネスモデルを開発した（エレクトロラックス社）
- 世界の石油大手七社、通称「セブン・シスターズ」の中で、唯一1973年の石油危機を予期して対応できた（ロイヤル・ダッチ・シェル社）
- バイオテクノロジー分野におけるニーズを見極め、持続可能なエネルギー施策提案を構築した（WBCSD）
- 未来洞察を通じて、新たな製品開発のみならずビジネスモデルそのものを革新した（GE社）
- NPOの存在感が世界的に増してくることを読みとり、それに向けた提案をいち早く策定した（グローバル・ビジネス・ネットワーク）
- パソコンやインターネット、スマートフォンといった破壊的イノベーションの衝撃を自らの成長の起爆剤として活用した（IT産業）
- 未来に向けたコア・コンピタンス開発と、そのための教育支援システムを構築した（プライス・ウォーターハウス・クーパース社）

などを挙げることができます。

不確実性に対応しつつ有効な戦略を策定するための手法としてのシナリオ・プランニングの有効性は確立されつつあり、それを実践する企業や組織の事例も増えてきています（下記ケーススタディも参照のこと）。シナリオ・プランニングは旧来の手法とは大きく異なるため、使いこなすためにはそれなりの努力が必要となりはしますが、未来に関する洞察を見出してイノベーションを促し、組織の適応性を高めるためには欠かせない手法でもあります。

また、シナリオ・プランニングは組織に学習の機会をもたらすものでもあり、戦略的思考を磨いてくれるツールともなるものです。シナリオを描き出すことによって、組織とそれを取りまく環境の姿が将来どのように変化していくかというロジックを立てることができ、そうした変化の原

PART I: FRAMEWORKS

動力は何か、その変化における主要なプレイヤーは誰なのか、そしてその変化に対して自社はどのような影響力を発揮できるかを明らかにすることができるのです。

ケーススタディ

グラクソ・スミス・クライン社（以下「GSK」）の CEO アンドリュー・ウィッティは、「戦略とともに進歩する（Progress with strategy）」と題した動画の中で、シナリオ・プランニングの重要性に言及しています。ウィッティが CEO に就任する前の GSK は、高単価だけれども規模の拡大が望みにくい処方薬への依存度が高く、医療の高度化によって総合病院を中心とした既存の医療システムから患者の足が遠のいていることに危機感を抱いていました。そこでウィッティは GSK の戦略を大きく転換し、下記の施策を矢継ぎ早に打ち出したのです。

- 医師の処方箋が必要な「小さな白い錠剤」（＝処方薬）から、より多くの患者を対象とするワクチンや生体由来の薬剤にシフトした

- 米国や日本、西ヨーロッパの主要五カ国におけるマーケティング予算を削減する一方で、ブラジル、ロシア、中国、メキシコ、中東諸国といった新興国マーケットへの注力を強めた

- 売上規模を追うことをやめ、利益が確保できないマーケットでは事業を縮小ないし撤退した

- 新興国マーケットへの投資を大きく展開した

- 医師による処方箋なしでも患者が購入できる市販薬への投資を増やした

- 自社が保有する、ないしはコントロールすることができる知的財産権で保護されている（他社による新規参入が難しいため、競争が激しくない）製品に集中した

- 事業の効率化とコスト削減を推進した

主なトレンドとそれに伴う不確定要素を見極めることで、シナリオ・プランニングを用いるチームは複数のシナリオをそれぞれに一貫したストーリーの形で描き出すことができます。そうすることで、既存の予測テクニックだけでは陥りがちな、自信過剰や手元にあるデータから示唆されるもの以外は見落としてしまう、いわゆる「トンネル視野」といった落とし穴を克服することができるようになります。回帰分析ベースの予測・予見とシナリオベースのアプローチの違いを次頁表 6-1 にまとめましたのでご参照ください。

破壊的イノベーションとは

破壊的イノベーションとは、マーケットのそれまでの流れからはまったく予期できない、市場における競争のルールそのものを変革してしまうような製品ないしサービスのことを言います。

それまで「持ち運び」ができなかった音楽をいつでもどこでも聴けるようにした SONY のウォークマンやアップル社の iPhone などは誰もがご存知でしょう。製薬業界においては、アストラゼネカ社が開発したロセック（Losec®）、プリロセック（Prilosec®）という新薬が、当時まったく想定されていなかった衝撃的な変化を消化性潰瘍治療にもたらしました。そのほか、心不全患者には使用が禁じられていた降圧薬のβブロッカーがスウェーデン・イェーテボリの研究チームの発見によって使用可能になったことも破壊的イノベーションの事例に数えられます。

表 6-1：予測・予見ベースとシナリオベースのアプローチの主な違い（Lingdren & Bandhold 2003[88]参照）

予測・予見ベース	シナリオベース
過去のデータにもとづいて最も実現可能性が高い将来像を描く	起こりうる（複数の）未来像を描く
政治的ロビイングも含む手段を駆使して外部環境にも働きかけ、できる限り確度を高める	不確実性が大前提
リスクを可能な限り避けようとする	リスクとして考えうる要因を洗い出す
定量的な分析が中心	定量的分析と定性的分析を両方用いる
現在のビジネスにおける中心的手法で、毎日といっていいほど頻繁に用いられている	まだまだ活用事例は少ない
比較的不確実性が低い状況下で、直近における戦略策定に有効	不確実性が高い状況下で、中長期における戦略策定および方向性の模索に有効

イノベーションは単一の製品やプロダクトに限りません。ミニッツクリニックは、低価格で内容を絞り込んだ医療サービスを提供し、ドラッグストアやショッピングモールなど誰もがアクセスしやすい場所に予約や紹介状なしで診療を受けられる簡易クリニック（Limited-service clinics）を展開しています。この業態は大きな成功をおさめており、予約して診療を受けるまでに長い時間と手続きを要した旧来の医療サービスの一部を破壊したイノベーションだと言えます。

『イノベーションのジレンマ』で知られるハーバード・ビジネススクールの伝説的教授クレイトン・クリステンセンは、破壊的なアイデアは以下の三つのカテゴリーのいずれか、または複数にあてはまると指摘します：

---

[88] Lindgren, M., & Bandhold, H. (2003). Scenario planning: The link between future and strategy. New York, NY, USA: Palgrave Macmillan.

PART I: FRAMEWORKS

- 主要な競合他社、特にマーケットにおいて支配的立場にある大手企業にとって、（少なくとも現時点では）投資対効果が見合わないと判断されるようなもの

- 主だったステークホルダーにとって、投資対象として魅力的に映るもの

- 実現させるために必要なテクノロジーや投資があまりに大きく、競合が手を出せないもの

こうした可能性を広く探り、自社が破壊的イノベーションが実現できたら（あるいは他社がそれを実現したら）どうなるかをイメージするのにシナリオ・プランニングは役に立ちます。ただし、リンドグレンとバンドホルト（Lindgren & Bandhold 2003）が指摘するように、イノベーションを目指すうえでシナリオ・プランニングが役に立つ場面はその他にもたくさんありますので、それらをまとめた図 6-3 も合わせてご参照ください。

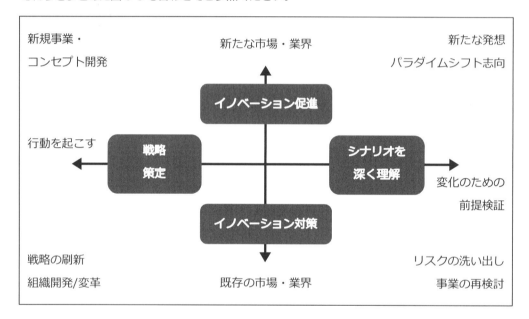

図 6-3：シナリオ・プランニング活用例
(Scearce, Fulton, & Global Business Network 2004[89])

本書におけるシナリオ・プランニング活用法の提案

シナリオ・プランニング活用法のほとんどは、ロイヤル・ダッチ・シェル社または米国のランド研究所が元祖とされ、達成したい目的が何かによって違いはありますが、多くの場合、六つから九つのステップを経てシナリオを構築・分析します。ただし、分析に含まれる要素に関して、専門家の見解が分かれた場合は、それを不確定要素として取り扱う点は共通しています。

---

[89] Scearce, D., Fulton, K., & the Global Business Network community. (2004). *What if? The art of scenario thinking for nonprofits.* New York: Global Business Network.

第6章　シナリオ・プランニング

シナリオ・プランニングを実践するには

一般的なシナリオ・プランニングは、下記のステップに沿って進められます。

1. 論点を定める。

2. 主要なステークホルダーが誰かを見極め、プランニングのプロセスに巻き込む。

3. 1.で定めた論点に関して、関連する未来像がどんなものになるかを考察する。

4. 3.の考察において、大きな影響をおよぼす要素は何かを洗い出してリスト化する。

5. 4.で洗い出した要素のうち、重複するものをまとめたうえで優先順位付けする。

6. 5.をより詳細化、重要性だけではなく実現可能性や予測可能性も踏まえてランキング。

7. 付箋に各要素を書き出し、ホワイトボードなどに貼り出してそれぞれの関係性を可視化する。

8. 付箋にアイデアを書き出して通底するもの同士をグルーピングし、思考を整理する KJ 法などの手法も用いて要素をさらにまとめ、大雑把なシナリオや変化のトレンドを（予測可能性と重要性を念頭におきつつ）描き出す。

9. 不確実性が高いもののうち、特に重要度が高いと思われるものが 8.で描き出したシナリオにどのように関連するかを探る。

10. 各シナリオがどれくらいありえそうか、社内の関係者に聞き取り調査をしてチェックする。

11. シナリオをひとつながりのストーリーの形にして書き出し、チーム内で共有する。

12. 共有したシナリオにもとづいて分析を進め、対策を練る。

これら一つひとつのステップについて、より詳しくみていきましょう。

まず、検討を進めるべき論点——すなわち、一定の時間軸において、それがどのくらいの広がりを持ち、それに関してどのような意思決定が求められるのかを見極める必要があると思われる事項——を定めます。こうした論点は、社会的なトピックであることもあれば、テクノロジーや経済、環境、政治的な分野に関わるものであることも、あるいは法律や医療制度、科学の進展に関わるものとなる場合もあるでしょう。論点を定めたら、それに関わりや関心を持つ関係者やステークホルダー、当事者が誰なのかを探ります。同時に、その論点について暗黙の前提とされていることは何かを洗い出し、入手可能なデータを集めます。

追加の聞き取り調査などが必要な場合には、この時点で誰にインタビューをすべきかも確認しておきます。聞き取り調査への協力者は、複数の分野にまたがっているほうが多様性を担保し、思いもよらない意見や幅広い視点が得られて有効です。同時に、検討中の論点に関する影響力や決定権を持つステークホルダーからも話を聞くことを忘れないようにしましょう。往々にして、組織の外にいる人たち（たとえば顧客や有識者、事業パートナーなど）からのインプットは、目か

PART I: FRAMEWORKS

らウロコが落ちるような洞察をもたらしてくれるものです。

聞き取り調査を実施したら、そこで得られた意見の中に埋もれているパターンを探します。特に、多様なステークホルダーの意見が共通するところと見解が分かれるところは注目すべきポイントとなります。誰もが当たり前とみなしている大前提、あるいは逆に、互いに矛盾するような前提はみつけられないかという視点で分析を進め、結論をチーム内で共有します。

聞き取り調査で得られた洞察に前述のデータを組み合わせ、「未来についての見解」をまとめます。各種調査から洗い出された前提を並べ、必要であれば追加調査等も行ったうえで、何が言えるかを分析しましょう。そこで見出された未来像を関係者間で共有し、その妥当性を検証するために必要な計画を立てるのと同時に、確実性が高いと思われる部分についても確認するようにします。

また、ここで改めて、最初に定めた論点の将来像に影響をおよぼす主な要因が何かを再検討し、それぞれについてデータや研究結果などを探しておきましょう。こうした要因群のうち、今後10年間のうちに業界を揺るがしかねないものは特にチェックが必要です。それらが自社および関連業界にもたらすであろう影響について（各要因単独の影響だけではなく、それらが同時に発生して複合的に作用した場合も含めて）、仔細に検討し、その重要度をはじき出します。

ここまで作業が進んだら、洗い出した要因一つひとつについて、重要度と予測可能性（不確実性）にもとづいて優先順位を付け、表にまとめて可視化します（下記イメージ参照）。

	要因	優先度	重要度	予測可能性（不確実性）
1				
2				
⋮				

次に、重要度と予測可能性を軸にとって、二次元の図をホワイトボードなどに書き出しましょう。

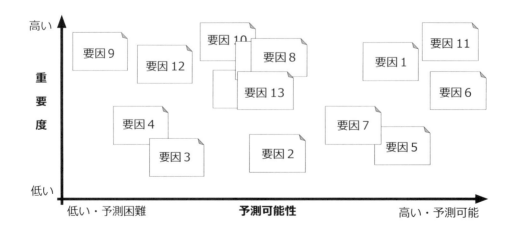

第6章 シナリオ・プランニング

前述の表で可視化した要因一つひとつを付箋に書き出し（みにくいようであれば、表の左にふった番号だけでも構いません）、その付箋を図の中の該当する位置に貼り出します（前頁図参照）。

相互につながりがありそうだと目される付箋同士は丸で囲うなどしてその関係性をさらに可視化して、シナリオの叩き台とします。必要に応じて付箋を貼り替えて位置を調整しましょう。

ある程度調整ができたら、さらに二つ軸を図の内部にとって四つの象限に分けて整理します。

自社のビジネスないし産業にとって特に重要であり、かつ、これから実現することが決定済みのものや確実性が高いもの＝「トレンド」と、同じく重要性は高いけれども今後の展開についての予測が困難で不確実性が高いもの＝「重要な不確定要素」にカテゴリー分けされる要因群が何かを洗い出します。

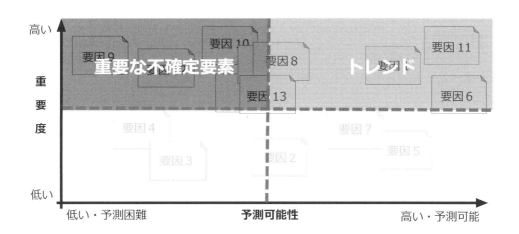

このうち、不確定要素については特に重要と思われるものを二つないし三つ選んで、それらが今後どのような展開をとりうるか、そうなったとき自社および業界・産業にどのような影響があるかを掘り下げて検討しましょう。

続けて、それらの特に重要な不確定要素にもとづいてシナリオを立てていきます。二つの要素を取りあげて、片方を縦軸、もう一方を横軸にとり、下図イメージのようなシナリオ・マトリクスを作成します。これによって、半自動的に四つの異なるシナリオを描き出すことができるようになります。

PART I: FRAMEWORKS

不確定要素 2

	自社にとって悪い展開	自社にとって良い展開
良い展開	シナリオ A	シナリオ B
悪い展開	シナリオ C	シナリオ D

（縦軸ラベル：不確定要素 1）

これを応用して、横軸の不確定要素に自社のビジネスモデルをあてはめたのが下図になります。もうひとつ（縦軸）の不確定要素 X については大きな変化とわずかな変化をそれぞれ想定することで具体的なシナリオを描き出すことができます。

ビジネスモデル

	革新的モデルに変革	従来のモデルを継続
大きな変化	シナリオ A	シナリオ B
わずかな変化	シナリオ C	シナリオ D

（縦軸ラベル：不確定要素 X）

四つのシナリオのおおまかな姿がイメージできたら、それぞれについて論理的な整合性がとれているか、そして実際にそれがどのくらいありえそうかを検証します。たとえば、

- 「トレンド」として特定した要因同士の間に矛盾はないか？
- 不確定要素としたもののうち、個々の可能性として想定されるもの同士で片方が実現すればもう一方は構造的に不可能になるようなものはないか？

- 各要因に関してステークホルダーがとるであろうと想定されている行動は、彼女ら彼らの利害に合致したものになっているか？

これらの整合性がとれない、つまり論理的な筋道が見通せないシナリオについてはそれ以上分析せずに一旦脇において、それ以外の可能性を探りましょう。そうすることでより幅広い分析が可能になります。

こうしてシナリオの策定と見直しができたら、改めて各シナリオにおいて鍵となるステークホルダーがどのような動きをみせるか推定していきます。必要に応じて追加の分析を行い、各シナリオが自社にもたらす影響を洗い出していきます。

最後に、上記のプロセスで見出した要因群とその位置づけ、関係性、影響をひとつのストーリーにまとめます。この過程で、それまでに見逃していた可能性に気づくことも多いので、そしたらまた調査と分析を行って、最終的にまとめられたシナリオを関係者にプレゼンテーションし、戦略策定に進む。以上がシナリオ・プランニング実践の工程となります。

第7章　ライフサイクルという視点

Henrikke Baumann, *Chalmers & Erasmus University*

はじめに：ライフサイクルの論理について

環境保護にまつわる複雑性に対処するためには、個々の問題を一つひとつ解決しようとするのではなく、全体観を持って諸問題の関係性をとらえたうえでアプローチする必要があります。本章でご紹介する「ライフサイクル」という考え方は、原料となる素材・資源の採取から最終的な廃棄処理までを含めた、ある製品に関わる生産・流通・販売・利用・回収という一連の流れが環境にどのような影響をもたらしているのかを明らかにしてくれます（図 7-1 参照）。

また、ライフサイクルにもとづいて製品に関わる流れを検証することで、今日では世界全体に分散している生産および消費の仕組みについても興味深い洞察が得られるのです。

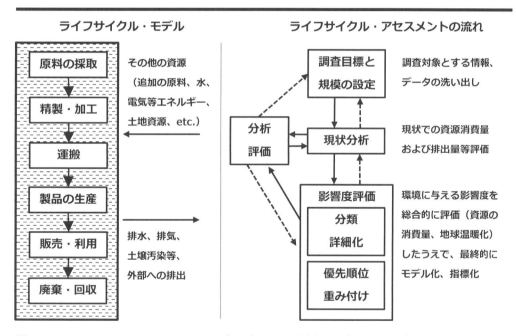

図 7-1：ライフサイクル・アセスメント（LCA）は、図左側のモデルにもとづいたうえで、図右側に示された流れに沿って行う。点線は、繰り返しの反復作業を表している。LCA の正式かつ詳細な解説は ISO14040 の標準を参照のこと。

製品の生産から廃棄にいたるまでの全体をとらえるライフサイクル・アセスメント（Life Cycle Assessment、以下「LCA」）は 60〜70 年代には既に一部で執り行われていましたが、広く一般的に実施されるようになったのは 90 年代に入ってからのことです。今日では、LCA は民間・公共問わず、あらゆるセクターで用いられるようになっています。

PART I: FRAMEWORKS

それに伴って、LCA に関する用語も数多く生み出されてきました。適用される場面や使用法にもよりますが、ライフサイクルという枠組みで物事をみる考え方のことをライフサイクル思考（Life Cycle Thinking、LCT）と言ったり、調査を行う場合にはライフサイクル・アセスメント（LCA）と言ったり、そして、製品の生産から廃棄にいたる一連の流れを取り扱うプロセスについてはライフサイクル・マネジメント（Life Cycle Management、LCM）と言ったりします。

ライフサイクルという呼称は、かつて原料の採取を「揺りかご」、そして廃棄に関するマネジメントのことを「墓場」になぞらえて、ライフサイクル的な研究のことを「製品を揺りかごから墓場まで追う」と呼んでいたことに由来します。

最近では、自動車の環境への影響度をみる「油田からタイヤを駆動するまで（Well to Wheel）」や、食料に関する「畑からフォークまで」を追った分析などもみられるようになっています。たとえば、世界的企業のユニリーバなどは、同社の人気商品マグナム・アイスクリームに使われているチョコレートが持続可能なシステムにのっとったものであることを「カカオ豆からお客様の一口まで」を通して確認するとしています。こうした LCA のバリエーションの数々は、原材料の採取から工場にそれが入ってきて製品となって出ていき、最終的に廃棄処理されるまでの製品のライフサイクルをモデル化したものであると言えます。

ライフサイクル思考（LCT）や LCA にみられる製品に関わるシステム全体に着目する見方は、今や製品開発や"環境に配慮したデザイン＝エコデザイン"を考える際に不可欠のものとなりました（Baumann, Boons, & Bragd 2002[90]）。

これらには、シンプルに製品のライフサイクルを描写して可視化するものだけではなく、LCT のようにより規範的なアプローチも含まれます。たとえば、「揺りかごから揺りかごまでのデザイン」と呼ばれるモデルは、製品の生産から回収・リサイクルまで一貫して廃棄物を一切出さないことを目指したものです（McDonough & Braungart 2002[91]）。図 7-2 は、ライフサイクルという考えにもとづいて環境にやさしいデザイン（エコデザイン）を実現するために、製品開発において活用されるツールをまとめたものです。

---

[90] Baumann, H., Boons, F., & Bragd, A. (2002). Mapping the green product development field: Engineering, policy and business perspectives. *Journal of Cleaner Production*, *10*, 409-425.

[91] McDonough, W., & Braungart, M. (2002). *Cradle to cradle: Remaking the way we make things*. New York: North Point Press.

第 7 章　ライフサイクルという視点

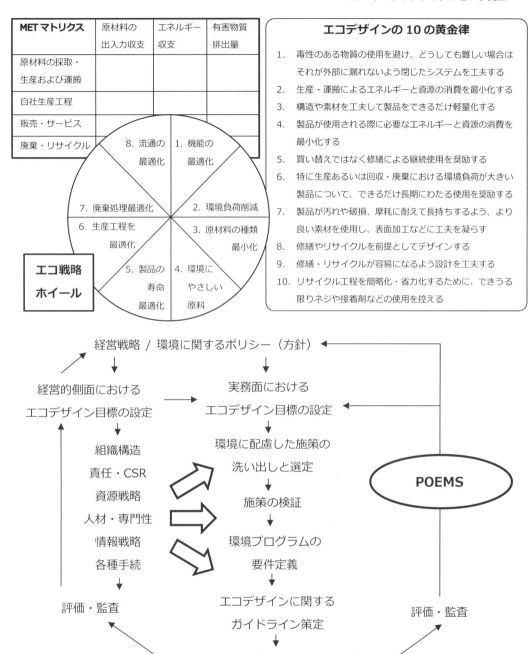

図 7-2：ライフサイクルの視点から環境に配慮した製品開発を行うための四つのツール。左上の「MET（Material-Energy-Toxic、原材料・エネルギー・毒性）マトリクス」によって環境負荷を総合的に検証できる。右上の「黄金律」および左中の「エコ戦略ホイール」はシンプルな行動指標を示してくれる。そして POEMS（Product-oriented environmental management system）モデルは、環境への配慮を経営の一部として組み込むための道筋を示す枠組みとなる。

PART I: FRAMEWORKS

LCA および LCT は政策決定プロセスにおいてもさまざまな局面で用いられ、個別の資源について
バラバラに政策を定めるのではなく、全体観を持って産業を育成するための指針となっています。

実際、環境に関する枠組みやスキームの多くは LCA/LCT にもとづいて考案・設計されています。
たとえば、カーボン・フットプリントという考えは、基本的に LCA から土・空気の酸性化や生物
多様性への影響等を除いて、気候変動に関するインパクトだけを抽出したものであると言えます。

拡大生産者責任（Extended Producer Responsibility、EPR）や製品引取法などは、ライフサイ
クル思考にもとづいて近年定められた法制度です。拡大生産者責任（EPR）とは、OECD が提唱
した概念で、製品を生産する企業ないし企業の集合体は、その製品のライフサイクル全体にわた
って環境に関するコストに責任を持つべきであり、製品が寿命を迎えたときには責任を持って回
収・リサイクルにあたるべきとする考え方のことです。EPR によって、業界をあげてリサイクル
の仕組みを整え、製品のライフサイクルを総合的にマネジメントするように変革が行われた事例
としては各種パッケージ産業、そして自動車産業を挙げることができます。

しかし、政策決定に LCT を組み込むにあたっては課題もあります。今日のビジネスは多くの面で
グローバル化が進んでおり、単一の地域ないし国ごとに環境に関する政策や規制を設けても、そ
の域外から製品が流入してきてしまうのです。このため、ビジネスにライフサイクル的な考えを
適用するにあたっては、どうしても大きな幅が生まれてきます。ただし、それは悪いことばかり
ではありません。なぜなら、それが産業界にとっては刺激となり、数多くの手法やフレームワー
ク、経営理論が生み出されてきた側面もあるからです。これによって、政治家の領分であるかの
ように思われがちな環境問題に対して、さまざまなイノベーションが実現されてきたのです。

ライフサイクル思考とライフサイクル分析

LCA は製品に関わるすべての工程をカバーし、気候変動など一つのテーマだけではなくあらゆる
環境負荷をとらえようという、ある意味で非常に野心的なフレームワークです。これは、LCA の
ためには非常に大量かつ広汎な情報が必要となることを意味します。

ありとあらゆる側面において妥協なく LCA を実践することは不可能ではありませんが、そこまで
の完璧さを求めることは非現実的ですし、実際必要ですらなかったりします。往々にして、単純
に「揺りかごから墓場まで」の精神での見直しをする、つまり、自社の製品やサービスに関連し
てどのような素材や原材料、資源の流れがあるのかをライフサイクル思考の観点から検証するだ
けでも充分すぎるほどの発見があったりするからです。

言い換えると、製品ないしサービスのライフサイクルを検証する場合、それはやるかやらないか、
ゼロか 100 かではなく、程度の問題だということになります。そこには定性的な分析に加えて定
量的分析も含まれますし、ときには絞り込んだ分析となる場合もあれば、ときには全面的かつ詳

細にまで踏み込んだ徹底的な分析が求められることもあるのです。

LCA では、基本的に複数のシステムを比較検討しますが、単独で個別のシステムを分析することも可能です。単独で LCA を行う場合は、あるプロダクトに関して、生産等のシステム面における複数の工程について、一定のルールや基準にもとづいて分析対象となる機能やデータ、アセスメントの種類を定め、それらを環境負荷の側面から比較検証することになります。こうしたルール・基準に即して、分析の最小単位となる機能、システムの境界条件、収集すべきデータの種類や検討対象となる環境負荷などが定められることになります。これは仮に分析がすべて定性的に行われる場合であっても同様です。こうしたルールや基準、そしてそれがいかに準拠されたかを明記することで、LCA の報告書に対する信頼性を担保することができるのです。

あらゆる LCA において、システム内の各機能による環境への影響度の比較が行われます。たとえば、飲料パッケージのシステムの場合であれば 1 リットルの飲料をパッケージングするにあたって発生する環境負荷をベースにして複数のシステムを比較します。こうした比較のための単位をどのように設定するかが、比較を公正に行うためには最も重要なものになります。このことは本章の最後でも改めて取りあげて議論します。

比較が正しく行われるかは、システム内外の境界線をどう定義するか、たとえば生産設備までも環境負荷の計算に含めるかなどによって大きく左右されます。それ以外にも、あるシステムが同時に複数の機能を持っていて、分析の目的上はそのうちの一つにしか関心がないとき（図 7-3 参照）などは、各機能がもたらす環境負荷をどのように切り分けるのか、その配分をどうするのかといった判断を迫られることになります。あるいは、システムの見方を拡大して、余分とみられていた機能も全体に組み入れたモデルで改めて比較を行うというやり方もあります（図 7-4 参照）。

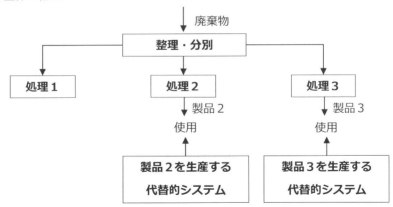

図 7-3：単一の生産システムが複数の機能（処理および再生産）を持つ事例のモデル。この場合、各ステップの環境負荷を検証するには、個別の機能における排出量・負荷量をなかば恣意的に配分しなければならない。

PART I: FRAMEWORKS

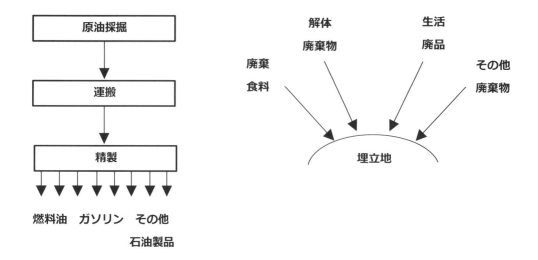

図 7-4：システムを拡大してとらえることで、多機能システムに含まれる個別の機能についても比較検証が可能になる。たとえば、図7-3で示したシステムにおいては「処理1」で生み出される廃棄物について比較対象がなかったが、生産システムだけではなく、廃棄プロセスまで含めて一つのシステムとしてとらえることで、他の廃棄物を比較対象として分析を行うことができる。

システムを比較検証するにあたっては、データの種類も重要なポイントになります。あるシステムを検証するときは古いデータから全体の平均値をとり、別のシステム検証には特定の部門に限って直近のデータを使うようなやり方ではまともな比較はできません。

最後に、どのようにアセスメントが進められるかは非常に重要なポイントになります。簡略化され、絞り込んだ分析が行われるときは特にそうで、たとえば、ビニール袋と紙の包みを単純に温室効果ガスの排出量への影響だけで比較してもそれは意味あるものとは言えません。石油由来の製品であるビニール袋はより直接的に温室効果ガスの発生に関わるものであるのに対し、紙の包みをつくるために必要となる大量の水をはじめ、後者の生産に関連して発生するガスの総量はしばしば計算に含まれないものだからです。

さらに言うと、ある製品やサービスが環境に与える影響を調べる際には、それがどのレベルを対象とするのかもポイントになります。排出される温室効果ガスのレベルなのか、より広汎な環境負荷のレベルなのか、それとも、直接的なものだけでなく間接的に関連する事象も含めて詳細にモデル化した総合的なレベルで議論をしているのか…（図7-5参照）。

第 7 章 ライフサイクルという視点

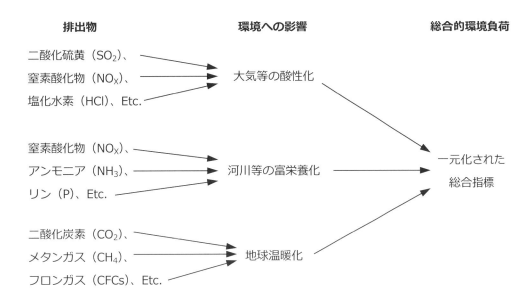

図 7-5：ライフサイクルアセスメント（LCA）から得られる結果は、排出物レベル、そこから生じる環境への個々の影響レベル、あるいはそれらを総合したトータルでの環境負荷指標のレベルなど、複数のレベルに分けて考えることができる。

さらにややこしいことに、LCA に用いられる手法にもいくつかのバリエーションがあります。個々の排出物や環境問題について、それぞれをどのくらい重大なものととらえるかはモデルや理論によって違いがあるため、それらのインパクトを推定する際にも大きな差が生じることがあります。

たとえば、複数の有識者による評価を主とするエコインジケーター法と呼ばれる評価法もあれば、特定の環境問題を防ぐための支出を一般人がどれだけ受けいれるかという観点からアセスメントを行う EPS 法というやり方もあります。ターゲットとなる人々に環境政策が行き届くまでの心理的・社会的距離をベースに問題解決の難しさを測る環境テーマ法というものもあったりします [訳注：これらの手法の詳細については、本章で取り扱える範疇を超えているため割愛します。興味を持たれた読者諸氏は、ライフサイクル・アセスメントに関する専門書──たとえば、赤井誠（監修）・石谷久著『ライフサイクルアセスメント─原則及び枠組み』産業環境管理協会、1999 年刊など──をご参照ください]。

LCA の応用分野

LCA という概念が提唱された当初から、プロダクトデザインおよび製品開発はその応用分野と目されてきました。年月とともにそれ以外の分野にも応用範囲は広がってきましたが、LCA が最も活用されている分野を挙げるならば、それは今日でもやはり製品開発であると言えるでしょう。

かつては「 5 分間の LCA」というアイデアの下、どんな製品開発プロジェクトであっても、LCA 用の簡単なソフトウェアとデータベースを使って分析できるものと思われていました。その後、

PART I: FRAMEWORKS

個々のプロダクトデザイン、製品開発の特徴に合わせて LCA は多様化し、デザインないし開発の段階に応じて、シンプルで簡便なものから、より複雑でこみいった手法までさまざまな手法が編み出されてきたのです。

エコデザインの手法は、旧来のデザインツールにない機能を補うもので、クリエイティビティを刺激してアイデアを生み出す段階で使われるタイプのものと、より批判的に検証を行うためのものとに大別されます（Lewis & Gertsakis 2001[92]）。アイデア創出のためのツールと言えばブレインストーミングがよく知られる手法ですが、環境に配慮した製品づくりのためのアイデアやコンセプトを生み出すことに特化したツールというものもたくさん存在します。たとえば、図7-2でご紹介した「エコデザインの10の黄金律」や「エコ戦略ホイール」は、ブレインストーミングと組み合わせることで環境にやさしいアイデアに思考を向けさせてくれます。

そして、そこで生み出されたアイデアの有効性や実現可能性を検証するにあたっては、各種の分析ツールが必要となり、ここでも環境への配慮を促すものは幅広く利用可能です。プロダクトデザインや製品開発の初期段階における分析ツールとしては、これも図7-2に挙げた「METマトリクス」があります。もちろん、一般的な定量的 LCA 分析も検証フェーズでよく用いられますし、その他にもライフサイクルの観点から、アイデアのさらなる創発を促しながら検証を進めるためのツールはいくらでもみつけることができます。

製品開発プロセスにおける一般的な定量的 LCA の問題点は、まだアイデアが形になっていない初期段階においては、分析のためのデータが存在せず、検証の対象となるデザインも固まっていないということにあります。そして、開発が進んでくると今度は LCA を実施するための時間や予算が充分にとれない、という別の問題が持ち上がります。しかし、LCA を組み入れることによって、開発プロセス全体を通して環境への配慮を見失うことなく、たとえば使用する原材料を最小化しつつ耐久性を担保するにはどうしたらいいかなど、開発につきもののトレードオフを洗い出すことができるので、総合的にはより効率的な開発が可能となるのです。図7-6に、製品開発プロセスにライフサイクルという観点をどのように反映させたらいいかの一例を示しました。

この図をご覧になると分かるように、ライフサイクル思考や LCA を活用するやり方は一つではなく、さまざまな切り口が考えられるのです。こうした多種多様な手法のうち、特に製品開発の初期段階に関するものについて、以下ご説明します。

トレンド分析

製品開発にあたっては、そのときどきのデザインの時代感を反映したトレンドを分析・評価する

---

[92] Lewis, H., & Gertsakis, J. (2001). *Design + environment: A global guide to designing greener goods*. Sheffield, UK.: Greenleaf Publishing.

ことが欠かせません。これについて、プロダクトデザイン開発の研究で知られるプールとサイモン（Poole & Simon 1997[93]）は、まず簡略式の LCA マトリクス分析を行い、製品の小型化やクラウドを用いた外部連携（固定費削減）など基本的なビジネス構造の変化について他の製品や競合他社と比較分析をすることを推奨しています。具体的には、検討の対象とする各種のデザイン案について、一面的にならないように注意しながら（たとえば、「電子部品の小型化は、製品の軽量化と差別化には効果があるが、一方で製品の解体とリサイクルを難しくする」など）、それぞれ長所と短所を洗い出す、といった分析を行うのです。

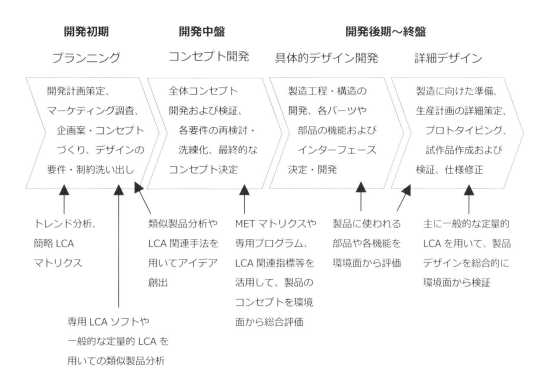

図 7-6：異なる製品開発フェーズごとに用いられるライフサイクルにもとづいた主な手法

アイデア創出

環境に配慮したプロダクトデザインや製品づくりに有効なアプローチとしてグラーデル（Graedel 1998[94]）が提唱しているのが、反転型 LCA（Reverse LCA; RLCA）です。これは、製品が満たすべき機能要件を洗い出して分析するところに特徴があり、製品のデザインやコンセプトを決める前にそれがどのような機能を果たすべきかについて検証を進めることから「反転型」

---

[93] Poole, S., & Simon, M. (1997). Technological trends, product design and the environment. *Design Studies*, *18*, 237-248.

[94] Graedel, T. E. (1998). *Streamlined life cycle assessment*. Upper Saddle River, NJ: Prentice-Hall.

PART I: FRAMEWORKS

という呼称がつけられています。

一般的な LCA では（コンセプト段階であっても）製品を検討の対象とするのに対し、RLCA では「理想的な製品」をまず想定して、その環境性能を基準に、同様の基準を満たすような製品はどのようなものであるべきか、と逆算しながらデザインを起こしていくのです。この、製品そのものよりも機能に焦点をあてるアプローチが RLCA を想像力をかきたてるツールたらしめている所以で、それによってイノベーションが求められるポイントを見極め、製品を一つのシステムとしてとらえる見方が自然とできるようになります。

環境に配慮した製品づくりに創造性を加味するもう一つの方法は、類似製品に関する LCA 分析を開発初期に行うブレインストーミングのインプットとして活用することです。こうすることによって、製品開発やコンセプトづくりのためのアイデアの幅を広げるだけでなく、デザイナーにとっては環境問題全般についての学びを深めることもできる機会ともなります（Bakker 1995[95]）。

検討対象となる類似製品を厳選したうえで適切にまとめられた LCA 分析結果は、構想中の製品の環境性能を左右する要因についてデザイナーや開発担当者に大きな学びを与えてくれます。そうした類似製品の LCA 分析結果を入手するためには、必ずしも自社独自の LCA を行う必要はありません。図書館やインターネット上でも公開されているものをみつけることができたりします。

類似製品の LCA 分析結果からは、その製品の環境面における強みと弱みを明らかにすることができます。これがデザイナーの頭の中で枠組みとなり、開発中の製品をデザインする過程において「直観的な」知識として活かされるようになるのです。ある製品について複数の LCA 分析結果に通底するものがみられる場合には、そこから当該カテゴリーの製品のデザインに関する一般則を導き出すこともできるかもしれません。このように、LCA 分析の結果を丁寧に検証し、そこから学びを見出すことによって、単に出来合いのツールを使いまわすよりも遥かに深い洞察が得られ、製品開発プロセスを根本から軌道修正することができるようになるのです。

製品開発コンセプトを環境面から評価する

MET マトリクス（Brezet & van Hemel 1997[96]）は、ライフサイクル的観点から製品コンセプトを評価するための代表的なツールであり、これを用いることで製品の環境性能を漏れなくダブリなく検証することができます。使い方はシンプルで、あるコンセプトに対して、主な製品のライフサイクルと環境への影響を表にしたものを作成し、それぞれに検討を加えます（図 7-2 左上参照）。畢竟、各企業・組織が求める分析の精度に応じて、用いられる MET マトリクスは微妙に異

---

[95] Bakker, C. (1995). *Environmental information for industrial designers*. PhD thesis. Technical University Delft, NL.

[96] Brezet, H., & van Hemel, C. (1997). *Ecodesign: A promising approach to sustainable production and consumption*. United Nations Environment Programme, Industry and Environment, Paris, France.

第 7 章　ライフサイクルという視点

なりますが、マトリクスを埋めていくのに必要な情報は大きく二種類に絞ることができます。

一つは、製品が環境に与える影響を固有の特徴や絶対量で表したもの。たとえば、使用されている素材についての説明やリサイクル可能性、主な環境負荷の種類と量、生産から回収・廃棄までにかかるエネルギーの総量など定性・定量両面での情報がこれにあたります。こうした情報を各製品についてまとめていき、最も環境にやさしいものから最も環境負荷が大きいものまでランク付けしていきます。

もう一つは、比較検証にもとづくアプローチです。たとえば、新製品と既存の製品を比べたり、同一カテゴリーの異なるデザインを比較したりする検証法が一般的です。この場合、具体的な数値などについては上記の絶対量アプローチで既に分析しているので、検討対象の製品とその代替品との比較結果についてはシンプルに、どちらがより環境にやさしいものかでみていきます。

このようにマトリクス形式で LCA を行うメリットとしては、何よりも効率性ということが挙げられます（Graedel 1998; Lewis & Gertsakis 2001）。ただし、その内容はあくまでも既存の知識の範囲内に限られることについては注意が必要です。それは、比較対象となる類似製品を含め、評価を行うのは既存のスタッフが中心となるためです。そのため、少なくとも LCA の導入初期には環境問題の専門家をチームに招き入れて協働体制をとるほうが無難です（IVF 2000[97]）。

なお、一般的な定量的 LCA 分析を実施する場合には、今日では基礎データも含めて誰でも使えるオープンソース型のソフトウェアが利用できます。これらのオープンソフトウェアを用いる場合には、分析の対象とする製品がどのような仕組みになっているか──原材料、構成部品、そしてリサイクルの仕組みなど、製品によっては比較的シンプルなものから非常に複雑なものまで多岐にわたります──を確認しておくとよいでしょう。特に、参考になりそうな公開レポートが見当たらないときなどは、類似製品をみつけて（OpenLCA などのフリーソフトを利用して）簡単な LCA 分析を行ってみると、得られるものが多いはずです。

まとめと参考文献

製品やサービスを取りまく仕組みを環境面から検証するには、LCA に関する報告書に目を通すのが非常に効果的かつ効率的なやり方です。LCA にもとづく比較検証法を学ぶことで、ポイントを突いた目線で一つひとつの報告書を読み、その信頼性を見極めることができますし、開発中の自社製品にひもづけて各報告書の内容を検討することが可能になります。

その際、必ずしも ISO 標準で定められた方法論にまで立ち入る必要はありません。それよりも、

---

[97] IVF (2000). *Miljöverktyg – en sammanställning av 17 metoder.* (Environmental tools: A compilation of 17 methods.) IVF report 00825, IVF Industrial Research & Development Corporation, Mölndal, Sweden.

PART I: FRAMEWORKS

LCA の実務的な手引書としてはバウマンとティルマンの著作『LCA 分析入門』（"Hitch Hiker's Guide to LCA" 2004[98]）が参考になります。さまざまな素材の環境への影響については、ジュリアン・オールウッドの著作『持続可能な素材』（"Sustainable Materials: With both eyes open" 2012[99]）をご参照ください。

LCA 報告書を読み解くには

開発中の自社製品に類似すると思われる製品についての LCA 報告書を、できれば複数取り寄せてください。そして、以下のような問いを念頭におきつつそれらの報告書に目を通すことで、当該カテゴリーの製品に求められる環境性能や課題点などに関して多くの学びが得られるはずです。

- どんな LCA 分析が主に行われていますか？分析の精度や比較検証の幅は？分析の単位には何が用いられていますか？各種データの鮮度・精度は？

- 環境への影響として取りあげられているのはどんなものでしょう？主要な環境問題とされているものは何か、その「所在」はどこになっているのか（問題の発生源としてのプロセスか、それとも地理的物理的な場所が焦点となっているのか…）？

- 何が主要な論点とされていますか？政府や政策なのか、技術、テクノロジーに関することなのか、それとも経済や社会的な事象が論点なのか？LCA の対象となっている製品およびそれを取りまく仕組みについて、一般則となるような結論を導き出すことはできますか？

LCA 分析の単位を見極めるための練習問題

ある機能に関して単位（＝機能単位）を定めることは LCA の要となります。単位とは、分析の対象となる製品、サービス、システム間で同じ機能を果たす共通項を指します。また、当然のことながら、単位は各種の分析・検証を行うための基盤ともなるものです。このため、機能単位は定量的に定義されねばなりません。また、特に複数の製品やサービスを比較検証する際に機能単位をどう定めるかが決定的に重要になってきます。そして、機能単位を決めて製品開発を進めるためには、機能そのものについてしっかりと定義づけを行うことがまず出発点となります。たとえば、同じ機能を果たすことができる代替ソリューションは何か？などと考え起こすことで機能、さらには製品コンセプトにまでさかのぼってアイデアを見直すきっかけになったりするからです。

ここでは練習問題として、下記の三つの製品ないしサービスを挙げてみましたので、それぞれに

---

[98] Baumann, H., & Tillman, A.-M. (2004). The hitch hiker's guide to LCA: An orientation in life cycle assessment methodology and application. Lund, Sweden: Studentlitteratur.

[99] Alwood, J. M., & Cullen, J. M., with Carruth, M. A., Cooper, D. R., McBrien, M., Milford, R. L., Moynihan, M. C., & Patel, A. C. H. (2012). Sustainable materials: With both eyes open. UIT Cambridge. Available at http://www.withbotheyesopen.com/read.php

ついて機能単位としてどんなものがあるかを考えてみてください。

- ミネラルウォーターのパッケージ

- パン

- 新聞

とっかかりとして、それぞれの製品またはサービスにどんなバリエーションがあるかをリストアップしてみるとよいかもしれません（たとえば、「人が移動するための手段」のバリエーションとしてはバスや自転車などがありますね）。ある製品／サービスに対して機能単位は一つだけとは限りません。検討の対象とする性能や質によって機能単位は変わることがあるからです。

それではここで、上記の三つの製品／サービスの機能単位について答え合わせをしていきましょう。ここで挙げたような単位をすぐに見極められるようになれば、一見大きく異なる製品やサービスについても、同じ"ものさし"を使って環境性能を比較検証することができるようになります。

- ミネラルウォーターのパッケージ：容器の種類としてまずガラス瓶やペットボトル、アルミ缶またはスチール缶などが考えられます。容量としては 350 または 500ml、あるいは 1.5 リットルが典型的ですね。

  ——より発展的な問題として、ファミリーレストランやファストフード店などでみられる飲料サーバーの環境性能について考えてみるとどうでしょうか。家庭用の炭酸水サーバーや、水と混ぜてジュースをつくる粉末製品等の場合は？

- パン：業務用の製パン、地元のパン屋さんのバゲット、家庭で手作りするパンなど、色々な種類がありますね。比較の単位としては、一切れを単位とするのか、カロリー単位でみるのか、一般的な一日の消費量でみるのかといったオプションがありえます。また、定性的な側面として、味や香りなどについても考慮に含める必要があるでしょう。

  ——応用問題としては、オートミールや各種のシリアル等の炭水化物、糖質製品についても検討してみると面白い発見があると思います。

- 新聞：たとえば、伝統的な紙に印刷された新聞と電子ペーパーとでは環境負荷にどのような違いがあるでしょう？単位として適切なのは何でしょう？たとえば紙ベースの新聞なら朝刊または夕刊一部がひとまとまりになるかもしれませんが、電子ペーパーの場合は記事ごとに読まれるものなので、何を単位とするか次第で比較結果は大きく変わってきます。

  ——応用問題としては、読者一人ひとりの志向やビッグデータに応じて配信されるニュース記事などはいかがでしょう。個々人に合わせてムダなく記事を配信しているという意味では非常に効率的に思われますが、データ分析のためのサーバーを動かすための電力や個人のデータを収集・分析するためのコストまで含めて考えると…？

第8章　特許性とフリーダム・トゥ・オペレイト（FTO）

Erik Hansson, *CIP Professional Services*

初期段階における検証のための特許関連分析

アイデアの起業価値評価において、その初期段階でアイデアの価値をきちんと見極め、それを確かなものとできるかどうかは、大きく三つのパラメータによって決定づけられます。

一つめは、検討中のアイデア──それは科学上の新発見かもしれませんし、画期的な技術革新やコンピュータアルゴリズムといったものであるかもしれません──が本当に価値を生み出すだけのポテンシャルを秘めているかどうか。テクノロジーの機能性は、構想として面白い、画期的であるというだけでは意味がなく、顧客がその価値を認める製品やサービスとなって初めて意味を持つものだということを忘れてはいけません。

二つめは、検討中のテクノロジーが本当に触れ込み通りに機能するという実証が絶対に必要です。まだ初期段階にあるテクノロジーの場合、たいていはここに大きなリスクが潜んでおり、大きな不確実性が伴います。研究室ではうまくいったけれど、フィールドで試してみたら思ったように機能しなかった、というケースは枚挙に暇がありませんし、初期段階から開発が進まないといったこともよくあるからです。

最後に、テクノロジーを商業化するにあたって、その発案者がプロジェクトから得られるはずの利益を正当な形で確保できなければなりません。これはプロジェクトに投資をしてくれる人や、プロジェクトの元となるテクノロジーの考案者ないし開発者がそれぞれの貢献に見合った対価を得るということを意味します。このために、業界の特性に応じて、プロジェクトから生み出される価値をきちんと確保・分配するためにさまざまな管理手法やツールを用いることになります。

そんなツールの一つで、初期段階のテクノロジー実用化プロジェクトにおいて特に重要になるのが「特許」に関するものです。大企業と違って、ゼロから実用化プロジェクトを立ち上げる場合、当事者はマーケットに働きかけるためのコネもコントロールする力もなく、そもそもプロジェクトを前に進めるための資金自体ほとんどありません。この状況を打開する一つの策として、プロジェクトの初期段階では大企業や外部の研究機関とのコラボレーションで共同開発を進めることは当然視野に入ってくるはずで、そこでアイデアやテクノロジーといった知的財産の管理、その所有権や利用許諾についてのルールの整理等のためには特許が決定的に重要な手段となるのです。したがって、あるテクノロジーによって将来的に大きな価値が生み出されるかもしれないことが真剣な検討対象として見出されたときには、初期の段階でこそ、プロジェクトにおける特許権の現状及び潜在性に関する分析が欠かせないものとなってきます。

PART I: FRAMEWORKS

表 8-1 に示したように、プロジェクトの特許権に関する状況はいくつかの観点から分析すること
ができます。たとえば、どんなプロジェクトにおいても、どんな内容で特許権を主張するか、ま
たは主張しうるか、ということは常に中心的な論点となります。また、初期の段階にあるプロジェ
クトでは、特許の所有権に関する分析が大きな課題となることが多々あります。検討中のテク
ノロジーが、それぞれ別個の契約条件のもとに異なる機関に所属する複数の研究者によって共同
で開発された——たとえば、プロジェクトリーダーは大手製薬会社の研究所に属する社員であり、
プロジェクトを大学に所属する教授や他社の研究員と共同で推進した結果、ある技術の開発に成
功した、などといった——場合などは、特にそれが熾烈なものになる可能性もありえます。

表 8-1：特許権に関する検証事項及び関連分析ツール（太字部分は本章で取りあげる内容）

テクノロジー商用化プロジェクト初期における 特許権に関する検証事項	分析ツール
特許所有権に関する確認	▪ 名称に関する分析 ▪ 背景及び応用可能分野に関する分析
利益を適正に確保するための、特許に関連する 管理統制力を担保する体制確立	▪ 知的財産権に関する分析 ▪ **特許性に関する調査** ▪ 特許権に関するデュー・デリジェンス
特許権の抵触・侵害リスクの確認	▪ 知的財産権に関する分析 ▪ **フリーダム・トゥ・オペレイト（FTO） に関する調査** ▪ 対象となるアイデア、テクノロジー、及 び特許権の抵触・侵害に関する訴訟、告 訴、起訴に関する分析

そのほか検討すべきものとして、プロジェクトそのものが何をどこまで主体的にコントロールで
きるのかというのも特許分析・特許戦略における重要なポイントになります。これは、プロジェ
クトの発案者及びテクノロジーの開発者が進捗を管理し、そこから得られる利益を正当な形で確
保するために、果たして特許がどれだけ効果的な手段となりうるのか？と言い換えることもでき
ます。大きな論点の三つめは、既存の特許及び特許出願状況に照らして、自分たち以外のプレイ
ヤーが行っている、あるいは行うであろう主張の内容です。これら三つのステップを通じて検討
を重ねることで、プロジェクトの将来的な事業機会とリスクを把握することができるのです。

第 8 章　特許性と FTO

本章では、上記の表で大枠を示したステップに沿って必要な情報や資料を集め、特許関連の調査を行う実践的手法——具体的には、特許性に関する資料収集と調査手法、そしてフリーダム・トゥ・オペレイト（FTO）と呼ばれる事項に関する調査手法——についてご説明します。

- **特許性に関する調査**では、新たに特許を申請・取得できる可能性を探るために、関連がありそうな既存のアイデアや製品、機構について可能な限り資料を集め、特許要件のうち、主に新規性、非自明性（non-obviousness）、有用性といった基準に照らして分析を行います。このとき、調査対象となるのは特許関連の文書だけに限らない、ということも重要です。特許関連文書に加えて、その他の文書や資料であっても、公開されたもの（たとえば学術誌に掲載された論文など）が当該のアイデアやテクノロジーの特許性に影響を及ぼすことがあるからです。ただし、本章では紙幅の都合上、既存の特許関連文書にもとづいて特許性の調査を進める手法についてのみ述べるにとどめます。

- **FTO に関する調査**では、（１）現在進めているプロジェクトが他の特許に抵触しないか、（2）将来的に他の特許に抵触することが予想されるか、あるいは（3）プロジェクトにおいて取得・利用が想定されている特許が他の特許に包含されているか等を検証することを目的に、既存の特許及び特許出願の内容を分析することが焦点となります。

その他、特許の名称や背景及び応用可能分野に関する分析、特許権に関するデュー・デリジェンス（適正な基準が満たされているかについての精査）、そして検討の対象となるアイデア、テクノロジー、及びそれらの特許権の抵触・侵害に関する訴訟、告訴、起訴についての分析は、本章の範疇を超えるものとして直接は論じないこととします。しかし、当然ながらこれらの分析も、実際にプロジェクトを立ち上げ、初期段階で特許権に関する検証を進めていく場合にはすべて考慮すべき重要なポイントとなりますので、その際にはそれぞれのトピックについて書かれた専門書にあたり、その内容を参照するようにしてください。

調査の全体的なプロセスについて

特許性に関する調査と FTO 調査には細かな違いがありますが、それでも全体的な調査のプロセスは共通しており、次頁図 8-1 で示した 7 つのステップから成るプロセスが、どちらの調査の場合にもあてはまります。

このプロセスでは、キーワード、特許分類、引用検索という、三つのそれぞれ異なるコンセプトを取り入れることにより、プロジェクトに関連する可能性がある特許情報を見極めていきます。

キーワードによる資料探索は、基本的ですが大切な手法です。関連すると思われる単語にさまざまな論理演算子（"AND"や"NOT IF"など、検索範囲を操作するためのコマンド）を組み合わせて、あの手この手で情報を探していきます。また、あらゆる特許はその元となるアイデアやテクノロ

PART I: FRAMEWORKS

ジーの種類に応じて階層的かつ体系的に分類されていますので、検索範囲を特定の分野に絞り込むことで調査対象となる領域を限定し、関連性がない、あるいは弱い資料を選り分けることができます。さらに、ありがたいことに特許というのは同じような文献、論文、調査報告を引用していることが多いため、関連文書が一つみつかったら、そこで引用されている文献を手がかりにして、その他にも関連性が高い特許文献をみつけやすくなるのです。

図 8-1：特許に関する調査の全体的なプロセス

ステップ 1：主題を定義する

主題を定義することに関する特許性調査と FTO 調査の違いは、表 8-2 にまとめた通りです。ふつう、特許性調査における「主題」は分析対象となっているテクノロジーに照らせば自明なため、明確に定義されるものです。それに対して、FTO 調査を実効性あるものにするためには、既存のテクノロジーだけではなく、将来的な開発・発展までも視野に入れておく必要が出てきます。このため FTO 調査は必然的に範囲が広がり、不確実性も増すため、そこでの主題定義もより曖昧なものにならざるをえません。これは、初期段階にあるプロジェクトであればなおさらのことです。

表 8-2：特許性調査及び FTO 調査における主題定義

調査の目的	主題の定義に際して
【特許性に関する調査】 検討中のアイデア、テクノロジーについて、その特許性を調査するのが目的	調査の主題は、特許取得の検討対象とされているアイデア、テクノロジーにもとづいて、ほぼ自明に定義される
【FTO 調査】 検討中のアイデア、テクノロジーについて、それによってどのような事業が可能で、どんな事業を行うことはできないかというフリーダム・トゥ・オペレイト（FTO）を見極める調査を行う	調査の主題は、開発中のアイデア、ないしはテクノロジーの性質、及び、今後将来的に開発されるかもしれない（検討中のもの以外のすべての）アイデアやテクノロジーに応じて定義される

ハント、グエン、ロジャースの著書『特許調査』（Hunt, Nguyen, & Rodgers 2007[100]）では、主題を定義する際、以下の三つの問いについて考えるべきであると推奨されています。すなわち：

- 検討中のアイデア、テクノロジー、または発明はどんなものなのか？（構造）

- そのアイデア、テクノロジー、発明は何をするものなのか？（機能性）

- それによって、どんな問題が解決されるのか？（有用性）

これらの問いを立てるのは、主題を多角的にとらえ、視野を広げるためです。たとえば、ある問題を解決する方法は、機能面だけで考えるといくつもありうるでしょう。一方で、ある機能性を備えたソリューションは、単独の問題に限らず、いくつもの問題解決に転用しうるものかもしれません。そのため、キーワード検索に用いる単語がある一つの側面からしかリストアップされていないと、重要な関連資料を見逃すリスクが大きくなってしまうのです。

しかし、上記の問いに対する答えを整理することで、検討中のアイデアやテクノロジーについて必然的にさまざまな角度から眺めることになり、その結果、キーワード検索で用いるべき単語を余さず拾い上げることができるのです。

例として、表 8-3 にある改良型熱ポンプ（米国特許番号 006024988A）に関する三つの問いの答えをまとめましたので、ご参照ください。答えとなる文からいくつか主な単語（表で太字になっているもの）を抜き出すと、対象とする主題の本質をとらえた単語や用語を効率的に選別できることが分かるかと思います。このような整理を通して、キーワード検索に用いる単語・用語のリストを作成してゆくのです。

ステップ 2：キーワード洗い出し

次のステップは、選び出した単語・用語を実際の検索に使うキーワードとしてまとめることです。選別した単語・用語の類義語リストをつくるのです。このステップを踏むことで、重要資料を見逃してしまうリスクを最小化することができます。

表 8-3 の熱ポンプの例で言えば、「低温状態」の代わりに「寒さ」や「冷気」といった単語が使えるかもしれません。類義語を探すには、手始めにはオンラインの類義語辞典や単語データベースが使えますが、より高度なテクノロジーに関しては必ずその分野の専門家に相談しましょう。また、この検索ワードを整理するプロセスは行きつ戻りつの繰り返しだということを認識しておくのも重要です。単語や用語を整理することによって検討中のアイデアやテクノロジーに関する洞察が深まり、それに伴って新たに関連する用語がみつかる、という再帰的なプロセスがあるからです。

---

[100] Hunt, D., Nguyen, L., & Rodgers, M. (2007). *Patent searching: Tools and techniques*. New York: John Wiley.

PART I: FRAMEWORKS

表8-3：主題を三つの問いの観点から定義づける

主題に対する問い	改良型熱ポンプに関する答え
検討中のアイデア、テクノロジー、発明は一体どんなものなのか？	**自吸式の水封環、シャフト、本体及びコンプレッサー**から成るポンプ装置である
そのアイデア、テクノロジー、発明は、一体何をするものなのか？	温度が異なる二つの熱源を用いた**カルノープロセス**と呼ばれる機構により冷却を行う。これは**戻り配管システム**を通して冷媒を圧縮段階から蒸発段階に送ることで実現される。この際、**水封環**を**回転運動**の中で用いる
それによって、どんな問題が解決されるのか？	これまでの**熱ポンプ**は、**室外の低温状態**に置かれるとその**効果**が落ちる。また、**製造コストの廉価化**と高い**信頼性**の実現も課題である。本提案はこれらの課題を解決する

ステップ3：特許分類の選択

資料検索の範囲を絞り込むには、関連する特許分類を特定することが効果的です。

あらゆる特許は、何らかの分類システムに組み込まれています。最も一般的なのは国際特許分類（IPC）とそれに準拠した各国・地域における特許分類システム——ヨーロッパ特許分類（ECLA）や米国特許分類（USPC）など——です。

これらの分類システム間にはそれぞれ微妙な違いがありますが、一般的な原則は共通しています。すなわち、あらゆる特許は、まず大分類、次いで各大分類カテゴリーをさらに細かく分けた中分類、さらにそれらを分けた小分類…といった階層構造で整理されているということです（ただし、システムによって、どのように各分類を分けるかといった仕分け方には若干の差異がみられることもあります）。システム間の差異については、使用例、応用分野によって分類されていることもあれば、特許の対象となるテクノロジーの構造ないし機能性にもとづいて分類されていることもある、といった具合です。

なお、場合によっては分類の仕方が必ずしも関連分野における学術的な分類法と同じになっているとは限らない——特に、非常に限定されたニッチな分野においてはその傾向が顕著——ということも知っておくといいでしょう。ですので、特許分類は出発点としては非常に有効であると同

第 8 章　特許性と FTO

時に、それにあたりさえすれば必要な資料が全部揃うと考えるべきものではありません。この点については特に注意が必要です。そのうえで、特許分類システムを賢く活用しつつ関連分野・分類・資料をみつけるためには、以下のアプローチが有効になります：

- 各特許分類システム上で検索をかける

- 検索でヒットした特許資料に目を通し、内容とともに、それらがどのように分類されているかをチェックする

- もしヒットした資料の数が少ないようなら、その中で引用されている文献や他の特許についても追加調査を実施する

- 特許事務所の審査官や専門家に相談する

ステップ 4：検索文字列の洗い出し

主題を定義してキーワードをリストアップし、関連する主な特許分類を特定できたら、いよいよ検索にかける文字列の洗い出しに入っていきます。ここでは、ややテクニカルな話になりますが、検索の効率と有効性を最大化するために頻用する四つの検索演算子をご紹介します（表 8-4）。

英語など、単数形と複数形の区別がある言語で資料を探す際には、それぞれの単語・用語および類義語の複数形についても検索をかけるのを忘れないようにしましょう。たとえば、「ポンプ」という単語一つとっても、英語の場合、"pump"と" pumps"のどちらか一方しか含まれない資料というのも存在するからです。また、効率よく複数形での記載がある資料も探そうと打ち切りリミッターを用いた検索をかける際に、単純に「pump*」というキーワードを使うと、「カボチャ＝pumpkin」だとか「ライ麦黒パン＝pumpernickel」などといったものまで検索結果に含まれてしまうことがあります。ですので、そういうときは「pump*1」としましょう。利用する検索エンジンによっては使える演算子が異なったりしますので、見慣れない検索サービスを利用するときには何がどんな演算子として機能するのかをチェックすることも大切になります。このように、誰もが日常的に行っている検索という行為一つとっても、実は細かなコツが必要になるのです。

手広く検索をかけると、あっという間にその範囲が広がり、関係のない資料まで検索結果に含まれてしまう一方で、絞り込みをかけすぎて重要な資料を見逃してしまうことも多々あるものです。効果的な検索手法については、学術的なものからビジネス書などでみられる実践的なものまで、数々の提案がなされていますが、よくあるのはまず検索範囲を大きくとるところから始めて、そこに新たなキーワードを追加することで範囲を絞り込んでいくやり方です。ただし、これは直観的な方法ですが、キーワードの追加手順がきちんと整理されていない、あてずっぽうなやり方だと検索範囲が著しく偏ってしまうという大きな欠点があります。別のアプローチとしては、逆に最初は限定的な範囲から検索をスタートして、そこから徐々に広げていくという方法もあります。

127

PART I: FRAMEWORKS

表 8-4：キーワード検索の効率と有効性を高める四つの演算子

演算子	用例
ブール演算子（論理演算子。"AND"、"OR"、"NOT"など）	「熱　AND　ポンプ」で検索すると、「熱」と「ポンプ」両方の単語を含む検索結果のみがヒットします
近接演算子（"ADJ"、"NEAR"、"WITH"、"SAME"など）	「熱　ADJ　ポンプ」で検索すると、この通りの順番で（「熱」が先に来て、その後に「ポンプ」が来る）記載がされている資料のみがヒットします。また、「熱　ADJ3　ポンプ」とした場合には、「熱」と「ポンプ」が三語以内の範囲でともに含まれる資料に検索対象が特定されます
打ち切りリミッター（"＄"、"＊"など）	「熱＊」で検索すると、「熱」という語の後に単語が連なっている記載を含む資料がヒットします（「熱」単独で記載されているものは検索結果から除かれます。「熱＊3」とすると、「熱」の後に三つの単語が連なって記載されている資料に検索対象が特定されます
括弧（"（）"、"「」"など）	「（（水　ADJ　環）OR（回転　ADJ　翼））ADJ ポンプ」で検索すると、「水環」または「回転翼」に「ポンプ」の記載が続く資料がヒットします

第三の手法は、構造、機能性、有用性という前述の三つの観点から検索を行う、というものです。この場合、ある一つの観点から広めに検索をかけたうえで、別の観点を組み合わせることで検索結果を絞り込んでいく、という流れをとることになります。こうすることで、一つの技術領域をカバーしつつ異なる観点から資料を探すことができるので、本章ではこれを推奨します。

ステップ 5：調査の実施

検索エンジンによって、結果を絞り込むために利用できるツールはやや異なりますが、特許性及び FTO に関する調査において最も重要な絞り込みツールは、年次に関するものです。

FTO は現在有効な特許のみに関わるものなので、過去 25 年に限定した検索が最も有効かつ重要

な結果をもたらします[101]。これとは対照的に、特許性の判断には過去の情報のみが関わってきます。したがって、これまでに発表・公開されたいかなる情報であっても検討の対象となりうるため、検索に時間的な制限をかけるべきではありません。

特許資料のどこに目を通すべきかも、特許性調査とFTO調査とでは異なります。これに関しては、特に以下の三点に留意しましょう：

- アブストラクト、抄録には特許に関する概要が記載されています。特許内の主張に修正が加えられることはままありますが、その場合でも抄録は元のままであるケースがほとんどです。そのため、調査の目的が特定のテクノロジーに関する特許を調べることにあるのであれば、抄録は信頼性の高い、有用な手がかりを与えてくれます。

- 理論上は、特許の内容に関する記載には、どんな文章・情報であっても含まれる可能性があります。多くの場合、この部分の記載は非常に冗長で、特許権の対象として主張されているもの以外のアイデアやテクノロジーに関する言及も含まれているものです。特許性調査の場合は既存の情報すべてが検討対象となるため、これらの記述は明らかに重要なものとなります。一方、FTOに関する調査の場合には、実際に特許権の対象として主張されているのは何かということが主な関心事になります。したがって、特許内容に関する記述は重要な情報を含んでいるものの、FTO調査に際しては、その中でもとりわけ特許権が主張されている箇所に集中して注意を振り向けるべきである、ということになります。

- 上記の通り、FTO調査の際には特許権が主張されている内容が明らかに関心の対象となります。時間的制約があるなど、場合によっては調査の対象をそこだけに絞り込んでもよいかもしれません。

ステップ6：調査結果の評価

六つめのステップは、ここまでで得られた調査結果を吟味・評価することです。これは手慣れてくれば直観的に行うことができるようになる作業でもあります。大量の資料に素早く目を通して、関連性が高いものを見分けるコツは、対象となるアイデア、テクノロジーの鍵となる特徴にフォーカスすることです。調査対象とした主題に固有の特徴をしっかり把握することで、関連性が高い資料を素早く見極めることができるようになります。そうやって関連性が高い資料を特定したら、その内容に深く踏み込んでさらに調査を進めていきます。

特許性に関する調査の場合には、何が鍵となる特徴であり、それはどんな新規性を備えたものなのかがかなりはっきりしているはずです。一方、FTO調査の場合、目的はもちろんのこと、検討中の主題に明確な対応や関連が記載されている特許をみつけだすこととなります。このため、現

---

[101] 通例、特許の有効期限は20年ですが、なかにはそれを超えて有効期間が延長されるものもあります。

PART I: FRAMEWORKS

在有効な特許のみが検討対象となり、その内容を精査することが調査の中心となります。表 8-5
で示したようなマトリクス式のチェックリストを使うと、検索で探し出した文書が検討中の主題
と関連性が高いかどうかを素早く見分けるのに役立ちます。

検索結果を評価するにあたっては、調査対象の特徴との直接的な関連だけで判断すべきではありません。前述の通り、資料を読み進めることで検討中のアイデアやテクノロジーに対する理解が
深まるにつれ、新たなキーワードが浮上したりそれまで検討していなかった分野にも関連がみつ
かったりして、再び検索のステップに戻ることは日常茶飯事だからです。

また、FTO 調査に関しては、特許法についてかなりの専門的な理解が必要となることも注記して
おくべきポイントとなります。初期段階の検証においては、調査対象となっているアイデアないしテクノロジーとその関連法規について、それなりの理解があるといった程度の人でも構いませんが、より段階が進んできたら専門家の力を頼るべきです。

表 8-5：「紙の製造工程」を主題とした特許を整理するマトリクス式チェックリストの例

特許資料	第一ロール内の パルプに関する もの	ヘッドボックス （抄紙機から出る 紙料を整流して、 次行程に流す装 置）に関するもの	流体トンネル内に おけるパルプ繊維 分布に関するもの	第二ロール上の パルプの過熱に 関するもの
US6323311	X		X	
EP198825B1	X	X		X

ステップ 7：調査結果の発表

最後に、調査結果を分かりやすい形にまとめます。調査の発表資料の様式について詳細に論じる
のは本書の範疇を超えていますが、いくつかのポイントを以下に示しますのでご参照ください：

- 表 8-5 のマトリクス式チェックリストを再利用し、必要であれば拡大修正して使いましょう。
  調査でみつけた資料について、より詳細な記述を付け加えてもいいかもしれません（参考の
  ために、次頁に一例を示します）。

- 調査をどのような手順で実施したかは、どんな場合にも大変重要な情報となるため、必ず報
  告書に記述するようにしましょう。これは調査の全体的な流れだけではなく、その過程に関
  する詳細な情報——たとえば、検索に用いた文字列や調査対象とした特許分類、利用したデ
  ータベースの名称、助言をもらった専門家の氏名など——も含みます。

第8章　特許性とFTO

- できる限り冗長な表現は慎み、調査の中で集めた資料の内容をそのままコピー＆ペーストするようなことも避けましょう。報告書にはできるかぎり詳細を盛り込むべきではありますが、それと同時に、簡潔に読みやすくまとめることも大切なのです。

特許調査報告書の様式の一例

FTO 調査報告

資料	コメント	関連する特徴	
US6323311 重要度：低	全体的手法に関しては類似性が高い内容を記載した資料。ただし、軸流圧縮機の特徴的機構と統合性に関しての記述はなし	1	X（主張2）
		2	
		3	X（主張10〜12）
		4	
EP198825B1 重要度：高	検討中のテクノロジーと非常に類似性が高いソリューションが記載された資料。プロジェクトを進めるにあたり要検討	1	X（主張1〜4）
		2	X（主張5）
		3	
		4	X（主張10）

関連する特徴

1. 第一ロール内におけるセルロースパルプの処理に関する手法
2. 単一層状のセルロースパルプを分配するためにヘッドボックスを用いる手法
3. パルプの凝集防止のための中央機構内のローターの配置
4. パルプ処理プロセスにおける軸流圧縮機の利用手法

第9章　主張のみせ方、伝え方

Boo Edgar, *Chalmers & University of Gothenburg*

科学者やエンジニアは世界を変えうる力を持っている。でも、その力を最大限に活かすためには「マーケティング」という大きな課題を克服しなきゃいけない。

——ラリー・ペイジ[102]（Google 共同創設者）

本章の要諦

- 先端的なテクノロジーについて広く伝える力は、さらなるテクノロジーおよび事業の開発のために不可欠である

- アイデアやテクノロジーの実用化に際しては、メディアや PR 戦略が重要となる

- したがって、世間一般において物議を醸す類の科学またはテクノロジーに関する問題の取り扱いは特に重要なものとなる

- 科学者や政策を制定する官僚、政治家は、議論の的になっているテクノロジーについての理解が広まりさえすれば、その活用についての賛同も大きくなると考えがちである

- しかし、一般的に言って、人々はもっと多様で、さまざまな情報源から情報を得ている。そこには当然、あなたやあなたのアドバイザーや協力研究者とは意見を異にする科学者たちも含まれる

- このため、遺伝子組み換え作物や幹細胞研究、ナノテクノロジーや気候変動など、世論が大きく割れる分野における研究に関しては、一般向けのコミュニケーションと、そこでいかにあなたのアイデアや事業、そのビジョンを語るかが特に大きなインパクトを持つようになる

- 先端的テクノロジーを実用化するにあたっては、こうしたコミュニケーションをいかにコントロールし、メッセージを適切なものに仕立てるかという問題を避けて通ることはできない

- 人々がどのようにメディアに触れ、そこで先端的な科学やテクノロジーに関する意見を形成するかを確実に知る術はないけれど、実用化プロジェクトを押し進めるのであればそれを少しでも理解すべく努力を続けなければならない

- 世間一般に向けてコミュニケーションする際には、悪い印象を与えたり、顰蹙を買ったりするような言葉遣いは、たとえそれが科学用語であったとしても控えるべきである

---

[102] Page, L. (February 18, 2007). *The AAAS keynote* (Accessed from Nanopublic, 15 January 2010).

PART I: FRAMEWORKS

- 学の成果がどのように世に受けとめられるかは、科学者や研究機関のスポークスパーソン、そしてジャーナリストの責任である

- 主要な成果、進行中のプロジェクトのフォローアップ体制、一般市民にとっての重要性と彼女ら彼らが考慮すべきポイント、そしてその研究が社会にもたらしうるインパクト等について、社会全般および政策決定者に伝えるべき革新的アイデアや研究成果については、どのようにその成果および主張を「切り取るべきか」を入念に考えなければならない。それがこれまでの常識を一変させる、革新的なものであればあるほど、より念入りな計画が必要となる

はじめに：伝え方を一つ誤るとどうなるかを示すエピソード

ヒトのES（胚性幹）細胞株に関する研究が確立したのはわずか十数年前のことで、当時は世界中の研究者がこぞって独自のES細胞株を開発しようとやっきになっていました。動物の発生初期段階である胚盤胞期の胚の一部から、さまざまな細胞に変化しうる「多能性」を持つ細胞株を開発したのです（より科学的な記述については図9-1で示した参考文献をご参照ください）。

ES細胞に関する最初の研究論文が1998年に発表されると、それによって何が生み出しうるのか、そして、それによってどんなことが実現するのかについて、メディアや政策決定者、そして科学者まで巻き込んで、多くの行き過ぎた報道や憶測が行き交い、コンサルティング会社のフロスト＆サリバンやボストン・コンサルティング・グループ、そしてそれ以外にも数々の企業が、ES細胞技術によってどのような変化が起こるかについて願望混じりの市場予測を発表しました（図9-2参照）。すべての病気が治癒できるようになり、悪くなった関節や靭帯は交換可能になって、心臓の再生や記憶力の回復が夢ではなくなり、進行性の障害すらもくいとめられるようになる、それもすべて人間自身の細胞を使って――といった具合に。

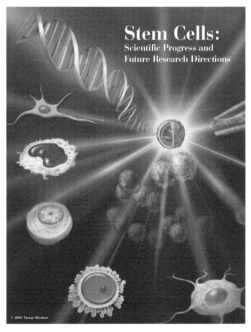

図9-1：2001年当時もっとも広く読まれた幹細胞に関するアメリカ国立衛生研究所の報告書[103]

同じ頃、米国では妊娠中絶に反対するグループや保守派、ローマカトリック教会の信者などが、

---

[103] www.slideshare.net/medicoshoy/biology-stem-cellsnih2001

道義的見地にもとづき、ヒトの胚からつくりだす幹細胞の研究に対する反対運動を展開。なかには行き過ぎた動きをみせるものもあり、米国カトリック司教会議をはじめとする批判の急先鋒に立つ組織は、胚と人体を別のものとして分けることは詭弁であると断じて批判を強めました。これらの批判勢力は、胚性幹細胞を生成する過程においては、その元となる胚が破壊される、それはすなわち殺人にほかならない、と主張したのです。

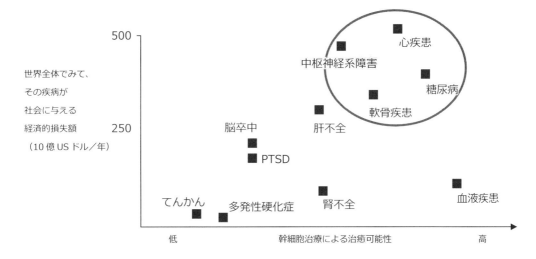

図9-2：2001年当時、幹細胞技術によって治療可能になるとして注目された市場予測

これはつまり、科学的にはまったくもって正当な「胚性」という専門用語の選択が、一般に向けられたコミュニケーションという意味でも、また、それ自体では生命を宿す力は持たない受精卵を記述する言葉という意味においても、決定的に誤りであったことを示しています。

幹細胞技術をめぐる米国での世論がこうして加熱する一方で、ヨーロッパや世界のその他の地域での議論はもっと落ち着いたものであり、欧州委員会は幹細胞技術に関する理解を深めるためにはどのようなサポートができるかについて検討を開始していました。

スウェーデンでは外務省投資部が中心となって幹細胞に関するパンフレットを作成、関連技術による市場と投資拡大の可能性について呼びかけを行い、英国やシンガポール、韓国、日本といった国々では、受精卵を用いた幹細胞の研究へのサポート体制を整備すべく動きが始まりました。その中でもスウェーデンでは、倫理委員会に諮ったうえで許可を得た研究目的であれば、ヒトの受精卵を用いることを認める法律が既に施行されていたことは特筆すべきでしょう。

2001年8月になると、ブッシュ米国大統領が道義的ジレンマを逃れる術を提案。カトリック教徒をはじめとする反対勢力は無視できないものの、幹細胞研究に対する連邦政府の支援を禁止し続けるにはあまりにも科学界その他からの圧力が強かったのです。そこで、米国保健省長官トミー・

PART I: FRAMEWORKS

トンプソンは、アメリカ国立衛生研究所（NIH）に幹細胞研究への連邦政府助成制度を整備することを一任。助成対象となる研究で用いる細胞株については、同年8月9日までに生成された胞胚期にあるものに限る、という厳密なルールが定められました[104]。これによって10の大学に保管されていた60株以上（最終的には72株）の幹細胞が研究に付されることになったのです。より多くの細胞株が研究に付されれば、それだけ良い研究成果につながると考えられていました。

スウェーデンのイェーテボリには19の幹細胞株があり、これによって同市にあるサルグレンスカ研究所の研究者たちは世界でも重要なグループとなりました。2001年8月27日付のニューヨークタイムス紙に掲載されたインタビュー記事[105]によって、このイェーテボリの研究チームは世界的にも有名になりました。その記事は以下のように報じています：「スウェーデンにある小さな研究室では、大学の研究者たちが自分たちの管理する19の細胞株についての米国政府による声明に注意深く耳を傾けています。彼らが管理する細胞株のうち、三つは確立されていて、四つは現在まさに検証中であり、残りの12株についてはまだ初期段階にあるとのことです」

「目標は、動物由来の試料を用いずに幹細胞を培養することです」とヘンリク・セム博士は語っています。彼によると、既にマウスの胚細胞ではこれが可能になっており、理論的にはヒト細胞でも可能なはずとのことです。セム博士は、スウェーデンにおける最初の幹細胞株の生成と、糖尿病治療に活用できる可能性を持つベータ細胞の分化に携わった研究者の一人です。このインタビューはスウェーデンの国内メディアでも取りあげられましたが、もっとも反響が大きかったのは米国でのことでした。

その後も科学研究とそれを製品化するための開発は進められていましたが、9.11の同時多発テロ事件によって幹細胞に関する話題はメディアからすっかり影を潜めてしまいました。米国上院での幹細胞研究に関する公聴会はキャンセルされ、幹細胞研究に対する連邦政府の助成差し止めが2009年3月に解除されるまで、実に8年近くの年月を要したのです。その後、2009年の夏にようやく、アメリカ国立衛生研究所が幹細胞研究に対する連邦政府助成金に関するガイドラインを発表しました[106]。その間、ヨーロッパでは欧州委員会が継続して研究を支援していたのです。

このように、米国国内での幹細胞に対する一般世論、政策決定者、政治家の態度を前向きなものに修正するには多大なる時間が必要でした。その間に他の地域では多くの意義深い発見がなされ、その研究成果は、2009年の世界幹細胞サミットの報告書にまとめられています[107]。

---

[104] NIH (2001). *Stem Cells: Scientific progress and future directions*.

[105] Wade, N. (August 27, 2001). *U.S. approves labs with stem cells for research use*. New York Times.

[106] NIH (2009). *National Institutes of Health guidelines on human stem cell research*.

[107] The World Stem Cell Summit. (2009). *The world stem cell summit report 2009*.

幹細胞に関する研究成果が初めて発表された当初は、比較的早期に実現しそうな成果物——その多くは難病治癒に関するソリューション——に期待が集まりました。しかし、そうした「夢の治療法」がなかなか実現しそうにないと分かると世論は一変、メディアには落胆と批判の声が踊るようになっていきました。こうした先端的な研究やテクノロジーに関しては、少しでも批判的な目を向ける勢力がいるとそれによって世論が大きく影響を受けてしまいます。

そうしているうちに、世界の他の地域では研究が進み、科学技術の将来性に関する見通しや実質的な研究成果、ノウハウといったものが蓄積され、彼我の差はどんどん広がっていきます。もちろん、法律や規制はまだまだ科学の進歩に追いついていない部分が多く、世界的な整備を進めるには最先端の技術が何を実現しうるのかについて理解と教育を広げていくための時間が必要ですが、こうした変化は今まさに起こりつつあります。こうした動きを促進するためにも、革新的な技術について、適切に情報を発信し、社会に伝えていくことがこの上なく重要になるのです。

Cellartis™ について

2001 年、スウェーデンで、体外受精技術や発達生物学、医療、そして事業開発の専門家や研究者たちによって、ある大学発ベンチャーが起業されました。

この企業——セラルティス（Cellartis AB）——は、立ち上げ当初から受精卵由来のヒト幹細胞の商業利用に的を絞っていました。セラルティスはイェーテボリとウプサラにある大学群と共同研究を行うことで国内初の倫理委員会の承認を受け、寄付によって入手した受精卵から、年内にはいくつもの細胞株が生成されたのです。

この立ち上げのプロセスの中で事業の倫理的側面に関する議論や細胞株の取り扱い手順について多くの議論が交わされ、大学と企業が研究を進めるプラットフォームの整備が進められました。

2001 年の 9 月に発表されたセラルティスの事業計画をみると、幹細胞事業におけるビジネスチャンスについては以下の記載があります：

> 先端的研究のためのヒト幹細胞の主要な供給源となり、幹細胞技術にもとづく治療法の開発分野の世界的リーダーとなること［が、大きなビジネスチャンスを生み出す］

そして、研究そのものについては以下のように書かれています：

> 幹細胞技術は、医薬分野におけるバイオテクノロジー革命のなかでも最先端のものである。成体幹細胞が、いかにして加齢が進んだ、病気に侵された、あるいは傷ついた組織を維持ないし修復するかに関する理解は、幹細胞の生成および分化をコントロールする技術の開発と組み合わせることで、さまざまな分野において潜在的に限界を持たない生物学的リソースとなりうる。応用分野としては、たとえば、「基礎研究全般における細胞ベースの研究および発見ツール」「薬剤スクリーニングや毒物学における細胞ベースの発見ツール」「再生医薬品や生体組織工学における細胞ベースの治療法」などが考えられる。

PART I: FRAMEWORKS

セラルティスは未分化および分化細胞の生産者として、一時は一事業主として世界最大の企業となり、その後、2011 年にフランスの Cellectis SA 社に買収され、現在（2017 年 1 月末時点）では Collectis AB と改称して日本のタカラバイオ株式会社の完全子会社となっています[108]。

当時のセラルティスの会社紹介は、以下のようになっていました。

> セラルティス株式会社は、スウェーデンと英国に籍を置くバイオテクノロジーの会社で、ヒト由来の胚性幹細胞（hES 細胞）と創薬研究、毒性試験、および再生医薬品開発のためのテクノロジーに注力しています。当社は、倫理基準を満たした上で生成される hES 細胞株の世界最大の供給者であり、これまでに 30 以上の細胞株を生成してきました。セラルティス社の主要事業目的は、創薬ツールとして幹細胞から肝細胞および心筋細胞を生成することにあります。

セラルティス社は、高度かつ先端的な幹細胞製品やテクノロジーの開発に向けて、諸研究機関や他企業と積極的にパートナーシップを結ぶという戦略をとっていました。同社は 2001 年に設立され、スウェーデンのイェーテボリと英国のダンディーの二箇所に、その当時の EU における医薬品等の製造管理および品質管理に関する基準（current Good Manufacturing Practice; cGMP）に添うべく、最新鋭の研究施設を構えていました。当時のニュースでは幹細胞の応用分野と言えば糖尿病ばかりが注目されていましたが、セラルティスはそれ以外の分野にも広く目を向けていたのです。

幹細胞技術の開発プロセスを振り返って

胚性幹細胞を用いた再生医療や医薬品が目に見える形、すなわち実際に利用可能な製品となるまでには実に 8 年もの歳月がかかりました。現在でもまださらなる研究が必要とされている分野は数多く残されていますが、それでも、さまざまな細胞を利用した治療法が既に治験に付されています。その多くは心臓の間葉系細胞から生成した成体細胞を用いたものですが、それ以外にも、急性脊椎損傷のための治療法として、胚性乏突起膠細胞を用いた研究などが進められています。こうした革新的な幹細胞の利活用に関して、ヨーロッパおよび米国の諸規制機関は、高度先端医療に関するガイドラインをまとめています。

このように希望と期待にあふれた胚性幹細胞とクローン医療技術は、社会に向けたコミュニケーションとそこから生じる意見の形成プロセスが違っていたら、より早く進展させることができたのでしょうか？米国で連邦政府助成金が再び研究に投じられるようになった今、より迅速な研究開発が進むと期待してよいのでしょうか？

幹細胞研究が連邦政府助成金の対象から外されていた 8 年間のうちに、細胞の大量培養技術が確

---

[108] タカラバイオ株式会社ウェブサイト『ニュースリリース』2014 年「仏国 Cellectis SA 社から幹細胞事業会社（旧 Cellartis 社）を買収」より。http://www.takara-bio.co.jp/release/?p=1487

立されました。これは 2001 年にはなかった技術で、当時は幹細胞のコロニーを人の手で取り扱っていました（現在では、ロボットアームが導入・活用されています）。では、この期間中、ヨーロッパでは何が起こったのでしょうか。2001～2002 年当時（米国での幹細胞研究が停滞している間に）ヨーロッパが有していた優位性は今日ではほぼ失われたと言っていいでしょう。革新的な新技術確立のために必要な制度や知見が 2001 年の時点では整っていなかったため、思うように研究が進められなかったからです。

この間、知的財産権を取りまく状況はより複雑になり、幹細胞に限らず医薬・創薬分野で研究を進めるには、誰もが参画できるオープンなプラットフォームを求める動きが強まりました。ヨーロッパ域内で共通見解をまとめることができていれば、パーキンソン病や糖尿病、心筋梗塞といった難病の患者の状況を変えることができていたでしょうか？科学研究の成果やそれを活用したビジネスのみせ方、伝え方に関するガイドラインによって、目の前の必要性だけにとらわれずに、将来に向けた有望な研究への資金拠出の機運を高めることができるようになるのでしょうか？

主張のみせ方、伝え方について

科学的なテーマ、最新のテクノロジー、そして社会を一変させるような破壊的アイデアについて人々に効果的に伝えるためには、広義の意味での出資者との対話、信頼関係、そしてあらゆる多様な場とメディアを介して社会全体を巻き込んだコミュニケーションの必要性がかつてなく大きくなってきています。こうした認識は、2001 年の時点では存在しませんでした。

幹細胞技術に関わる専門家のコミュニティにおいてすら、共通見解や情報発信のための計画といったものはなかったのです。そのほんの数年前に大騒ぎとなっていた遺伝子組み換え作物をめぐる議論から、何も教訓が得られていませんでした。当事者である企業は、こうした観点も、情報発信の枠組みも持ち合わせていませんでした――これは、一部には約 15 年前に既に体外受精技術に関してさまざまな議論が行われていたためとも考えられます。しかし、いずれにせよ、そうした企業は、科学的には何も問題とならない「胚性」という専門用語が、まったく別の意味合いをもって一般の人々にとらえられるかもしれないということを理解していませんでした。その結果、研究者と政策決定者、そして一般市民との間では一切コミュニケーションが行われず、学界内での論争についていくらかは紹介がされたりもしましたが、それだけだったのです。

たとえば当時、イェーテボリ大学のサルゲンスカ研究所が米国保健省と議論を交わしているという情報に対して、スウェーデン政府はなんら関与しようとしませんでした。今日では考えられないことです。

コミュニケーションにおいて、メッセージの一部がより強調されて伝わる一方で、別の側面については触れられずに終わることは避けられません。これはコミュニケーションにおいて不可避の

PART I: FRAMEWORKS

現象であり、特に社会に向けて広く情報発信をしたり、政策を発表したりするときには必ずついてはなれない問題です。

あなたがどのようなみせ方、伝え方で情報を発信するかによって、人々の理解の仕方やその後の議論の方向性が変わり、メディアがその問題に興味を持って取りあげてくれるか、その際に誰もが興味を持ってくれるような形で記事やニュースにしてくれるかが変わってきます。あなたが情報をどのように切り取り、どの側面をみせていくか（同時に、どこをみせないでおくか）によって、政治家や官僚の意思決定や政策が左右され、他の専門家たちの情報発信の仕方も影響を受けるようになっていくのです。たとえば、政治家が当該の問題について答弁を行う際などには、あなたが発信した情報がどのような「切り取られ方」をしているかで回答が変わってくるでしょう。

まったく切り取られも加工・編集もされていない情報、などというものは存在しません。

コミュニケーションに長けた人は、意識的にせよ直観的にせよ、情報を効果的に切り取って発信するものです。世界のほぼすべての国々において、科学者というのは社会的な信用と尊敬を集める存在です。世論調査を専門に行うピュー研究所による 2009 年の調査[109]でもこのことは裏付けられています。この調査によれば、人種や政治信条、宗教を超えて、アメリカ人の 84% が科学技術によって社会に良い影響がもたらされるであろうことに同意しており、これは科学に関する知識が相対的に低いとされる回答者も含んでいたのです。

以上のことから、科学技術やテクノロジーを実用化するにあたっては、常に適切かつ効果的なコミュニケーションの道を模索し、人々の考えをより前向きな方向に導くためにはどうしたらいいかを考え抜くべきである、と言えます。科学的発見や事実は、それ自体では情報にはならず、人は必ず何らかの解釈を通して、初めてそれを理解します。その解釈を適切なものとするためには、まず伝えるべき情報をいくつかに仕分け・分類することから始めましょう。表 9-1 でご紹介するアプローチ分類法は、2007 年サイエンティスト誌、後に米国植物学会誌に掲載されたものです。

こうした計画性を持って発信する情報を適切に「切り取って」いれば、幹細胞をめぐる議論はもっと別の帰結にいたっていただろうと思われます。たとえば、宗教が幹細胞に関する認識にどのような影響を与えたかを考えてみましょう。上述の分類法を提唱したニスベットは、別の研究で、非常に信仰が強い人々の間では、そうでない人たちと比べて幹細胞研究を受けいれられると答える割合が 60% 以上も少ないことを示しています。このことを踏まえたコミュニケーションを計画するとしたら、どんなものが考えられるでしょうか？

---

[109] Pew Research Center for the People & the Press (2009). *Public praises science: Scientists fault public, media*. Retrieved April 20, 2017 from http://people-press.org/report/528/

第9章　主張のみせ方、伝え方

表 9-1：先端的技術やテクノロジーを適切に伝えるための「切り取り方」の例[110]

情報の切り取り方	説明の骨子となる枠組み
社会の進展	生活水準・QOL の向上、課題解決、"自然を支配する"のではなく"自然と協調する"新たな手法という解釈、「持続可能性」
経済成長または競争力強化	投資、経済的利益とリスク、地域〜国内〜グローバルにおける競争
科学的ないし技術的不確実性	専門家による理解、既知 vs.未知、専門家同士の合意を引き出す／批判する、ピア・レビューなど「健全な科学」の権威に訴える
道徳規範または倫理	善か悪か、越えてはならない一線を尊重するのか踏み越えるのか、科学研究は公共のためのものか企業・個人の利益のためか、研究成果は誰が「所有」し管理するものなのか、特許権の問題、科学研究と政治の関わり
「パンドラの箱」、「フランケンシュタイン」、または科学の暴走	崩壊的なものも含めて科学が社会にもたらすインパクトについての事前検証の必要性、コントロール不能になった科学技術(フランケンシュタイン) をどうするか、運命論的解釈、不可逆性とそれに抗うことの有効性に関する議論
第三の道または代替となる道	「大いなる妥協」の道を探る、対立・二極化した意見の中庸
衝突または戦略的判断	社会的エリート同士のゲーム、議論において優勢なのは誰で劣勢に立たされているのは誰か、人格攻撃、勝ち目があるかないか

適切な情報発信と対話のためのコミュニケーションは、大きく以下のステップを踏むとされます：

1.　研究計画とともに、PR・コミュニケーションの計画を立てる

---

[110] Nisbet, M. C., & Schenfele, D. A. (2009). What's next for scientific communication. *American Journal of Botany*, *96*, 1767-1778.

PART I: FRAMEWORKS

2. 研究を進め、対象となるアイデア、テクノロジー、事象についての理解を深める

3. 軸をぶらさず、粘り強くメッセージを発信する

4. 個々のジャーナリストではなく、紙面全体に責任を持つ編集長に向けて発信する

5. 発信される言葉一つひとつを慎重に選ぶ

6. PR に際しては、各媒体がどんなコミュニティに向けられたものかを考慮する

7. 状況に応じて勉強会やタウンミーティングなどを主催し、一般の理解を広める

8. さまざまなネットワーク（インターネット上のものも含む）を活用して情報を発信する

幹細胞に限らず、気候変動をめぐる解決策に関する議論など、重要な課題であればあるほど、人類がこれまでに得てきた教訓は重要なものとなります。失敗を繰り返してはなりません。新しいアイデア、テクノロジーについて情報発信をするにあたっては、それが現実的にどんな結果をもたらすのかを一般市民や政策決定に関わる人々が理解し、適切な科学的知識とデータにもとづいて意見を形成することができるようにコミュニケーションする必要があるのです。

そのためには、研究計画や事業計画と同様のレベルで情報発信計画を立てなければなりません。アイデア、テクノロジーが革新的なものであればあるほど、より周到な計画が必要なのです。

第10章　持続可能な事業開発のためのチーム力学

Karen Williams Middleton, *Chalmers*

多様性はチームに創造性をもたらし（Hambrick & Mason 1984[111]）、成果をあげることに寄与することが、長年の研究から明らかにされています（Williams & O'Reilly 1998[112]）。特にルーチンワークから外れた、新規かつはっきりと定義立てができていないようなテーマに取り組む時には、各メンバーが異なる意見や知識、経験をチームに持ち寄ることによって、選択肢を徹底的に、あらゆる側面から検討することができるようになるのです。

しかしながら、個々人の経験（それは彼女ないし彼がこれまでに人生で行ってきた一連の選択の反映でもあります）は、視点の異なるアイデアだけではなく、ときに衝突や対立を生み出しもします。見解を異にする——ときには衝突の危険をはらむ——意見を持つメンバーが集まると、議論が活性化して独創的なアイデアが生み出され、多様なアプローチや解決策が見出される一方で、うまく議論をマネジメントすることができなかったとき、チームが崩壊するおそれもあります。意見が違う人たちの議論をまとめるのは大変なものです。しかし、それをうまくやりおおせれば、そのチームは議論のレベルを深め、多様な意見を論理的に分析してアイデアをつくりあげるために、再現性のあるプロセスを確立できることになります（Okhuysen & Bechky 2009[113]）。

本章では、チームの中での衝突・対立によって発生する「力学」について、建設的なものと破壊的なものの両方を、実例を交えながら論じ、機能的なチームを持続的にマネジメントするための鍵を明らかにしていきます。この力学を通して、個々のメンバーがチームの中で自分の意見を明確に、説得力を持って伝える術を学ぶとともに、チーム自体も、多様なアイデアや信念が並び立ち、互いに受けいれあっていくプロセスを確立していくのです。多様なアイデアを検討しながら議論を進め、さまざまな観点から建設的な議論を行えるようになれば、チームの意思決定はより強固なものになり、チーム外の関係者に向けた提案もより質の高いものになっていきます。

衝突を利用する

ふつう、人は衝突をできる限り避けようとするものです。チームで仕事をしているときに衝突や

---

[111] Hambrick, D. C., & Mason, P. A. (1984). Upper echelons: The organization as a reflection of its top managers, *Academy of Management Review, 9*, 193-206.

[112] Williams, K. Y., & O'Reilly, C. A. (1998). Demography and diversity in organizations: A review of 40 years of research. In B.M. Staw & L.L. Cummings (Eds.), *Research in organizational behavior: Vol. 20*. Greenwich, CT, USA: JAI Press.

[113] Okhuysen, G. A., & Bechky, B. A. (2009). Making group process work: Harnessing collective intuition, task conflict, and pacing. In E.A. Locke (Ed.), *Handbook of organizational behavior* (pp. 309-325). West Sussex, UK: Wiley.

PART I: FRAMEWORKS

対立が起こると、誰もが落ち着かない気持ちになり、疲労やイライラを覚えます。他者の視線が気になるようになって、モチベーションも下がり、怒りっぽくなったりもします。こうした衝突や対立は、大きく二つのタイプに分けることができます。人間関係における衝突と、仕事上のタスクに関する衝突です。

人間関係における衝突は、メンバー同士の性格の違いや価値観、信念・信条が異なることから生じます。価値観や信念は、その人の態度や振る舞いに影響を与えます。それは経験によって形づくられるもので、生まれ育った家庭や社会、文化といった環境に深く根ざしており、そう簡単に変えられるものではありません。オフィス内で対立が生じたとき、それが仕事上のタスクに関することで意見が違うために発生したものなのか、それとも関係者の価値観や信念に疑問が呈されたがゆえに起こったものなのかを見分けるのは、たいてい一筋縄ではいきません。衝突をうまくコントロールして、その力を建設的な方向に向けるためには、対立の論点をタスクに関するものと価値観の相違に起因するものとに峻別することが最初にとるべきステップとなります。

ここでは、まずタスクに関する衝突、つまり、仕事上のミッションや課題の内容や、職務を遂行する際のプロセスについての衝突を取りあげます（Weingart & Jehn 2009[114]）。実は、こうした衝突は、チームにとっては一種の刺激として活用しやすいものなのです。そうした衝突があるということは、争点となっているテーマに関して、それに関係する人たちが強いこだわりを持っていることを示すものだからです。

そうしたこだわりや意見の違いは、事実やデータ、あるいはそれらについての前提条件、解釈の問題といった内容に関わるものである場合もあれば、仕事の進め方や誰が何を決めるのかといったプロセスに関するものである場合もあります。こうした違いをうまく乗り越えていくためには、まずメンバー間で何について、どんな違いがあるのかをはっきりさせることが第一です。幸い、革新的なアイデアやテクノロジーを実用化するという本書の焦点となるプロジェクトにおいては、ほとんどの場合に通用する共通の出発点となるポイントがあります。これらはすべてアルファベットのCで始まる単語で表されるもの——すなわち、文脈・コンテキスト（Context）、コミュニケーション（Communication）、そして"もやもや感"（Cloudiness）——なので「３Ｃ」と呼ぶことにしましょう。

文脈とは——言葉と行動を意味づける

ビジネスに関するアイデアを提示されたとき、最初にすることはそれがどんな目標を達成するためのものかを見定めることです。

---

[114] Weingart, L. R., & Jehn, K. A. (2009). Manage intra-team conflict through collaboration. In E.A. Locke (Ed.), *Handbook of organizational behavior* (pp. 327-346). West Sussex, UK: Wiley.

しかし、「我々の目的は何なのか？」という問いをひとたび発すると、しばしばそこからいくつもの関連する問いが湧き上がってきます。前提となる外部環境は？どんなリソースが使えるのか？時間軸は、コストはどうする？などといった具合に。したがって、目標設定のためには、その前提となる文脈、コンテキストについての議論が欠かせません。

事業の前提条件を明らかにして実行計画を立てるには、元になるアイデアをどのようなビジネスに仕立てていくかだけではなく、どのように事業を進めていくかについても、いくつもの問いを立てて検証していかなくてはなりません。後者──仕事の進め方、プロセスについての問い──にアプローチするにあたっては、組織の学習スタイルや哲学によって、いろいろな方法が考えられます。たとえば、まずは成果を出すにはどうすべきかにフォーカスするのか、それとも、最終的に目指すべき状態を思い描き、そこから逆算して検討を進めるべきでしょうか？チームには、どうやって仕事を進めていくかというプロセスに意識を向ける人もいるでしょうし、それよりもまずはチームが実現したいのは何なのかから考えようという人もいるでしょう。あるいは、仕事の役割分担から考えていくタイプの人もいるかもしれません。こうした「まず行動タイプ vs.まず計画タイプ」の対立は、チームで仕事を進めるときの典型的なパターンの一つです。

これらの問いが解決されないまま放置された（そして後になって再燃した）とき、あるいは、どのようにその問いに答えを出すべきかについて強いこだわりを持つメンバーがいたとき、このどちらにおいてもチーム内には対立が生じます。どちらの場合も、対立を解消するにはコミュニケーションが鍵となります。特に、メンバーのこだわりが何らかのデータや事実にもとづくものなのか（たとえば、情報収集の手法について以前成功をおさめたやり方があるときなど）、それとも、その人個人の価値観や信念に起因するものなのか（たとえば、その人が情報収集はたとえビジネスにおいてであろうと常に道徳規範にもとづいて倫理的になされなければならないと思っている、など）を峻別するには、チーム内でコミュニケーションをしっかりと行わなければなりません。

コミュニケーションとは──チーム内での意味づけをどのように、なぜ行うかを議論する

あるアイデアを評価するときには、さまざまな情報が検討の俎上に上げられ、さまざまなやり方で優先順位付けがなされます。多くの場合、ここで生じる対立は、情報そのものではなく、情報をどのように定義づけ、解釈・整理するかによって起こるものです。

事実であろうとデータであろうと、あるいは意見であろうと、それが提示される際には必ず、誰かの解釈を通してチームに伝えられ、そして、それがまた個々のメンバーによってそれぞれ個別の解釈とともに受け取られます。こうした解釈はそれなりに足並みを揃えて比較的共通した見解を形づくることもありますが、ときには（同じ情報をもとにしていても）ある文言や表現が何を意味するかについて、メンバー間でまったく異なる解釈をすることもあるのです。

145

PART I: FRAMEWORKS

こうした解釈の違いは、チームメンバーが話し合いをするとき、お互いに情報はすべてオープンになっていて、その意味は「自明であり、議論の余地はない」と思い込んでいるとさらにひどいことになります。そうなると、論点を明らかにして課題解決を目指していたはずの議論が、あっという間にメンバーの誰もが自分の見解をゆずらず、他人の意見を攻撃する場になってしまいます。しかも、こうした落とし穴は、当人たちはまったく気づかないうちに発生するものなのです。

ですので、こうした対立が生じたときには、どの意見が正しいか、間違っているかといった軸で議論をするのではなく、それぞれが単に違う見解を表したものであって、そうした違いがなぜ、どこから生じたかを話し合うことが重要になってきます。

"もやもや感"——不完全な情報にもとづいて意思決定を行う

多くの人にとって、ビジネスとは問題に対する解を見出すことを意味し、提案されるソリューションは「唯一の正しいもの」であるべきとされます。そのため、不確実性が含まれ、相互に矛盾する多様な情報のなかで仕事を進めようと思うと、これは非常に難しいことになります。

あなたにとって、物事を前に進めるにあたって情報が充分に揃ったと判断する基準はどんなものでしょうか？ビジネスにおいて不確実性をどのように取り扱うかは、メンバー個々の価値観や信念・信条によって異なります。そして、このことによって人間関係上の対立が生じるのです。したがって、不確実性に対処する際、自分のチームがどのような反応をみせる傾向にあるか、意思決定や情報の取り扱いに関する境界線がどこにあるのかを自覚しておくことが、チーム内の議論を意味あるものにするための重要な出発点となるのです。

たとえば、実社会と連携した大学院プログラムなどでは、チームに関わるさまざまなメンバー間で公平性を担保するために、教育上のニーズとプロジェクト（＝仕事）上のニーズとのバランスをとらなければならないことがあります。この状況を例にとって考えてみましょう。

ある学生 A さんは、経験を積んで学びを深めるためにプロジェクトに深く関わりたいと思っており、非常にモチベーションが高いとします。ただし、A さんは、自分たちのチームの成績がどうなるかについてはあまり関心がなく、それよりもプロジェクトで関わることになる学外の企業や組織に良い印象を与えたい、という思いを強く持っています。これに対して、チームメイトの B さんは、同じく高いモチベーションを持っていますが、その動機の矛先はこれまでに学んだ理論を実践で試せること、そして優秀な成績をおさめることに向けられています。また、C さんは、卒業後の進路を念頭においたうえで、履歴書でアピールできる記載事項を増やし、自分の優秀さと格の高さを示すために大学院に入学、このプロジェクトに参画しています。

この三人の学生は、いずれも微妙に異なる興味関心と動機にもとづいてプロジェクトに取り組むことになり、それぞれがこだわりを感じるポイントも違います。

Ａさんは、プロジェクトのクライアントとなる企業や組織から求められる要件を満たすために朝から晩まで働く一方で、理論が実践にどれくらいあてはまるかについては（それを検証することが直接プロジェクトの成否に関わるものでない限り）気にもしないでしょう。彼女ないし彼にとっては、プロジェクトにおける顧客のニーズを満たしてリターンを高めるべく、チームの意思決定をコントロールすることが重要なのであり、したがって、講義やその他のグループディスカッションよりもプロジェクトに関わるミーティングのほうを優先するようになります。Ｂさんは、大学院で得た知識を後々のキャリアで活かすために、理論やモデルがどのように現実のデータにあてはめられるかを解き明かすことに最も関心を寄せています。そしてＣさんはと言うと、プロジェクト内で出会う人々に良い印象を与えたいという思いはＡさんと共通していますが、そのベクトルはむしろ自分の知的な優秀さを学外にも、そして学内の教員や同級生たちにも示したいという方向に向けられています。こうしたさまざまな思惑と動機がチームの活動に持ち込まれ、三名の学生たちがプロジェクトに取り組む際の姿勢に影響を与えるのです。誰一人として「間違った」アプローチをとっているわけではありませんが、彼女ら彼らの違いはチームに対立軸を浮かび上がらせるには充分なものです。

なかには表立って言い争ったり対立したりはしないけれど、メンバー同士が誤解しあっていて、もっとコミュニケーションが必要だというケースもあります。今度はこちらをみてみましょう。

再び大学院生のチームを想定します。スウェーデン人二人と外国から来た学生一人の三人チームです。彼女ら彼らは、あるビジネス開発プロジェクトに取り組んでいました。数ヶ月の間、チームはうまく機能しており、役割分担についてもお互いに同意ができていて、各メンバーは会計やマーケティング、テクノロジーなど、それぞれの強みを活かした特定分野の担当をしていました。しかし、いつしか外国人の学生の口数が減り、上の空になったり、独りで自宅にこもって作業を進めたりすることが増えてきたことにスウェーデン人の二人が気づきます。二人はチームメイトがやる気をなくしてしまったことに苛立ちを覚えますが、それでも目の前にやることが山積みになっている以上、とにかくプロジェクトを前に進めようと決め、仕事に没頭します。

プロジェクトの終盤になって、三人は指導役のコーチとミーティングを持ち、そこでは仕事の量と分担、そして効率性が議題にあげられました。このとき、スウェーデン人学生の一人がはっきり外国人学生のやる気のなさを指摘し、その理由を問い詰めました。これに対して外国人学生は、自分に与えられた役割はモチベーションが湧くようなものではなかったが、二人のスウェーデン人が自分たちのことに熱中していて、彼女ら彼らの成長のためには分担をそのままにしておくほうが良いと思ったから、あえて（自分にとっては不服が残る）役割を引き受けたのだ、と説明を返します。しかし、それによって与えられた役割は、懸念していた通り、特段自分の強みを活かせる領域のものではなく、そのため良い成果をあげることが難しいとすぐに分かった。それでも

PART I: FRAMEWORKS

役割分担についての不満をチームに言わなかったのは、他の二人がそれぞれの役割をとても楽しんでいたし、そんな議論に費やす時間をとるくらいなら、それをプロジェクトを進めるための作業に振り向けたほうがずっと良いと思ったからでした。こうして外国人学生は、プロジェクトの終わりまでできる限りのことをしようと決めたと言うのです。

これを聞いて、二人のスウェーデン人学生はこれまでの数ヶ月間に行われたさまざまな話し合いを思い返し、役割分担はもちろん、役割に付随する各自のモチベーションについてしっかりと議論する時間をとっていなかったこと、万事問題ないと思いこんでしまっていたことに気づきました。振りかえってみると、二人は自分たちのことに夢中になりすぎていて、外国人学生のモチベーションがゆっくりと低下していっていることに気づくことができていなかったのです。ここで三人は、改めてお互いが暗黙のうちに分かり合えていると思い込んでいたことを洗い出し、今までに行ったミーティングを各自がどう受けとめていたかについて話し合いました。この話し合いを通して、同じ状況を経験してはいても、お互いの立場を想像できていなかったため、そこから引き出す結論が一人ひとり違っていたことに彼女ら彼らは気づくことができたのです。

以上の仮想例は、どちらも「３Ｃ」の重要性を浮き彫りにしてくれます。チームメンバーがお互いの立場や観点の違いを理解するには、しつこいくらいにコミュニケーションをとって、「その人にとって何が大切なのか」「チーム内での物事の進め方や行動規範について、いつ、どのくらいの頻度で話し合うべきなのか」「そのチームにおいて“良し”とされる基準をどこにおくのか」「各メンバーのモチベーションの源泉はどこにあるのか」といった事柄についてクリアにしておく必要があります。こうした議論を通してメンバー同士が相互理解を深めることで、誰もがモチベーションを高く保てるような役割と責任の分担のありかたを見出すことができるようになるのです。

ただし、３Ｃを有効に活用するためには、単にミーティングを増やすだけではなく、チームが続く間、定期的にメンバーそれぞれの観点を整理して、各々異なる見解を一つひとつ検証するために、相応の時間を割かなければなりません。各メンバーは現状をどのように理解しているのか（そこには常に不確かさがつきまとうことを前提としたうえで）について他のメンバーに伝え、お互いがどんな解釈のもとに考え、行動しているのかを共有し合わなくてはならないのです。

前述した例の一つめでは、動機づけの違いが各自のモチベーションに影響することを示しました。こうした違いが明らかになってさえいれば、チームの中で折り合いをつけて、各メンバーのモチベーションへの欲求を満たすようにプロジェクトにおける諸活動を調整することができます。二つめの例では、片や「何か言いたいことがあればストレートにそれを伝える（何も言わないということは問題がないのと同義であると考える）のが当たり前」という価値観を持ち、片や「チーム全体の和を乱すくらいなら自分の不満をあえて持ち出すことはしない（それでもきっと周囲がそれを察してくれる）」と考える、といった文化的背景──すなわち、チームにとっての前提条件

148

となる"文脈"、コンテキスト——によって、個々の行動がまるで違ったものとして受けとめられることを示しました。

こうしたすれ違いの原因を突きとめ、互いの理解を促進するにはどうしたらいいのでしょう？個人とその文化的背景を特徴ごとに切り分けるのはとても難しいものです。そんなとき、誤解や相違、すれ違いが生じているのは３Ｃに取りあげられている三つの要素のどれが原因なのかを考えることでヒントをつかめることがあります。

先述の例で言えば、三人の学生たちは、それぞれの強みや特質、経験を活かし（外交的な人が顧客開拓と関係構築を担当する、経済に明るく、経営学を専攻したことがある人が財務をみるなど）、同時に、各メンバーの興味関心に合わせた役割分担（テクノロジーに詳しい人でも、事業開発など別の分野に取り組んでみたいという場合にはそれを任せるなど）について話し合うべきでした。そして、こうした話し合いをするとき、プロジェクトの前提条件——成果物を仕上げるまでの時間的制約があることや、ある面では大学院のプログラム課題であることが別の側面ではビジネスとマーケットを通して社会と直結していることなど——を加味して、それらの条件と個々人の興味や動機との兼ね合いを勘案したうえで、チーム全体として最も満足がいくような座組みを考え抜く必要があったでしょう。

３Ｃフレームワークを手がかりにしてチーム内の問題の発生源を突きとめたら、それにどう対処するかを実際に考えていくことになります。ただし、このとき、あえて一旦意識的に脇にそれて、我々は一般的に衝突を避ける傾向にあることを思い出しましょう。チームで何かに取り組むとき、特にそれが時限性のもので一定の期間が来たら終了することが分かっているとき、人は自分の意見を顕にしたり、強硬に主張したりするのを避けるものです。これは時間的制約上仕方がないこともありますし、はっきりとした上下関係や誰がリーダーかということが決まっていない中で解決の目処がたたない揉め事を起こすよりも、物事をつつがなく進めたいという思いからそうなることもあります。これを踏まえたうえで、プロジェクトに各メンバーがどれくらいコミットする覚悟を持っているかによってチームの活動が大きく左右されること、そして何より、たとえメンバー個々が異なる動機づけを持っていようとも、誰か一人がモチベーションを見失ってしまうよりは遥かにましだということを忘れないようにしましょう（Okhuysen & Bechky 2009）。

うまくいくチームというのは、各メンバーがどのように仕事を進め、チームに貢献すべきかを導く枠組みとなる行動規範について話し合う時間を始動当初の時期にしっかりとるものです。

チーム内で協議する場や日時を決め、意思決定の際に意見を集約して結論を出すやり方（多数決なのか、誰かが最終責任者となって採択するのかなど）を決めておくと後々大きなメリットを得られます。メンバー間で異なる意見が出されたときなどに、こうした規範が議論の交通整理のためのガイドラインの役目を果たしてくれるからです。それによって無駄な感情的衝突を起こすこ

PART I: FRAMEWORKS

となく違った観点から状況を分析することができるようになり、メンバー一人ひとりがどのように
チームに貢献しているかが誰の目にも分かりやすく可視化されることになります。以下、こう
した建設的な議論をチームで行うための流れをご紹介しましょう。

1. 定義づけをはっきりさせ、チーム内で説明する

経験や知識、背景が異なる者同士が何かに取り組む際に、わざわざ確認しなくてもいいだろ
うという思い込みは、チームがバラバラになる一番の原因となります――メンバー間に衝突
や対立が生じたときは、こうした思い込みが根底にあると思って間違いありません（Shani &
Lau 2005[115]）。チームが立ち上がったら、まずお互いの前提条件をクリアにし、全員の共通
理解を確認しましょう。たいていの場合、そもそもそのプロジェクトで何を達成しなければ
ならないのかといったことでさえ、チーム内で意見が一致しなかったりするからです。

言わなくてもお互い分かっているはず、といった暗黙の前提をあえて確認することによって
「事実」と「意見」の境界線があぶりだされ、メンバー間で見解が異なる点がどこかも明確
になります。ここでメンバー同士の共通点と相違点をしっかりと確認しておくことが、後の
段階になって大きく効いてくるのです。メンバー一人ひとりが違う観点から物事をみていて
それぞれ解釈が異なる可能性がある、ということを覚えておくと、常に相互確認を怠らずに、
相手が何をどう理解しているのかを自然と確認するようになるからです。

2. アイデアを互いに主張し、検証し合う

チーム内で多様な意見や観点をあぶりだすのに有効な手法の一つが、「主張と検証（Advocacy
& Inquiry）」と呼ばれるものです。

ここで言う主張とは、あるアイデアについて賛成意見を表明し、チーム内の他のメンバーを
説得しようとすることを指します。主張を効果的に行うためには、それを聞く人たち、つま
り他のチームメンバーそれぞれの立場や観点を想像して、彼女ないし彼が疑問に思っている
ことや情報を欲しているであろうことに先回りして答えることが必要です。一方、検証とは、
チームに提示されたアイデアの鍵となる側面について質問を投げかけ、それによってより深
い理解を引き出すために議論を揺さぶることを指しています。

主張と検証は表裏一体のもので、チーム内で意見の相違が表面化したとき、その根底にある
ものが何なのかを探るために有効な手法です。このとき、メンバー間で勝ち負けをつけるこ
とではなく、見解の違いに興味を持ってお互いの考えていることをもっと知ろうとする姿勢
が重要になります。

---

[115] Shani, A. B., & Lau, J. B. (2005). *Behavior in organizations: An experiential approach*. New York: McGraw-Hill.

3. 長所、強みにフォーカスする

チームが課せられたタスクを遂行して、目標を達成するための道はいくつも考えられるのがふつうです。だからこそ、そのどれを選択するかを決めるにあたっては、メンバー各自、そしてそれが合わさったチームの強みを見極めて、それを最大限に活かせるアプローチを探るべきだと言えます。メンバーの誰もが無理や不満を感じることなく、それぞれの持ち味を活かしてチームに貢献し、メンバー同士お互いの貢献に感謝し合えるような道は、ちょっと辛抱強くタスクを分析して役割分担を工夫することによって、必ず見出すことができます（Okhuysen & Bechky 2009）。そのように各メンバーの長所や強みを活かすチームづくりは、プロジェクトの中で不確実性が高まり、どちらに進むべきかという重大な決断を迫られたときほど重要なものになってきます。

4. 「良いとこ取り」の道を探る

一方、いくつも選択肢があることは、ややもするとそれぞれのメンバーが自分の意見や立場を主張して譲らず、議論がいつの間にか勝負を決める言い争いに堕してしまう危険とも隣り合わせになっています。そうならないように、見解が異なる意見を出しあって議論を発散させるだけではなく、最終的にはできるだけ多くのアイデアを取り入れて一つの結論に収束させ、全員が「勝者」となるように視野を広く保っておくことが大切です（Thompson 2001[116]）。

本章でご紹介したアプローチに沿って議論を進めることで、こうした「良いとこ取り」を実現し、いわゆるウィン－ウィンの状況をつくりだすことができるはずです。つまり、最初にお互いの前提条件を明らかにし、物事の定義づけについて共通理解を醸成したうえで、主張と検証を通してさらにお互いの観点を深掘りし、チーム全体にとって最適な道を探るのです。虚心坦懐にお互いの意見に耳を傾け、他のメンバーから出されたアイデアを──たとえ、それが自分にとっては直観的に反発を覚えるようなものであったとしても──オープンに検討することができれば、そのチームはメンバー全員が一丸となって問題解決を目指す、強固な集団として眼前のプロジェクトに取り組むことができるようになるでしょう。

---

[116] Thompson, L. (2001). *The mind and heart of the negotiator*. Upper Saddle, NJ, USA: Prentice Hall.

PART II

CASES
事例集

第 11 章　持続可能かつ環境にやさしい農業──エコエラ社の事例より

David Andersson, *ECOERA AB & Chalmers University of Technology*

本章で取りあげるエコエラ社は、代替エネルギーの供給源となりうる植物に添加剤を配合して再生可能な熱源となる燃料ペレットをつくるという、ごくシンプルなアイデアから始まりました。このアイデアの大本となったのは、スウェーデンのチャルマース工科大学からの技術移転でした。理学部内の無機物環境化学に関する研究を進めていたグループが研究成果の実用化に意欲を燃やし、バイオ燃料製造システム──バイオアグロ・エネルギー・システムという呼称がつけられました──の構築に尽力したのです。エコエラはテクノロジーの側面からこのプロジェクトを支えるメンバーの一員としてこの設備の運営に共同参画する形で立ち上げられました。

しかし、この初期プロジェクトを通して農業廃棄物や残渣について調べているうちに、エコエラのメンバー達はそれを使ってより付加価値の高い事業を始められることに気づきました。農業廃棄物に含まれる残渣（穀物の皮や殻、食用に適さない種子、ワラ等）は生物学的に容易に分解されるため、せっかく植物が取り込んだ二酸化炭素を一年前後でまた大気中に放出してしまうことになります[117]。エコエラはここに着目し、二酸化炭素を安定的にとじこめるバイオチャーと呼ばれる炭素素材を生成する、バイオスフェア(Biosfair™)というプラットフォームを構築しました。

バイオチャーは畑などの農業用地に活用されることで、四つの利点をもたらします。（1）最大で 1,000 年間にわたって大気中の二酸化炭素を吸収し続け、（2）農業廃棄物やそれを焼却することで発生するメタンガスの発生量を削減するとともに、（3）バイオ燃料としても利用可能で、さらに（4）土壌の質を向上させ、農作物の収量を増やす効果をもたらすのです（図 11-1 参照）。エコエラは、これを単なる一商品にとどめずにプラットフォームを立ち上げ、二酸化炭素排出量取引市場をターゲットにカーボン・オフセット[118] 対象製品として開発。二酸化炭素問題に関心を持つ政府や企業に対して、カーボン・フットプリント、すなわち製品やサービスの生産・供給にあたって排出される二酸化炭素排出量削減に資するものとして販売を開始しました。

---

[117] 植物は、成長する課程で光合成を通して大気中の二酸化炭素を取り込む（二酸化炭素 → 植物）一方で、枯れたり腐ったりして微生物に分解されると、その課程で取り込んでいた二酸化炭素が放出される（植物 → 二酸化炭素）。

[118] カーボン・オフセットとは、「日常生活や経済活動において避けることができない CO_2 等の温室効果ガスの排出について、まずできるだけ排出量が減るよう削減努力を行い、どうしても排出される温室効果ガスについて、排出量に見合った温室効果ガスの削減活動に投資すること等により、排出される温室効果ガスを埋め合わせるという考え方」のこと（環境省「地球環境・国際環境強力：カーボン・オフセット」より： www.env.go.jp/earth/ondanka/mechanism/carbon_offset.html ）。

PART II: CASES

図 11-1：エコエラ社のバイオスフェア ™ によるバイオチャー事業プラットフォームの構造[119]

初期の「再生可能な燃料ペレットをつくる」というアイデアを、バイオチャーを軸とした環境プラットフォーム事業に発展させたことによって、エコエラ社はカーボン・フットプリントを削減するどころか二酸化炭素の排出そのものをなくしてしまうという先進的試みのフロントランナー、二酸化炭素削減のための革新的テクノロジーを販売する世界初の企業になったのです。

---

[119] バイオチャー1トンあたりの二酸化炭素排出削減量は、大西洋を横断する航空機が片道に輩出する二酸化炭素量に等しい。

図 11-1 にある通り、同社が構築したシステムによって農業廃棄物から放出されるはずだった二酸化炭素を固定することができ、さらに再生可能なエネルギーをバイオチャー生成過程で発生する熱やバイオガスといった形でつくりだせるうえに土壌改良までできてしまうのです。本章は、この画期的な仕組みをつくりあげたエコエラ社のストーリーを経済的側面、環境貢献の面、そして社会の持続可能性に関する観点から取りあげてご紹介します。

背景：最初のアイデアとその後の改善

エコエラが立ち上がる出発点となった、「農業廃棄物から燃料ペレットをつくる」というアイデアは、もともとは EU 域内の大学や研究所、政府機関が関わるバイオアグロというプロジェクトに端を発するものでした。そこには、バイオエネルギーを専門とするコンサルティング会社のエーファブ社、種子事業会社のスコネフレ社、そして燃焼に関するテクノロジーを提供するホッタブ社が、2006 年から関与していました。

バイオアグロの目的は、穀物の皮や殻、ワラといった農業廃棄物から質の高い燃料ペレットを生成することにありました。当時、農業廃棄物から燃料として利用可能なペレットをつくるといった試みにはほとんど前例がありませんでした。燃料ペレットと言えば、おがくずを原料とするものがふつうだったからです。しかし、おがくずを原料にしたペレットに対する需要は高まっていたものの、おがくずそのものの供給量は減少を続けていました。そのため、農業廃棄物由来のペレット生成実現を目指すバイオアグロ・プロジェクトは画期的なものとしてとらえられたのです。

バイオアグロの基本的な構想は、熱源として石油燃料を代替できる燃料ペレットを生成するために理想的な農業廃棄物の配合を特定することでした。この配合さえ特定できれば、ペレットの燃焼効率を最大化できるだけではなく、排気ガスの酸性度を抑え、燃えかすの灰も肥料として使える、と目されていました。このコンセプト自体は現在のエコエラの仕組みの中でも生きています。違いは、それよりももっと多くのことが可能になったことなのです。

もともとのアイデア：特定農業廃棄物から農作物由来のペレットを生成する

技術的背景について

極めて簡単にまとめると、バイオアグロの出発点となったアイデアというのは「農業廃棄物を使って再生可能な燃料を開発する」ということでした。一般的に言って、植物の皮や殻、ワラといった廃棄物は、ペレットにして炉で燃やすには硬すぎて非常に効率が悪いものです。そこで、環境に負荷をかけない添加剤を特別な配合レシピ——「アグロペレット処方」と呼ばれました——にしたがって加えることで、既存の燃焼炉で利用できる標準的なペレットを生成し、一般市場向けに流通させようとしたのです。

PART II: CASES

アイデアの発案者とその関心について

このアイデアは、アグロペレット処方を確立し、そこで使われる添加剤をバイオアグロ・エネルギー・システムという、より大規模な仕組みに組み込むことで自社ビジネスを拡大しようと考えた種子事業会社とバイオエネルギーの専門家によって発案されたものでした。この取り組みは、下記の五人が主要メンバーとなって EU のライフ・プログラム（環境・気候関連の研究実践を財政支援する取り組み）の助成を受け、発足しました：

- スヴェン＝オロフ・バーンホフ（バイオアグロ施設管理責任者兼プロジェクトマネージャーであり、種子事業会社スコネフレの経営者を務めていました）

- ベン＝エリック・レフグレン（再生可能エネルギー事業会社 IRETI の CEO であるとともに、在スウェーデン米国大使館から表彰を受けた環境テクノロジー専門のコンサルタントであり、バイオエネルギー関連の業界に幅広い人脈を持っていました）

- フォルケ・ギュンター（バイオチャーおよび炭素の取り扱いに関する研究分野において、スウェーデンで最も高名な研究者の一人）

- フレドリク・カールマン（投資やマネジメントの実績を持ち、ロシアにおける再生可能エネルギー事業の経験を持っていました）

- デイビッド・アンデルソン（農業の経験を持つ分子生物学者で、バイオビジネスの起業家。ごく小規模なスタートアップと大企業の両方で働いた経験を持っていました）

新規性と FTO

プロジェクトが立ち上がった当初は、新規性の点で不透明な部分がありました。実験室レベルでは、既に同じアイデアが米国で実現されていたからです。そこでバイオアグロのメンバー達は、種子の籾殻を燃料ペレットの生成に用いる技術に着目しました。殻はバイオ燃料の燃焼効率を落とすと考えられていたため、ほぼ手つかずの研究領域として残っていたためです。

プロジェクトを進めるにあたって、特許は（少なくとも開始当初は）問題とはなりませんでした。農業廃棄物からペレットを生成する手法に関する特許は存在していましたが、内容に問題があり、実質的な効力を有するものではなかったからです。以上の状況を踏まえ、バイオアグロのメンバーはプロジェクトを前に進める余地は十分にあると判断しました。

今後の利用可能性

社会にとっての価値と顧客にとっての価値

地球温暖化と原油価格の上昇（当時）をみると、バイオアグロ・プロジェクトが社会に価値をもたらすことは明らかでした。なにしろ、ペレット生成のための原料の配合レシピおよびバイオア

第 11 章　持続可能かつ環境にやさしい農業

グロの施設・設備と一体となったテクノロジーによって、農業廃棄物を使い勝手の良いペレット型燃料に「昇華」させることができるのです。これによって、それまではコストをかけて処理していた廃棄物を市場価値があるペレット燃料に生成できるということで、これはさまざまな関係者に大きな機会を提供するものでした。

エコエラの事業において典型的な顧客となったのは、大量の農業廃棄物をつくりだしていた種子事業会社や農業生産法人でした。こうした企業は、自身の顧客である顧客の要望に応えるために質の高い農作物の種子をつくりだすことに力を注いでいました。その結果、廃棄率が高くなったとしても一定の質に達しない種子は流通されなかったため、農業廃棄物の増加が社会問題になっていたのです。

たとえばポーランドの市場では、当時施行開始された法律により、種子事業会社は廃棄物を埋め立て廃棄するのではなく（そうすると土中で腐敗して、二酸化炭素の 23 倍もの温室効果をもたらすというメタンガスが発生するため）、再利用することが求められるようになっていました。こうした企業は、エコエラとペレット生成のライセンス契約を交わすことでバイオアグロ施設を建設できるようになり、廃棄物をペレットに生成して販売することができるようになったのです。

価値提案（誰に、どんな価値を、どうやって届けるのか？）

上記の通り、エコエラ社の主要顧客は大量の籾殻や残渣といった農業廃棄物を出す種子事業会社や農業生産法人でした。業界を代表するような大規模農場からは、バイオアグロの仕組みをまわすために十分すぎるほどの量の廃棄物が出されていたのです。種子事業会社は生産した種子を製品化する過程でふるいにかけて選別するため、これまた大量の植物性廃棄物が発生します。これらは通常焼却または埋め立て処分されていたため、メタンガスを排出し、また多大なコストがかかってもいました。

今のところ、種子事業会社が通常ルートで廃棄物を処理しようと思うと 1 トンあたり 650 スウェーデン・クローナほどコストがかかります[120]。しかし、エコエラとライセンス契約を結ぶことによってバイオアグロ・エネルギーの設備とペレット生成のための処方レシピが使えるようになると、それにしたがって廃棄物と添加剤を配合・加工して、生成されたペレットを 1 トンあたり1,500 クローナの収益に変えることができるのです。

また、バイオアグロ・エネルギー・システムを利用するようになった企業は、化石燃料への依存度削減にも貢献することができるようになります。バイオアグロ施設で生成・生産されたペレット燃料は発電所や空港、省庁・役所などでエネルギー源として利活用されます。現在ではおがく

---

[120]　2017 年 1 月末時点のレートで換算すると、650 スウェーデン・クローナは日本円にして約 8,500 円弱。

PART II: CASES

ずを主原料とした木製ペレットの値段が高騰していることもあり、これらの諸施設の燃料費削減にも一役買っているのです。

潜在的市場性：ビジネスモデルと市場規模概要

世界全体でみると、おおよそ160億トンもの農業廃棄物が毎年排出されています。これは上述したアグロバイオの実績に照らし合わせると、240億クローナ（日本円にして約3,120億円）もの市場が眠っている、ということになります。これらの廃棄物のうち、利用可能なエネルギー源、またはその原料として活用されているのはわずか1％にすぎません。

図11-2：バイオアグロ施設の外観。ここでペレットを生成、1,250kWの高熱炉でバイオチャーに加工する

言い換えると、現在大量の廃棄物の処理に追われている、規模の大きな農場や企業というのは、大きなビジネスチャンスを手にしていると言えるのです。バイオアグロで生成された燃料は現在1,500クローナで取引されており、これは木製ペレットよりもはるかに安い価格です。現行のビジネスモデルでは、バイオアグロ施設（図11-2）を利用し、独自のレシピにもとづいて52種類の植物性廃棄物および添加剤を最適なバランスで配合することによって生成されたペレット燃料1トンあたり10クローナのライセンス料をエコエラは受け取るよう設定されています。

エコエラ立ち上げのプロセス

最初のステップは、燃料ペレット生成の工程を改良するために、エコエラ社が後にアグロペレットとして結実する配合レシピ開発に取り組むメンバーを雇い入れて研究開発（R&D）部門を拡大したことでした。それと同時期に同社はチャルマース工科大学の無機物環境化学研究センターと提携、大学のアントレプレナーシップ・プログラムの学生がエコエラ社のR&Dスタッフと共同でアグロペレット生成のための添加剤の効力を分析するプロジェクトが発足しました。

この開発プロジェクトはEUの助成金を受けて「バイオアグロ・プロジェクト」に発展、それにより研究の成果がバイオアグロ・エネルギー施設という現実の大規模アグロペレット製造施設となりました。この過程で、イェーテボリ地方振興基金からの120万クローナ（約1,560万円相当）の助成金や、スウェーデンのイノベーション集中実証研究助成金などによる支援も受けることができ、それによってエコエラにおける研究費やスタッフの人件費などを賄うことができました。

さらなる検証と技術および製品開発

エコエラの構想は、今日では正式なEUの支援対象プロジェクト「バイオアグロ」として稼働し、

第11章　持続可能かつ環境にやさしい農業

日々ペレットを順調に生成・生産しています。途中、技術的な面での問題がいくつか浮上したこともありましたが、プロジェクトマネージャーのスヴェン＝オロフ・バーンホフと彼のチームの奮闘により、施設は無事完成しました。

バイオアグロ・エネルギー施設にはこれまでに50カ国近くの国々から1,000人以上の見学者が訪れており、このプロジェクトは欧州委員会によって、「2005〜2009年の期間中にEUライフ・プログラムの財政支援の対象とされたなかで最優等」という評価を受けています。

エコエラの事業拡大に欠かせない特質と今後の外部連携の可能性

農業廃棄物由来のペレット事業をさらに成長させるには、その生成に使われるエコエラ独自の配合レシピ──アグロペレット処方──を軸としたバイオアグロ・システムというソリューションを必要とする企業や組織をみつけて拡販につなげる営業部隊が必要となります。このためにエコエラは2010年1月、バイオアグロ・エネルギー・エスタレーン社を設立。この子会社と独占契約を結ぶ形でアグロペレット処方のデータベース利用を含めたバイオアグロ施設のライセンス営業を機動性高く行える体制を整えました。その直後から問い合わせが世界中から相次ぎ、エコエラが開発した農業廃棄物処理と再生可能なエネルギー源の生産、そして環境改善の仕組みを一体化させたソリューションに対するニーズが大きいことが実証されました。

しかしながら、ここまでに説明してきた仕組みは、あくまでもより持続可能性が高いソリューションの実現に向けた第一歩にすぎませんでした。開発者の一人がペレット生成の技術をさらに発展させ、「バイオチャー炭素分化」という新たなテクノロジーを開発したのです。当初はこの新技術に関する知見がまだ不十分だったために一旦却下されましたが、その後改めて研究が進められると、そこにはペレット事業を上回るポテンシャルと事業機会が秘められていることが明らかになりました。今度は、こちらのストーリーについてご紹介していきましょう。

革命的転換：バイオチャーによる事業機会創造

さて、「バイオチャー」とは一体何でしょうか？バイオチャー技術とは、バイオアグロ施設で生成された植物由来のペレットに熱を加えて、合成ガスと生物性の木炭（Biological charcoal）、すなわちバイオチャーを生成するというコンセプトのテクノロジーです。これによって生成されたガスは他の生物ガスと代替可能なエネルギー源として利用可能で、熱源として用いられるだけでなく、バイオ燃料の生成・製造にも活用できます。

バイオチャーは、生物活性を保った木炭であり、土壌に混ぜ込むことで肥料となります。研究により、バイオチャーによる土壌改良効果で農作物の生産性が上がり、収量が最大で倍近くになることが実証されています。エコエラが行ったスウェーデンでの実証実験では、乾燥した砂質土にバイオチャーを散布・混入することで作物の収穫量が33%向上することが示されました。

161

PART II: CASES

図 11-3：バイオチャー（イメージ）

バイオチャー（図 11-3）は、植物によって吸収あるいは分解されることはありません。では一体どのようにして農作物の収量に影響するのかと言うと、バイオチャーは土壌内で微生物の活動を促進する触媒として作用し、同時に、植物の成長に有効な各種の栄養物質を保持する役目を果たすのです。さらにバイオチャーに閉じ込められた炭素は、理論的にはそのままの状態で1,000 年間安定するとされています。比較のために木を植樹した場合を考えると、平均して萌芽から 65 年経つと木は枯れたり伐採されたりするため、その時点で木に取り込まれていた二酸化炭素が大気中にまた放出されてしまいます。つまり、バイオチャー技術は（二酸化炭素の放出量を削減するのではなく）大気中の二酸化炭素量そのものを削減する画期的な手段となり、農業だけでなく環境保護の面でも大きなメリットをもたらすものなのです。

バイオチャーによる二酸化炭素削減量は定量的に測定可能なため、これまでにないカーボン・オフセット手段として市場価値を持つことになります。当然、エコエラ社はこれを狙ってカーボン・オフセット市場に参入しました。本章の冒頭、図 11-1 で示したように、農業廃棄物をバイオチャーに生成することで二酸化炭素を物理的にその中に閉じ込めることができます。目にみえない二酸化炭素を、手にとって触ることができる木炭に変え、それを土壌に混ぜ込むことで二酸化炭素が大気中に放出されるのを防ぐことができるのです。

このテクノロジーによる農業および廃棄物処理プロセスにおけるメリットも、また非常に大きなものです。農業廃棄物をバイオチャーに生成し、継続的に土壌に戻すサイクルは 150 年以上にわたって持続可能であると推定されています。スウェーデンでは、全国の三分の一の農場にバイオチャーを展開することで、国全体で考えたときの二酸化炭素排出量をゼロどころかマイナス、つまり他国が排出したぶんの二酸化炭素量をカバーすることさえできてしまうという試算があります。世界的にみると、バイオチャーをはじめとする持続可能なテクノロジーや新技術を活用することによって、現在の二酸化炭素排出量の 12%に相当する量に対応ができるようになると考えられます。しかも、こうした温室効果ガス削減効果はすべて土壌改良と農作物の収量増加という、それだけでも素晴らしいメリットと合わせて実現が可能なのです。

このようにカーボン・オフセットも絡めたバイオチャー関連技術を軸にしてビジネスプラットフォームを構築していくとき重要なのが、テクノロジーの供給サイドではなく、ビジネスの需要サイドに視点をおいて市場を創造していくことです。この革新的なビジネスを展開するにあたり、エコエラは顧客候補としてスウェーデン各地の農場を三つ選定してバイオチャーを販売しました。

炭素を分化・固定するバイオチャーのようなやり方は、現在のところ、カーボン・オフセットの手段としては他の選択肢よりも初期費用は高くついてしまいます。しかし、バイオチャーを用いて土壌改良を行うことで 15%から最大で 33%もの収穫量増加が見込めるといった実証実験結果など、バイオスフェア™プラットフォームが生み出すその他の効果も合わせて勘案すれば、価格はより競争的なものになります。

バイオチャーによるカーボン・オフセット事業のもう一つの重要顧客は、頻繁に航空機による移動を行う事業主たちです。ビジネスで世界各地に役員や従業員を派遣する事業主は、それによって多大な二酸化炭素排出に加担していることになります。しかし、バイオチャー事業によるカーボン・オフセットを購入（推計された二酸化炭素削減量に対して資金を拠出）することによって、そうした企業でも二酸化炭素排出量をプラスマイナスゼロ、あるいは二酸化炭素削減に貢献することができるようになるのです。これは、社会貢献意識の高い先進的な組織にとっては、特に PR 面および費用対効果の面で実に魅力的な施策となりえます。バイオスフェア™プラットフォームが予定通りの規模で完成すれば、二酸化炭素 1 トンあたりの削減費用はわずか 500 スウェーデン・クローナ（6,500 円弱）になると想定されています。これは、他の二酸化炭素対策――その多くは植樹です――と同等の費用になります。そして勿論、前述の通り、バイオチャーによる二酸化炭素削減効果は最大 1,000 年以上という、はるかに長い期間にわたって持続するという違いもあります。このことによって、これまでは増え続ける二酸化炭素排出量の増加幅をいかに小幅に抑えるかという議論しかなされていなかった地球温暖化の議論に、初めて二酸化炭素の量そのものを半永久的に削減するというオプションが生まれたのです。

エコエラ社の事例にみられる課題と解決プロセス

課題 1：「逆転型技術移転（Reverse Tech Transfer）」

最初の課題となったのは、「逆転型技術移転」とも呼ぶべきものでした。通例「技術移転」とは、大学や研究所で開発された新たなテクノロジーをビジネスに転換・応用するプロセスのことを指しますが、エコエラの場合はむしろビジネスが起点となってイノベーションを引き起こしました。先に解決すべき課題――再生可能な燃料ペレットをつくり、さらにそれを画期的なカーボン・オフセットの切り札としてバイオチャーに生成する――があって、そこから大学を新規の研究開発プロジェクトに巻き込んでいったのです。

こうした流れでは、共同研究先となる学部・研究室を選定し、知的財産の所有権を適切に整理するために多くの時間と労力が必要になります。幸い、エコエラの事例ではプロジェクトそのものが（共同研究の主要連携先であった）チャルマース工科大学内部で発足したものであり、関係者間の関係性が既に確立していたため、この点は比較的スムーズに調整が進められました。

PART II: CASES

課題2：EUの研究プロジェクトから新規事業を生み出す

二つめの課題は、もともとEUからの研究助成金を受けて進められていた開発プロジェクトと、実際に新たなビジネスを立ち上げることとのバランスをいかにとるかということでした。エコエラ立ち上げの元となったバイオアグロ・プロジェクトは、環境の保護と改善を目的とするライフ・プログラムの助成対象として欧州委員会から資金的なサポートを得て進められていました。こうしたプロジェクトは、その性質上国際的な色合いが濃く、官民連携（public-private partnership、PPP）の仕組みの中で各国の自治体と主に中小規模の企業、そして大学が協働しながら進行することもあって、研究目的が主となります。

そこでプロジェクトのパートナー企業の一つが、チャルマース工科大学を巻き込んで研究の実用化を目指す同大学のプロジェクトを別途立ち上げ、そこでEUプロジェクトであるところのバイオアグロと連携して新素材燃料「バイオアグロ・ペレット」の開発を行う、というビジョンを描きました。チャルマース工科大学には、大学院生が一年間をかけて実際に起業し、自らの会社を立ち上げる「プロジェクト・イヤー」という仕組みがあります。ここにエコエラのプロジェクトを組み込むことで初期の活動資金を確保し、さらなる開発資金の獲得と事業の本格始動を目指してエコエラ株式会社が2006年に創立されたのです。

これによって、ある面ではEUプロジェクトの研究開発パートナーでありながら、別の面では独立した企業体である、というエコエラの立ち位置が可能になりました。ただし、ライフ・プログラムは研究プロジェクトが助成期間を終えて完了するまでそこで生み出された成果の商用化を禁じていたため、エコエラにとっては、ペレット生成のための独自処方に関する知的財産権の取り扱いの面で課題が残りました。バイオアグロ・プロジェクトは2009年11月30日まで助成期間を残していたため、それまでの間、エコエラはEUにプロジェクトの管理を一部委託すると同時に、バイオチャーの開発と市場開拓という新たなイノベーションに力を注ぐことになったのです。

課題3：革新的なカーボン・オフセット事業のビジネスモデルを確立する

ペレット処方を開発してそれをバイオアグロ・エネルギー施設での生成プロセスに組み込んだ後、次に課題となったのがバイオチャーです。特に、その特性とさまざまな分野につながる構造を活かして二酸化炭素削減のためのプラットフォームと関係者のつながりを構築することが大きなポイントになりました。ここで大きな壁となったのが、大気中から二酸化炭素を取り除くことができる、というコンセプトをいかに伝えていくかということでした。

先ほど述べた通り、バイオチャー技術が確立するまで、地球温暖化対策と言えば温室効果ガスの排出量をいかに抑えるかというパラダイムしかありませんでした。圧倒的多数の人々にとっては、いまだにそうだと思います。そのため、二酸化炭素排出量の増加はどうしようもないものではな

164

第11章　持続可能かつ環境にやさしい農業

く、炭素を分化することによって実際に二酸化炭素量そのものを削減することができるのだという考えは、まだまだ世界的に知れ渡っているとは言えません。この状況を打破するために、エコエラは言葉だけではなく、行動でコンセプトを証明しようと——バイオチャー技術が現実に機能することを示し、大いなる前例を打ち立てようと——しているのです。

今のところ、原料となる農業廃棄物由来のペレットと低コストでペレットをバイオチャーに生成する熱分解設備はバイオアグロ・エネルギーの専有資産であり、オープンにはされていません。ただし、エコエラはスウェーデンの代表的なバイオチャー技術開発チームとも連携しており、「二酸化炭素排出量は今日の水準よりも減らすことができるし、大気中の二酸化炭素量そのものを削減することも可能である」という事実を世間一般に知らしめることを今後の重要課題に掲げています。地球の平均気温が現在よりも2℃上昇しただけで、現在の人間社会は崩壊すると言われています。これを防ぐために、多くの国々、特に工業先進国は2050年までに二酸化炭素排出量を削減する仕組みを構築しなければなりません。そのためには、既に大気中に含まれる二酸化炭素を取り除くこと——すなわちバイオチャーのように、二酸化炭素排出量ではなく二酸化炭素そのものを削減する技術が必要となります。

この点に関して、エコエラは米国のミネソタ・バイオビジネス・アライアンスを含む世界中の顧客・パートナーと連携することで、世界初となる排出権取引の新たな仕組みを構築することに成功しました。さらに、バイオチャー技術に関する研究開発および関連産業との強固な協力体制を築くことにより、バイオチャーを活用したカーボン・オフセットの世界標準の確立を目指す動きが始まるなど多くの成果があがるようになってきています。

このようにして、当初は籾殻やワラなどの農業廃棄物を混ぜて火にくべるというシンプルな取り組みから始まったエコエラ社は、現在ではバイオチャーの生産とバイオチャー技術に軸をおいたカーボン・オフセットおよび土壌改良ビジネスにおけるリーディングカンパニーとなったのです。

課題4：バイオスフェア™プラットフォームにおけるバリューチェーンの複雑性

バイオチャー技術のような環境保護ビジネスの難しさは、一つには（第3章で取りあげた）「共有地の悲劇」、つまり、全体を資するものだけれども個人にとって直接の利益に（少なくとも短期的には）ならないようなプラットフォーム構築の費用を誰が負担するのかという点にあります。そうしたプラットフォームを構築するのは起業家の役目でしょうか、それとも既存の企業がそれを担うべきでしょうか？

実際には、起業家と既存企業とが協力し合うのが最も可能性としては高いわけですが、だとするとそのコラボレーションの取りまとめは誰が行えばよいのでしょう？本章で取りあげた事例に関して言うと、これまでのところはエコエラ社がそうした取りまとめの役割を果たしてきました。

165

PART II: CASES

しかし、これはそうなることが自明だったわけではありません。エコエラは、できあがりつつある仕組みに便乗して、単に自社の利益を追求しているだけではないかという非難を受けてつぶされてしまう可能性も大いにありえたからです。

エコエラが構築したプラットフォームは、（1）農業廃棄物処理のコスト削減、（2）合成ガスの利活用、（3）気候変動対策、そして（4）バイオチャーによる土壌改良という、四つの経済的な価値をそれぞれ異なるステークホルダーに対して提供しており、これら一つひとつについて原理的にプラットフォームが機能することを実証したうえで、別個のビジネスモデルを設定しています。次の段階では、（理論上、原理的に機能することを示すだけでなく）各ビジネスモデルについて実験・試行を進め、それぞれの有効性をさらに確立するとともに、全体をバイオスフェアという一つのプラットフォームに結びつけていくことが求められます。これによって、エコエラは上記の四つの提供価値、すなわち収益の源泉を一つのプラットフォームに統合して利益を生み出す世界初の企業となることを目指しているのです。

エコエラのバイオスフェア™プラットフォームを通すことで、農業廃棄物1トンにつき、どれだけの付加価値が創造されうるかを大まかに計算してみましょう：まず、現在のところ農業廃棄物1トンを処理するためには650スウェーデン・クローナ（約8,500円）のコストがかかっています。農業廃棄物をペレット、そしてバイオチャーの原料として活用することになれば、このコストまるまる浮き、代わりにそれらの廃棄物がバイオアグロ・ペレットとして生まれ変わることで1トンあたり1,500クローナ（2万円弱）の価値を持つことになります。ここにカーボン・オフセットの対価として500クローナ、さらにバイオチャー事業から200クローナの追加収入が生まれるのです。ここからペレット生成および熱分解プロセスに必要な費用を差し引いても、それまで650クローナのコストをかけて処理していた廃棄物から、逆に1,400クローナ弱の経済的価値を生み出すことができるようになります。

以上の計算から、エコエラの仕組みは構造的には充分採算がとれると結論づけられます。しかし、現実にこれらの仕組みをまわすための物理的な設備の建設は大きな課題として残されています。また、環境保護についての議論は二転三転することが多く、世界的な目標値もなかなか定まらないなか、二酸化炭素の排出と削減に関するコストおよび対価をどう算出するかを決定づける法整備も、同社の事業の採算性を左右する大きなポイントとなります。

まとめ：つながりこそが究極の「知的資産」であり、それは当初のアイデアよりも重要である

研究者、ビジネスリーダー、その他さまざまな貢献をなした人々のつながりがなければ、今日のエコエラの姿はありませんでした。エコエラは、WWF（世界自然保護基金）から「環境保護に最も貢献する12の起業家集団」の一員として選出され、それによって数多くの研究者や政治家と

のつながりができ、また、ブランドも大きく向上させることができました。エコエラの根幹を成すアイデアとテクノロジーは、低炭素社会を近い将来実現させるための重要なイノベーションとして著名な大学教授や政治家、ビジネスリーダーから認められています。このつながりを通して、エコエラは世界中の学会やカンファレンスに招かれ、たとえば米国で事業を紹介する機会を得ることなどもできました。

こうした中で新たなアイデアが生まれ、バイオスフェアのプラットフォーム構想へとつながっていったのです。それまでは農業廃棄物からペレットを生成するというコンセプトにもとづいて設計されていた仕組みが、これによってさらに発展・拡大しました。そして、長い時間をかけて議論を重ねた末に、この章でご紹介した一連のテクノロジー、設備・資産、そして必要なリソースを一つに統合したバリューチェーンが完成したのです。

社会の持続可能性に資するビジネスを立ち上げることに関して付言すると、そこでの主たるミッションは（エコエラ以前の農業廃棄物がそうだったように）現時点ではまだその価値を定量的に示すことが難しいものから目にみえる価値を生み出し、清浄な空気やきれいな海、豊かな大地、生物多様性といった成果を形にすることであると考えられます。天然資源を消費することで成り立っている現代の産業社会は、容易に「共有地の悲劇」に陥ってしまいます。しかし、アイデアとテクノロジーの力を正しく使うことでこの構図は変えることができるのです。近い将来、自然環境への貢献度は企業のバランスシートの重要な項目となるはずです。その将来を先取りしたエコエラのような先進的企業の取り組みは既に始まっているのです。

第 12 章　より持続可能な素材の開発を目指して──セフィブラの事例より

Thomas Bräck, *re8 Bioplastics*

本章では、自然由来の繊維とプラスチックを組み合わせることでより持続可能性を高めた材料工学テクノロジーが、いかにして「セフィブラ」という新たなビジネスコンセプトに結実していったかについてご紹介します。

もともとの発端となったアイデア

テクノロジーの概要について

セフィブラの起点となったイノベーションは、チャルマース工科大学（Chalmers University of Technology、以下「CUT」）で行われていた、主にセルロース繊維に焦点をおいた複合性物質およびポリマー（高分子）系物質に関する研究から生まれました。

ここから、ポリプロピレンとセルロース繊維を用いて新たな複合素材を生み出す技術が開発されたのです。この技術によって、それまでクラスター状の繊維につきものとされていた品質の不安定性と大量生産時の高コストという問題を解決することができるようになりました。そのおかげで、これまでなかった新たなタイプの複合素材を大量生産することが可能になったのです。

アイデアの発案者とその関心について

この着想は、CUT の高分子物質科学の教授アンタル・ボルディザールの研究から始まりました。ボルディザール教授は、ある博士課程の大学院生との共同研究の中で得られた成果に可能性を見出し、研究プロジェクトに関わっていた企業の関係者に対して新たなテクノロジーを実用化できるチャンスではないかと持ちかけましたが、その企業は興味を示しませんでした。そこで彼は、（大学院生が先端技術を検証して起業につながる可能性を探る）チャルマース工科大学のアントレプレナーシップ・プログラムに研究成果を持ち込み、それを商用化して世に出すことができないかを評価してもらうことにしたのです。

アイデアの新規性について

本章で取りあげるスタートアップ企業、re8 バイオプラスチック社のコア技術は、自然から採取できる長細繊維を用いて高機能な生物由来の複合素材をつくりだすテクノロジーにあります。

従来、自然由来の繊維を使ってプラスチック素材を強化しようとすると繊維がクラスター状になって品質がかえって劣化し、製品にしたときの性能が悪くなったり、大量生産の際にコストが高くついてしまったりしていました。しかし、他業種からの知見を組み合わせることによって、ボルディザール教授らのテクノロジーはこれまで誰も乗り越えられなかった問題を解決したのです。

PART II: CASES

FTO について

この技術の新規性について re 8 のメンバーが検討したところ、自然素材によるプラスチックの強化に伴う問題を（ボルディザール教授らとは違う）さまざまな繊維素材を使って解決しようと試みた研究者や企業は数多くいたことが分かりました。しかし、ボルディザール教授らの技術そのものの内容は他と一線を画すものであり、また、そこから生み出される素材でつくられた製品の性能・品質もずば抜けて高いものでした。そのため、この技術を使う場合に排他的特許に阻まれるということはなかったのです（同時に、他の研究者や企業が別の素材、材料を使って同じ問題に取り組むことを防ぐこともできませんでしたが）。

最終的に re8 プロジェクトチームは、最終的な製品ではなく、素材をつくりだす技術についての特許を申請しました。本来であれば、製品そのものを特許による保護の対象としたほうが、製造技術を特許化するよりもこの場合は強力だったと思われます。しかし、ボルディザール教授らの研究から生み出された製造技術は画期的発明であり、それによってつくりだされる製品の性能は他を圧倒するものでした。そのため、チームはこの技術を押さえるだけでも充分強力な防御策になりえると判断したのです。

今後の利用可能性

社会にとっての価値と顧客にとっての価値

石油に対する依存度を減らすことは、社会にとっては環境保護の面で、プラスチック産業界においては経済的な面でメリットがあります。ボルディザール教授らのテクノロジーによって開発された新素材「セフィブラ」を用いることで、石油からつくられたプラスチックの使用量——ひいては石油への依存度——を減らすだけではなく、新たな製品をつくりだし、さらに、これまで難しいとされていた高機能複合素材をリサイクルすることまでも可能になりました。

セフィブラは、射出成形や押し出し加工といったプラスチック加工に用いられるものです。その応用範囲は広く、関連する産業も家具やスポーツ用品から自動車、各種産業用機器など、多岐にわたります。この新素材を活用することで石油由来のプラスチックの使用量を削減し、しかもそれと同時に、剛性や強度、軽量性といった面で従来よりもはるかに優れた製品をつくることができるようになったのです。

価値提案（誰に、どんな価値を、どうやって届けるのか？）

セフィブラは、プラスチック加工業者に新たな可能性をもたらします。しかも、それは限られた分野だけではなく、実に幅広い製品カテゴリーにわたって、従来の素材に変わるものとなるのです。セルロース繊維を配合することで強度が向上するため、プラスチックの使用量を大幅に減ら

すことができ、しかもこれまでは強度の都合上不可能だったデザインが可能になって、耐久性も向上します。

この素材は、中間および最終製造業者、あるいは大規模生産者向けに、保存と加工に便利な粒状の状態で供給されます。セフィブラそのものの製造は、ライセンス契約を通して取扱業者が行う部分もありますが、一部は re8 が内製しています。価格は 1 キロあたり 12〜16 スウェーデン・クローナ（150〜200 円強）、ポリスチレンやガラス繊維強化型ポリプロピレンなど類似の機能を持つ素材と同程度に設定してあります。

潜在的市場性：ビジネスモデルと市場規模概要

プラスチック関連市場は非常に規模が大きく、しかも近年、石油由来のプラスチックの使用量を減らし、素材の機能性を高めるために天然繊維強化型プラスチックを用いたバイオ複合素材が相次いで開発され、さらに市場は拡大しています。こうした中で、セフィブラが参入しうる市場として有望なものの一つがプラスチック複合材（wood plastic composite、通称「WPC」）です。WPC のマーケットは過去 10 年間で 300％もの成長を遂げており、2007 年にはヨーロッパだけで 20 億クローナ（約 258 億円）の規模になっています。

具体的な製品として、re8 は衣服用のハンガーを最初の商材に選びました。セフィブラを粒の状態でプラスチック加工業者に販売し、それを加工業者がハンガーにして卸業者へと引き継ぎ、最終的にはアパレル業界の企業へと販売されていく、という事業モデルです。

re8 バイオプラスチック立ち上げのプロセス

テクノロジーの商用化に向けたアプローチ

このプロジェクトにおける最初のステップは、プラスチック業界のさまざまな関係者に片っ端からコンタクトをとり、マーケットについての理解を深めることでした。潜在的な顧客や取引先、パートナーとなりうる人たちと議論を交わすことで、re8 が手にしていた新素材──セフィブラ──が、ガラス繊維強化型プラスチックなどの従来からあった素材と比べて多くの利点を持っていることが分かりました。また、この過程でプラスチック加工業者がまさにセフィブラのような新素材を強く求めていることも発見できたのです。関係者の多くは協力的で、re8 メンバーの疑問に快く答え、素材のテストにも力を貸してくれました。

事業立ち上げのプロセスを開始してすぐに、re8 のメンバーは業界の経験が豊富な人々をチームに巻き込む必要があることに気づきました。そこでメンバーたちは取締役会の設置を目標に定め、それぞれのつてをたどって多くの話し合いを重ね、プラスチック産業に造詣が深い人々を探すことにしたのです。ほどなくして re8 のメンバーは、長年プラスチック業界に携わってきた経験豊

PART II: CASES

富な起業家と、スウェーデンのプラスチック業界最大手の企業の一つで技術部門の責任者を務めていた人物に巡り会いました。また、ここでの奔走と議論は、さらに多くの取引先や顧客の候補を見つけ出すことにもつながりました。一例を挙げると、re8 とセドラ・スコグセガルナ社との連携が実現し、後者が持つパルプ繊維を使って新たなバイオ複合素材を共同開発するプロジェクトがここで立ち上がったのです。

こうしたネットワーク面での拡大と同時に、re8 メンバーは CUT 内部、そしてコンサルタントやプラスチック関連企業と合同で、技術面での開発と検証も進めていました。この検証結果次第で新素材の可能性の幅が決まり、それによって re8 のビジネスモデルの様相も変わってきます。また、技術検証は知的財産権とその保護にも影響してきます。この時点で既に re8 は、（前述したように）当初のライセンス生産販売のモデルを修正して一部の生産工程を内製化していました。

顧客サイドに関して言うと、re8 が当初接触した見込み顧客はみな好意的であり、セフィブラについても非常に強い関心を示していました。そのため、メンバーたちは素材の性能表をみせさえすれば、こうした顧客はきっとすぐに購入してくれるだろうと思いこんでしまったのです。

しかし、製造規模を拡大したテストを行ったところ、素材にはまだ難点があることが判明しました。そこで re8 は、まず一つこれだと言える製品を開発することに注力し、さらにそれを市場に出すためのパートナーを探すことにしました。この頃、試みに新規開発した素材をホッケーのスティックに使ってみたところ、プラスチック加工業者のフリスタッド・プラスト社がそれに目をとめてくれ、最初の製品が誕生しました。この製品は X3M のブランドで発売され、世界選手権五度の優勝経験を誇るスウェーデンのホッケー代表選手ニコラス・ジーデなど多くの一流選手に愛用されましたが、残念ながらしばらくするとメーカーが生産拠点を中国に移すことを決定し、re8 の関与はそこで途切れてしまいました。

その後、re8 は別の成形加工業者、ハンマープラスト社（HB）と接触します。当時 HB は、新製品である収納ボックスに使用する素材を探していました。このボックスは特殊なデザインだったため、（今日では通常のプラスチックでつくられていますが）より高機能な素材でなければ成形が難しかったのです。ガラス繊維強化素材は、強度の面では申し分ありませんでしたが、リサイクルできないこと、製造機械に損傷を与えること、使用法によっては裂けてしまう危険性があることなどから使用しづらいものでした。言い換えると、re8 にとってはそこに明確な顧客価値が見出せたのです。HB は企業としての評判も良く、ビジネスをするにはうってつけの相手でした。そこで re8 は主力製品をホッケースティックから収納ボックスに切り替えることにしたのです。

第 12 章　より持続可能な素材の開発を目指して

さらなる検証と技術および製品開発

この頃、re8 のメンバーたちは、同じようなスタートアップ企業をいくつもまわり、会社の財務面について誰に相談し、資金を調達するためにどんなことをすべきかについてのアドバイスを集めていました。その後、先輩起業家や周囲のスタートアップなどからの助言にもとづいて、スウェーデンおよびヨーロッパのさまざまな起業支援プログラムや助成金への応募を決めました。

2009 年、re8 はスウェーデン・イノベーションシステム庁（VINNOVA）からテクノロジー実用化のための助成金を獲得、新製品の開発検証と事業拡大を進めています。さらに、ボルボやレゴ、IKEA、サーブといった大企業もセフィブラをはじめとする新素材に興味を示すようになりました。re8 は、引き続きハンマープラストの収納ボックスを主力製品として注力しつつ、こうした大企業との連携の道を探っています。

re8 バイオプラスチック社の事例にみられる課題と解決プロセス

課題 1 ：「我々は専門家ではない——資源も時間も限られている中で、どうやって業界に関する知見を得て理解を深めるのか？」

革新的なテクノロジーを実用化するにあたっては、その技術的な検証を進めるのと同時に、謙虚さを忘れず先達から学び、業界に関する理解を深めることが欠かせません。re8 のメンバーたちも、自分たち自身が実験室でテストを繰り返したり、研究者や潜在顧客、あるいはパートナー企業と議論したりすることによってテクノロジーに関する理解を深めていきました。

それと同時に、re8 のメンバーたちは業界に詳しい経験豊富な人々で取締役会を構成し、あらゆる人々——特に潜在顧客——から話を聞くことの重要性をしっかりと理解していました。メンバーたちがオープンな姿勢をみせ、謙虚に学ぶ気持ちがあることを示すと、顧客となる人々も門戸を開いて、彼女ら彼らが何を求めているのかを教えてくれました。このとき、re8 のメンバーたちがチャルマース工科大学のプログラムを通して奮闘している、情熱にあふれた起業家志望の若者であったこと、環境にやさしく、性能にも優れた革新的なテクノロジーを手にしていたことが功を奏しました。それらの要素はまさに業界が関心を寄せ、求めていたものだったからです。

また、業界の経験豊富な顔ぶれが取締役会に名を連ねていたことによって信頼性が得られ、役員たちは適切なアドバイスを迅速に提供するとともに、顧客や取引先との渡りをつけてくれる「ドア・オープナー（Door-opener）」としても力を貸してくれました。こうしてできたつながりを通して、顧客や取引先の施設を利用し、素材の検証を進めることができました。

こうした理解の深耕、業界とのつながりは、何も資源を持たないスタートアップであった re8 にとって本当に貴重なものでした。

PART II: CASES

教訓その1：自ら汗をかいてテクノロジーに関する理解を深めるのと同時に、力を貸してくれるオープンな心を持った人たちとのつながりを模索すること！

課題2：リスクが大きいイノベーション開発プロジェクトにおいて、いかに資金を確保するか？

スタートアップにおける大きな制限要件の一つとなるのが、言うまでもなく資金の問題です。

プロジェクトが本当に初期段階、いわゆる「プレシード」にすら達していない状態では、ベンチャーキャピタルが投資をするにはあまりにもリスクが大きすぎます。しかし、たいていの場合、そうした揺籃期にあるスタートアップを支援することを目的とした政府助成金などの公的資金がみつかるものですし、もしプロジェクトの対象が環境技術など、時流に乗った研究開発にあるのであれば可能性はさらに広がります。re8 のメンバーたちは、すでに成功していた他のスタートアップ企業と情報交換を行い、そうした先輩企業の助成金応募書類などを参考にしながら、自分たちの強みとなるポイントを探っていきました。そのうえで、さまざまな助成金プログラムを通覧してそれぞれの要項を詳細に研究し、環境とテクノロジーに強みを持つ re8 にマッチするものに狙いを絞って応募していったのです。

資金調達に関しては、一つの成功がさらなる成功を呼び込む、ということも付言すべきでしょう。re8 も、ある投資家からの資金調達がプロジェクトに対する信頼性の証となり、より大きな可能性を示すなによりの指標となりました。この意味で、イノベーションは一回限りの勝負ではなく、（途中で脱落しない限り）少しずつ規模が大きくなりながら何度も続いてゆくプロセスです。そこでは、マイルストーンとも呼ぶべき大きな節目があり、それに達するごとに少しずつ得られる報酬も大きくなってゆくのです。

教訓その2：（特に初期においては）先達企業の成功を参考に、自分たちのプロジェクトの優れている点、強みをアピールして政府、自治体などが提供する競争的資金を獲得せよ。一つの成功がさらに大きなステージへとつながる道を開いてくれる

課題3：顧客が関心は示すが、購入にまでは踏み切らない——どうしたらいいのか？

当初 re8 は、顧客候補となるセグメントを非常に幅広くとっており、事実、数多くの潜在顧客が関心を示していました。しかし、そのうち実際に re8 が開発した素材を購入するにいたったケースは一つもありませんでした。これは今から振り返ってみると、いわゆる「キャズム」を超えようとしていた段階になぞらえられると思います（図 12-1 参照）。

当初から大きな関心を寄せてくれていた顧客は、図 12-1 でいう左端のクラスター、いわゆる「イノベーター」に属する人々でしょう。ここからプロジェクトを実際に持続的に継続可能なビジネスにしていくためには、ふつうイノベーターよりももう少し慎重なアーリーアダプターのさらに

174

第 12 章　より持続可能な素材の開発を目指して

先にあるとされる断絶、「キャズム」を飛びこえていかなければなりません。初期の re8 は、関心を集めこそしたものの、実際に資金を投資してマーケットに挑むところまでのコミットメントを引き出すことはできていませんでした。そのためには、これという目にみえる製品を開発し、それを世に問う手助けをしてくれるパートナーが必要だったのです。この試みが成功すれば、それが突破口となり、さらに多くの製品を市場に投入することができるようになります。

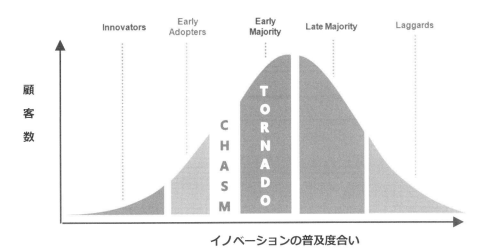

図 12-1：イノベーション普及のプロセス（J.ムーア『キャズム』参照）

そしてビジネスがキャズムを越えていよいよ次のステージに進むと、そこには「竜巻（Tornado、トルネード）」が待っており、一気にビジネスのスピードが加速します。キャズム理論では、このフェーズでどれだけ売上を伸ばせるかがその後の市場シェアを左右するとされており、できる限り迅速に販売量を増やしていくことが重要になります。re8 はこの時期、一気にシェアを伸ばすために、できるだけ多くのプラスチック加工業者に接触し、事業機会を探ることに集中しました。

その結果としてただでさえ少ない経営資源が分散し、ビジネスが一時迷走したという面も確かにありますが、それは re8 にとって、顧客に提供すべき価値が何なのかを見極め、注力すべき製品の方向性を見出すためには必要なステップであったと言えます。この中で、必要と判断されたときには注力製品をシフトする勇気も重要になるでしょう。おそらく re8 も、これから市場を開拓していくにあたって、その主力製品の様相は変わっていくはずです。

教訓その３：顧客が具体的なアクションを起こしやすいよう、名刺代わりになる注力製品を開発し、それを前面に押し出すこと。一旦売上が伸び始めたら一気にシェア拡大を狙うこと

課題４：多様なステークホルダー間の利害、関係性をどのように調整すべきか？

re8 は、非常に経験豊富な人々が取締役となって力を貸してくれたので、その意味では実に恵ま

PART II: CASES

れていたと言えます。しかし、その一方で取締役会での議論はしばしば脱線し、詳細にビジネスプランを詰めることよりも長期的なビジョンや壮大な問いについて延々議論する時間となることがありました。また、具体的にチームが将来進むべき道を見出すことも非常に難しいものでした。これは、役員一人ひとりの見解が違っていたこと以上に、re8 のメンバーたちがチームの立ち上げに投資してくれた人々や取締役会の面々に対して将来会社をどうしていきたいのか、どうやってそれを実現するつもりなのかについてじゅうぶん説明していなかったことに起因していました。

re8 の中核メンバーの一人は、チャルマース工科大学のアントレプレナーシップ・プログラムで先見の明を持ち、承認と感謝を軸とするリーダーシップ（Appreciative Leadership）に関する講義を受講し、本書でも取りあげられているバックキャスティングの手法を学びました。これらの理論と手法を組み合わせたワークショップを実施することで、取締役会が re8 の強みを再発見し、会社の将来像を思い描いて、持続可能なビジネスプランの構築に向けた話し合いが実現したのです。このワークショップを通して、役員をはじめとする re8 の主要関係者たちは初めて一つのビジョンを共有することができ、持続可能性を軸とした同社の事業のあり方を描き出すことができました。さらに、このワークショップによって、re8 のメンバーたちは、自分たちの事業プランとビジョンについて、明確なイメージとともに潜在顧客や取引先候補に語って聞かせることができるようになったのです。

教訓その４：多様なステークホルダー間の共通項を見出し、全員が共感できるビジョンを見出すには、自分たちの強みを認識し、理想とする未来から逆算して考える Appreciative Leadership やバックキャスティングの手法が有効となる

▌まとめ

re8 とセフィブラの事例は、ビジネス――特に、革新的なテクノロジーに立脚したイノベーション駆動型のビジネス――というものがいくつもの挑戦とそこから得られる教訓、そしてまた新たな挑戦という繰り返しの上に築かれるものであることを示してくれています。きっと、このことはより大きな規模の企業にもあてはまるものだと思います。グーグルや IKEA といった、今でこそ世界に冠たる大企業として成功をおさめている会社は、その姿だけをみると創業以来一直線に成長してきたように思えるかもしれません。しかし、実際にその歴史を詳細に分析すると、どんな成功企業であっても、何度も試行錯誤を繰り返し、悪戦苦闘の末にやっと事業機会を見出して今日の成功につなげてきているものなのです。

第 13 章　経済的インセンティブによる持続可能性——ヴェーコ社の事例より

Martin Lackeus, *Chalmers*

本章では、トラックドライバーの運転習慣に変革を起こすソリューションを通じて、環境を保護し、多くの生命を救うと同時に、社会に対しても多大な価値を創造したヴェーコ社の事例を取りあげます。まず、ヴェーコ社が事業を展開したマーケットにおける論理——それは必ずしも社会的な価値に軸足を置いているとは限らず、むしろ経済的利潤と利益の最大化にこそ注力しがちなものです——について検証します。こうしたマーケットの強力で、ときに無慈悲ですらある構造をよく理解することで、社会的な価値を実現しつつ、同時に株主の利益を最大化するような製品をつくりだす可能性を高めることができるのです。ヴェーコ社は、まさにそうしたアプローチの好例だと言えます。

同社の事例を通して、社会的な価値を提供するだけではなく、経済的なリターンも同時に実現しなければ製品はすぐにマーケットの中で淘汰されてしまうことが明らかになるでしょう。地球環境や社会のために良いとされる製品やサービスは数多く世の中に存在しますが、それが顧客にとって相応の対価を支払ってもよいと思えるものでなければ市場に広まることはおろか、ビジネスそのものが長くは続きません。

勿論、こうした費用対効果、投資対効果といったものは必ずしも金銭的なものである必要はなく、たとえば顧客にとって自分あるいは自分が大切に想う人の人生を向上させると感じられるものであればよい、という面もあります。その一方で、もし顧客が金銭的な見返りも得ることができるとしたら、それをてこにしてビジネスの成長を一気に加速させることができます。その一例をご紹介しましょう。

ヴェーコ社について

ヴェーコ社は、スウェーデン第二の都市イェーテボリを本拠地とする会社で、主に運送業におけるIT ソリューションを開発・販売しています。ヴェーコ社の顧客はスウェーデン中に広がっており、イェーテボリに加えて首都ストックホルムとデンマークのオーフスに構えたオフィスでは、40 人の従業員が日々営業やカスタマーサポート、製品開発に勤しんでいます。

ヴェーコが販売するコ・ドライバー（Co-Driver）というプロダクトは、車両のトラッキングおよび事務所とドライバー間のコミュニケーションを行うためのもので、北欧マーケットにおけるナンバーワンブランドとなっています。コ・ドライバーを利用する運送会社は、これによって効率性と生産性を高めているのです。

PART II: CASES

コ・ドライバーを利用することで、運送会社は下記のようなことが可能になります：

- 燃料消費量を6～12%も削減することができる
- 事務所とドライバーの間で、シンプルかつ安価にコミュニケーションがとれる
- 各車両の位置情報を一括して把握できる

コ・ドライバーは、類似の競合製品に対していくつもの強み――たとえば、搭載する車両の車種、メーカーを問わない、いくつもの顧客企業においてコスト削減効果を実証している、など――を有しています。ヴェーコの直接の競合としては、ボルボやスカニアといったトラックメーカー、ローカスやポケットモバイルなどの北欧発IT企業、そして車両マネジメントに特化したベルギー発のトランジックスなどがありますが、ヴェーコはその操作性や使い勝手の良さでドライバーから圧倒的な支持を集めています。

ヴェーコの沿革について

ヴェーコ社は、2001年1月、アンダース・ティングストレームによって創立されました。ティングストレームは、創業のアイデアを持ってチャルマース工科大学のアントレプレナーシップ・スクールの門を叩き、そこで創業メンバーとなるマーティン・ラケウス、マティアス・ヘドルンド、マグナス・グンナーゲルトに出会いました。

2001年、トラックなどの大型運搬車両に搭載するコンピュータ・ソリューションをうまく動かすための要件について徹底した調査を行い、そこからすぐに四人はコ・ドライバーの製品開発に着手しました。そして2002年8月、工業分野の国際見本市エルミア・トレードフェアで製品を発表、スウェーデン市場におけるコ・ドライバーの販売が開始され、ほどなくして最初の実装事例が生まれました。その後、ヴェーコは瞬く間に新たな顧客を獲得していき、大きな成長を遂げたのです。

製品と市場ニーズについて

コ・ドライバーは、事務所にいる運送会社のスタッフと道路を走っているドライバーとの間での円滑な情報交換とコミュニケーションを可能にする製品です（図13-1参照）。インターネットに接続する小型コンピュータ [訳注：2017年現在ではスマートフォン、タブレット

図13-1：コ・ドライバーの仕組みとイメージ

第13章　経済的インセンティブによる持続可能性

のアプリとしても展開]をトラックに搭載し、ドライバーの運転をサポートすると同時に運行情報を自動で収集します。事務所では、コ・ドライバーのプログラムを使って、スタッフが一台一台の車両とあらゆる情報をやり取りすることができます。

近年、トラックにコンピュータを搭載することで車両のマネジメントやドライバーとのコミュニケーション、そして燃料節約などの面で大きなコストカットの可能性がみえてきたことから、車両トラッキングを行うことは珍しくなくなりました。運送業界は競争が激しく、トラック運送会社にとってビジネスの効率性を継続的に高めていくことは生き残りに欠かせません。車両トラッキングの機能として一般的なのは位置情報の取得やメッセージのやり取りですが、最近では燃費の状態をリアルタイムで把握したり、いつ、どこを通ったかという勤怠管理を行ったりする機能も重要視されるようになってきています。コ・ドライバーはこれらの機能をすべて備えており、車両のトラッキングとコミュニケーション・マネジメントに関しては北欧ナンバーワンの地位を占めています。

コ・ドライバーの機能詳細について

どんな情報および情報のやり取りを必要とするかは、運送会社によってさまざまです。そのため、ヴェーコは幅広いサービスを用意したうえで、顧客がそれをニーズに合わせて自由に選べるようにしています。当然、顧客にとっては一部のサービスだけしか使わなければ、それだけ初期投資およびランニングコストを抑えられる、というわけです。コ・ドライバーが提供する主なサービスとその提供価値を図 13-2 にまとめましたのでご参照ください。

コ・ドライバーは月額制サービスのビジネスモデルで展開されており、トラック一台に搭載するには初期費用として約 25,000 スウェーデン・クローナ（32 万円弱）、プラスひと月の利用料が約 300 クローナ（4,000 円弱）必要になりますが、上記のコスト削減効果により、これらの費用は一年程度で「もとがとれる」ケースがほとんどです。削減効果が最も大きく見込まれるのは運転効率の向上によるものですが、その他のサービスによるメリットもじゅうぶん大きく、実際、燃費向上のためのサービスは組み込まないメニューを導入する顧客もたくさんいます。

以下に、コ・ドライバーを導入した場合の典型的な年間コスト削減率をご紹介します。これらをまとめると、年間で約 37,000 スウェーデン・クローナ（約 47 万円）の節約効果があるため、コ・ドライバー導入に必要な初期投資は 9 ヶ月ほどで回収できる計算になります：

- **燃費向上**──スウェーデンの運送トラックは年間 120,000km 走るとされていますが、コ・ドライバーを導入することでこの燃費を 4 ％向上させることができます。これは、年間 17,000 クローナ（約 21〜22 万円）に相当します。なお、燃費向上の度合は実際には 6〜12％となっていて、4 ％というのはあくまでも控えめな推測値です。

179

PART II: CASES

- **勤務超過時間の削減**——ささやかな作業効率の向上が積み重なることで、トラック運転手の勤務超過（残業等）が平均1％削減されます。これは運転手1人あたり年間6,200クローナ（8万円弱）にあたります。わずかな額だと思われるかもしれませんが、何百人もの運転手を抱える運送会社にとっては非常に大きな削減となります。

- **事務効率の向上**——多くの運送会社は非常に多くの事務作業に追われており、その事務効率を5％向上させることによって、控えめに見積もっても年間6,700クローナ（8万円強）のコスト削減になります。毎日舞い込んでくる配送の注文をさばきつつ、何百台ものトラックを効率的に稼働させるための事務処理は膨大です。コ・ドライバーに組み込まれたシステムによる情報処理機能を使えば、それを一気に自動化・省力化できます。

- **通信費の削減**——コ・ドライバーの簡易メッセージ機能と位置情報を活用することで無駄な通話を減らすことができるため、トラック一台につき月額150クローナ（2,000円弱）、年間1,800クローナ（23,000円弱）の節約になります。

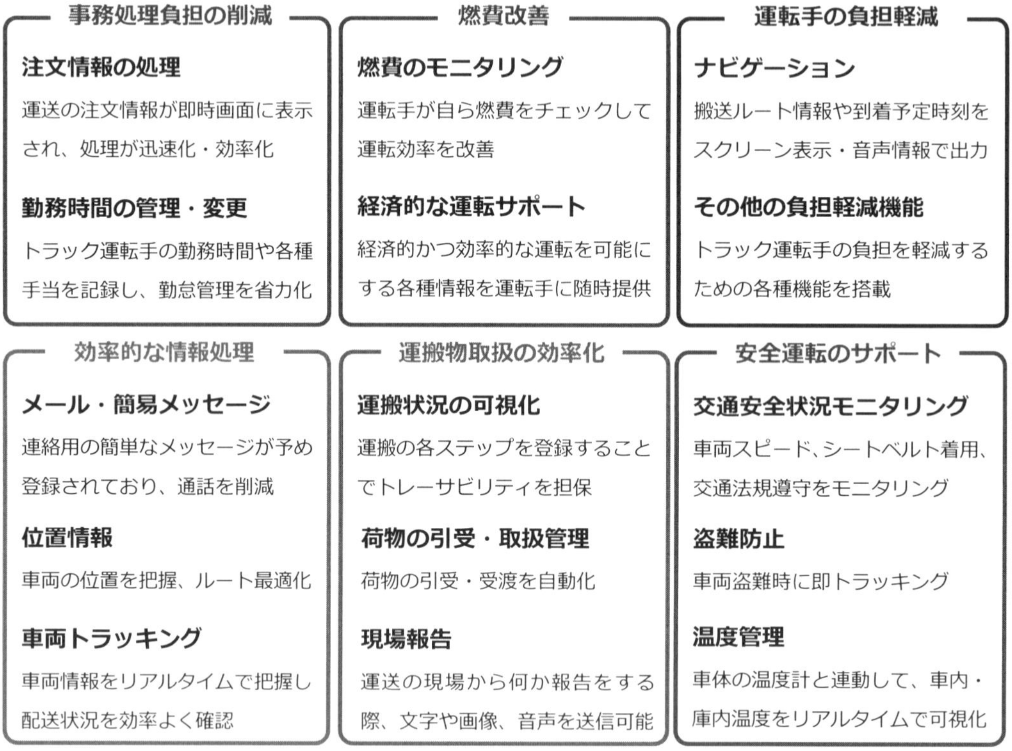

事務処理負担の削減	燃費改善	運転手の負担軽減
注文情報の処理 運送の注文情報が即時画面に表示され、処理が迅速化・効率化	**燃費のモニタリング** 運転手が自ら燃費をチェックして運転効率を改善	**ナビゲーション** 搬送ルート情報や到着予定時刻をスクリーン表示・音声情報で出力
勤務時間の管理・変更 トラック運転手の勤務時間や各種手当を記録し、勤怠管理を省力化	**経済的な運転サポート** 経済的かつ効率的な運転を可能にする各種情報を運転手に随時提供	**その他の負担軽減機能** トラック運転手の負担を軽減するための各種機能を搭載
効率的な情報処理	運搬物取扱の効率化	安全運転のサポート
メール・簡易メッセージ 連絡用の簡単なメッセージが予め登録されており、通話を削減	**運搬状況の可視化** 運搬の各ステップを登録することでトレーサビリティを担保	**交通安全状況モニタリング** 車両スピード、シートベルト着用、交通法規遵守をモニタリング
位置情報 車両の位置を把握、ルート最適化	**荷物の引受・取扱管理** 荷物の引受・受渡を自動化	**盗難防止** 車両盗難時に即トラッキング
車両トラッキング 車両情報をリアルタイムで把握し配送状況を効率よく確認	**現場報告** 運送の現場から何か報告をする際、文字や画像、音声を送信可能	**温度管理** 車体の温度計と連動して、車内・庫内温度をリアルタイムで可視化

図 13-2：コ・ドライバーが顧客に提供する主な経済的価値

勿論、運送会社によってそれぞれ固有のニーズがあるため、ヴェーコは顧客一社一社に対してコスト削減効果のシミュレーションを示し、個々の課題に合わせてカスタマイズしたソリューションを提案するようにしています。

コ・ドライバーが社会にもたらす価値

社会全般にとって、コ・ドライバーはどんな価値をもたらしてくれるでしょうか？最も明らかな社会的価値は燃費改善による環境保護でしょう。しかし、そのほかにも交通安全レベルの向上という効果もあります。

まずは燃費改善が環境保護につながるという点からご説明します。北欧全体でコ・ドライバーないし類似のテクノロジーの導入が進むにつれて、より多くのトラックの運送ルートが最適化され、より少ない燃料消費量でより効率的な運搬が実現するようになってきています。燃料価格の上昇が続く昨今、コ・ドライバーのようなテクノロジーはますます運送会社にとって欠かせないツールになりつつあるのです。同時に、そういったテクノロジーを活用してトラックの燃費を大きく改善させることに成功した企業はそれだけコスト優位性を持つことになるため、競合他社はそれに追随せざるをえません。結果として、より多くの会社でコ・ドライバー（ないし類似のテクノロジー）の導入が進み、業界全体の燃料消費量、すなわちコストが削減されることになります。

コ・ドライバーの導入は、典型的なイノベーションの普及プロセスをたどりました（図13-3）。

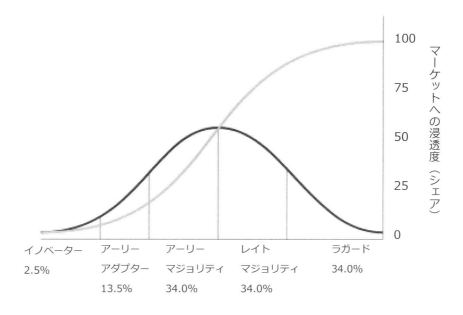

図13-3：イノベーションの普及プロセスとマーケットへの浸透度

最初にコ・ドライバーを試すことに同意し、導入を決めるのはイノベーターと呼ばれる層の顧客です。この層は革新的なテクノロジーに対して、その新規性、つまり物珍しさとそれが画期的な差別化要因になるかもしれないという期待を主な要因として新しいテクノロジーに手を出します。その次にくるのが、新しいテクノロジーがもたらす画期的な効果に注目するアーリーアダプター

PART II: CASES

層。これらの層が導入することでコ・ドライバーによる燃費向上やその他のコスト削減効果が誰の目にも明らかになってくると、マーケットの主要セグメントであるアーリーマジョリティ層もこの変革の波に乗るようになります。こうなると業界全体のルールに変化がみられるようになり、新たなテクノロジー、すなわちコ・ドライバーを導入しない会社は競争力を保つのが難しくなってきます。顧客にとっては、もはやコ・ドライバーはコスト優位性を保ち、自社のビジネスを守るために不可欠なものとなっているからです。この後、保守的なレイトマジョリティや、変化に最後まで抵抗するラガード層にも徐々に導入が進むことで、コ・ドライバーが社会全体にもたらす環境保護効果はさらに大きなものになっていくでしょう。

しかし、これはあくまでスウェーデン、あるいは北欧の一部に限ったストーリーであって、ヨーロッパ全体ではまったく話が違ってきます。なぜなら、ヨーロッパの他の地域では、スウェーデンほど燃費改善に意識が向けられていないからです。つまり、ヴェーコはまだ北欧における、ある特殊なマーケットにおいて一つの役割を果たしたにすぎない、というわけです。

スウェーデン以外の国々に目を向けると、燃費改善のために利用可能な（コ・ドライバーと類似の）テクノロジーやソリューションは、まだまだ発展途上の段階にあります。勿論、燃料価格自体はヨーロッパ全域でほぼ同じですので、スウェーデン以外の国々では燃費を気にしなくていいというわけではありません。しかし、興味深いことに、ヨーロッパの他の地域の運送業者は、スウェーデンの同業者ほど燃料費の削減に関心を示さないのです。これはおそらく、ヨーロッパの多くの国々では、これまでヴェーコのように燃費改善の可能性を語り、それが実現可能であることをマーケットに示してみせた企業が存在しなかったことに起因するのではないかと思われます。

このことから、あるマーケットにおける特徴的なパターンや顧客の志向性は、単に技術的に何が可能であるかという客観的発展性だけでなく、その市場におけるリーディングカンパニーがどんな技術を重要とみなし、どんな機能を求め、どういった価値を訴求するかという、ある意味で主観的、もっと言うと「たまたまそうだから」という半ばランダム的な要素によっても大きく左右されることが分かります。

コ・ドライバーと類似のテクノロジーをヨーロッパにおいて展開していたのはトランジックス社でした。同社は燃費向上を重要な機能性としてはアピールしておらず、むしろ運転手の勤務状況や素行をコントロールする手段として価値訴求することで成長を遂げていました。このため、トランジックスはスウェーデンではより燃費向上性にすぐれたテクノロジーを提供する、ヴェーコを筆頭とした競合との競争に敗れるはめに陥ったのです。

革新的なテクノロジーをてこにして新たなビジネスを切り拓くイノベーション駆動型の企業は、それまでになかった大きな価値を社会にもたらします。しかし、そうした価値は、マーケットにおける顧客の大多数（図 13-3 で言う「アーリーマジョリティ」およびそれ以降の層）がその革新

的テクノロジーを受けいれてはじめて形となって現れるものです。だからこそ、確固とした経済的利点をはっきりと数字で示せるかどうかが重要になるのです。そうした利点を説得力を持って示すことでマジョリティ層による導入、ひいてはテクノロジーの社会への普及を早めることができるからです。

マーケットにおける顧客の大多数、すなわちマジョリティ層の関心は、主に経済的な価値、利点に集中します。そこに訴求することによってアーリーマジョリティ層にまでテクノロジーが普及すると、レイトマジョリティはそれによって生じた新たな競争圧力（たとえばコ・ドライバーの普及によるコスト削減へのプレッシャー）に対抗するために導入に踏み切るようになります。ただし、市場には、変化を受けいれることに最後まで抵抗しようとする、「ラガード」と呼ばれる層の顧客も一定数存在します。そうした層は新たな波に抗しきれなくなって市場から退出するか、ごく狭いニッチを見出してそこに活路を見出すなどの手段を講じて生き延びる道を探るものです。

ここでの結論は明らかでしょう。社会に何らかの持続可能な価値をもたらそうと思ったら、顧客がそれを導入してもいいと思えるような、魅力的な利点を示す必要があるのです。

マーケット参入への扉をひらく鍵を見出すには

上述の通り、スウェーデンは、モバイルコンピュータテクノロジーによるトラックの燃費向上が自明の価値を持つものとされ、運送業者が生き残りをはかるために不可欠なツールとみなされる、世界でも数少ない場所の一つです。以下では、ヴェーコがいかにしてこの革新的なテクノロジーの活用法を見出していったのかについて掘り下げていきましょう。

アンダース・ティングストレームがヴェーコ社を創設したとき、彼が考えていたアイデアはシンプルなものでした——「乗り物に搭載されているシステムから得られるデータを使って、どんな顧客価値を提供できるだろうか？」この出発点から燃費データに目が向くのは自然な成り行きでした。後にヴェーコ社となるティングストレームたちのチームは、次に燃費改善から最も大きな恩恵を受けるのはどんなタイプの顧客だろうと考えを深めていきました。一言で燃費改善と言っても、燃料を使って動く乗り物は車だけではなく船舶や航空機など、実に多彩です。検討を重ねた結果、ティングストレームたちは運送業者が使う大型運搬車両、トラックに狙いを定めました。

さらに市場調査を進めると、実は既に燃費改善に関するソリューションはマーケットに存在すること、しかし、それはまだあまり普及しておらず利用率も低いことが分かりました。そうした先行者の一つがボルボで、同社は早くも90年代のはじめに、コンピュータを搭載したトラックを発売していました。しかし、さまざまな理由により、このシステムは意図した通りに運転手に利用してもらえていませんでした。トラックに通信用のコンピュータを搭載するというアイデアは、理論上はいかにもうまくいきそうに思われましたが、現実はそうではなかったのです。

PART II: CASES

ヴェーコの創設者たちは検証を重ね、通信用コンピュータをトラックに搭載する仕組みがうまくいかない理由をいくつも洗い出しました。市場に深く浸透する、つまり、多くの顧客が導入してくれるようなソリューションに求められる要件を見極めるべく、こうした相矛盾し、複雑に絡み合った理由をすべてリストアップしたのです。これらの要件を整理する際には、（第12章で取りあげた）ジェフリー・ムーアの『キャズム理論』が道標となりました。

この理論にあてはめて考えると、この時点ではトラック車載コンピュータというのは未開拓のマーケットであり、ごくわずかなイノベーター層、すなわち革新的なテクノロジーをその革新性ゆえに導入するような超先進的な顧客しか市場には存在していませんでした。ムーアの理論で言う「購入の必然性についての説得力あるストーリー（A Compelling Reason to Buy）」、顧客が新たに提案されたソリューション（たとえばトラック車載コンピュータ）を導入することによって得られる決定的な利点、そのことを考えると導入しない手はないと思えるような明白なメリットについてのメッセージが欠けていたのです。どのようなものであれ、新しいソリューションを導入するとなると、その実装には多大な時間と労力を要します。そうした導入コストに見合うだけの実利を新規ソリューションがもたらしてくれると確信できない限り、ふつうの顧客は新たな提案には手を出そうとはしないのです。

コ・ドライバーの場合、購入の必然性はごくシンプルな投資対効果指標——ROI（Return On Investment）——で示すことができました。そうやって典型的な顧客、すなわちトラック運送業者のコスト構造にコ・ドライバーのテクノロジーを導入することで得られるだろう効果を重ね合わせたところ、最も利益に対する貢献度が大きかったのが燃料消費量の削減、つまり燃費改善効果だったのです。ヴェーコの創設者たちはここに焦点を定め、燃費改善効果についてのアピールを突破口にして一気にマーケットに参入していきました。

重要な機能を現実のものとするためには

この頃には、多くの運送会社がトラック運転手たちに急発進・急ブレーキを控えるといった、いわゆる「エコな運転」について教育することで燃料の消費を抑えようとする動きを見せ始めており、燃費改善というアイデアそのものは決して目新しいものではなくなっていました。こうしたエコ・ドライビング講習は、即効性はあったものの長続きせず、一、二ヶ月もすると運転手たちはすぐまた講習前と変わらない運転に戻ってしまっていました。このことから、長期的な燃費改善を実現するためには、トラック運転手の運転の仕方を恒久的に変える方法が必要となることが分かりました。

ヴェーコの創設メンバーたちがコ・ドライバーの開発を進めていた数年間のうちに、燃費データを測定するコンピュータシステムを搭載したトラックの数は相当な割合にのぼっていました。そうしたコンピュータ搭載型トラックの多くは、革新的テクノロジーを利用して先行者利益を享受

しようとする先進的な企業が所有していました。しかし、そうした先行テクノロジーとそれを導入した企業は思うような成果をあげられていませんでした。燃料の消費量を可視化することと、実際に消費量を減らして燃費を向上させることとの間には大きな隔たりがあったのです。どれくらいガソリンを無駄に使っているかを知ることは大事な出発点ではありますが、それだけで即燃費を良くできるわけではありません。

ブレイクスルーは、ある顧客の依頼から生じました。スペック的には同じであるはずの二台のトラックのうち、一台は燃料消費が少なく効率的なのだけれど、もう一台にははるかに多くの燃料経費がかかっているので解析してほしいというのです。

これを受けて、ヴェーコ創設メンバーの一人、マグナス・グンナーゲルトは数週間にわたり、二台のトラックの運行データを詳細に分析しました。この解析の結果、燃費効率が良い方のトラックの運転手は、燃費が悪い方の運転手よりもずっと低い最高時速で運転していたことが二台の差の要因であると判明。この結果にもとづき、ヴェーコは顧客の運送会社に対して、運転手に時速80キロ以上出さないよう指導することを勧告するようになりました。同時に、時速80キロを超えて運転した時間数を測定し、それを監督者と共有する機能をコ・ドライバーに組み込みました。

運送会社のなかには、運転手一人ひとりの数値を食堂に張り出すところまでありました。これは絶大かつ長期にわたる効果を運転手たちにもたらしました。その結果、初めて持続的な燃費改善効果がみられるようになったのです。運転手の多くもこれを歓迎しました。自分たちがエコな運転を心掛けて、会社の利益に貢献していることをはっきり数値で上司に示せるようになったからです。それまではそうした可視化の仕組みがなかったため、運転手たちはエコな運転をしても自分たちにとって何のメリットもやりがいもないと感じていたのです。

今から振りかえってみれば些細なことに思われるかもしれません。最高時速を低く抑えることで燃費が改善できる、というのは今日では広く知られているからです。しかし、まだそうしたエコ運転の原則が知れ渡っていない時代に、運転手たちにそれを励行するツールを開発したことが、コ・ドライバーが市場への扉をこじあける鍵となったのです。

その後、コ・ドライバーには運転の経済性を測定し、それが運転手にすぐに分かるような指標やパラメータがいくつも組み込まれました。また、多くの顧客の求めに応じる形で、運転の経済性以外に関する機能も追加されました（図13-2参照）。ムーアが指摘したように、顧客は（いくつものツールをそれぞれ使い分けるよりも）一つのソリューションで自分たちのニーズや課題すべてを解決してくれる「完全製品（A Whole Product）」を望むものです。そのため、市場のなかでもっとも大きく、ニーズも多様なマス層の顧客にプロダクトを購入してもらうためには、広汎な顧客ニーズを拾えるような多機能性を搭載する必要があるのです。

PART II: CASES

経済性以外の投資対効果

コ・ドライバーへの投資対効果が確かな結果——コスト削減——となって現れたという事実は、この革新的プロダクトがマーケットに広く浸透するために大きな弾みをつけてくれました。逆に、ヴェーコが、コ・ドライバーに交通安全に焦点をあてたサービスを組み込んだときの顧客の反応は冷淡なものでした。勿論、ほとんどの顧客はこの新機能が重要なものであり、社会的に大きな意義を持つということを認めてはくれましたが、実際のところ交通安全は運送会社に直接経済的な見返りを約束するものではなかったため、それによってサービスを追加購入したり、新規に導入を決めたりという動きはみられなかったのです。

誰だって、面と向かって人命など二の次だ、金銭的な利益が第一だなどと口にしたりはしません。社会通念的に、モラルに反すると思われるからです。しかし、実際の購入に関する意思決定からは、そうした顧客のリアルな価値観がみえるものなのです。

交通安全にかかわるサービスは、燃費向上と同じ原理にもとづいて設計されました。車載コンピュータを通して運転パターンを計測し、その結果を燃費データと同じく運転手と直接共有するようにしたのです。これによって、運転手一人ひとりが、自分がどれくらい安全な運転をしているかを可視化することができ、しかもそれを同僚と比べることができるようになります。仕組みは燃費改善サービスと同じ、運転速度の計測がベースになっています。しかし、燃費と違って、学校のそばを走っているからと時速 30 キロで運転するようにしても経済的なメリットはありません。そのため、このサービスはもっぱら社会的貢献の一環として価値訴求することになりました。

その結果、事故で命が失われることを未然に防ぐという大きな社会的意義があろうとも、やはり影響力としては経済的、金銭的見返りの方がはるかに大きい、ということが明らかになりました。日々激しい競争に明け暮れる運送会社にとって、社会的な価値の優先順位を上げるのは難しく、それよりも経済的な利益をもたらしてくれるものが最優先とされました。ビジネスという観点からすれば、これは当然のことで、解しがたい理屈というわけではありません。事実、ヴェーコは顧客から何度も次のように指摘を受けていました：

> 「我々に運送を注文してくる客が、値段以外のことに頓着せず、とにかく安い運送業者を選ぶっていうのに、運転の安全性だの社会への優しさだのといったものに投資する意味なんて、いったいぜんたい、どう正当化したらいいっていうんだね？」

競争が激しいマーケットの中でビジネスを営む企業はどこも、市場原理によって利益を最大化するよう圧力を受けており、そこでは、利益に貢献しない製品やサービスに資金を投じることは、すなわち会社の命運をあやうくすることを意味します。長期的にみれば、利益を出すことができない企業は淘汰され、市場から退出していくし、そうなるべきです。そして企業は、社会的貢献をしているからといって毎月の支払いや税金を免除されるわけではありません。企業が社会的貢

献をするためには、誰かがそのための対価を支払うことに同意しなければならないのです。

ただし、そうしたときでも社会的意義とビジネス上の利潤とを両立させる道はあります。本章で取りあげたケースに関して言えば、運送会社は利潤の最大化が最優先だとしても、運送会社を利用する最終消費者は必ずしもそうではないからです。消費者が、安全運転での配送を求めるようになれば、この新たな需要はバリューチェーン全体に反映されるようになります。たとえばの話、もし消費者が、環境にやさしいだけでなく、交通安全にも配慮した製品に付加的な価値を見出すようになれば、その製品を生産する企業はそのニーズに応じなければなりません。すると今度は生産者が交通安全に配慮する運送業者を選ぶ動きが生じ、運転の安全性に資するテクノロジーを導入している会社の配送サービスが競争力を持つようになると考えられるのです。

こうした動きは、スウェーデンにおいてすら、まだ現実のものとはなっていませんが、ヴェーコによれば、その兆候は見え始めています。一部の消費者に、製品が安全性に配慮して運送されたかを気にする傾向が認められるようになってきているというのです。ただし、繰り返しになりますが、この動きはまだヴェーコの顧客動向を左右する段階にはいたっていません。もし「コ・ドライバーのおかげで命を救われた」という人のストーリーが流布したりすれば一気に潮目が変わることもあるかもしれませんが、なかなかそう都合よくはいきません。そもそも、実際に起こらなかった事故について、それがどうやって防がれたかを知ろうとすること自体が、論理的に大変困難なことだからです。

直接の経済的見返りをもたらさないような価値への対価を顧客に求めることは決して不可能ではありませんが、それは明白な投資対効果が見込めるものに対する投資を呼びかけるよりもはるかに難しく、実現するためには何らかの社会的ムーブメントを巻き起こす必要があるでしょう。いかなる状況であれ、対価を支払ってくれる顧客にとっての投資対効果を示すことは、ビジネスにおいて不可欠です。これができなければ、どんな事業であっても早晩立ち行かなくなります。

┃ まとめ

総括してみると、ヴェーコ社が直面した課題は、技術的な面よりも心理的、そして経済的な面が大きいものでした。ボルボやトランジックスなどの先行競合他社は、テクノロジーが実際の顧客、利用者にどのように受けとめられ、彼女ら彼らの日々の仕事や生活にどのような影響を与えるか（あるいは与えないか）を忘れていました。究極のところ、人々の日常を改善しないようなテクノロジーは普及しません。逆に、顧客にとって直接の、特に経済的なメリットをもたらすようなテクノロジーを開発し、それによって人々の生活と仕事に変革を引き起こすことに成功した者こそが、持続可能なビジネスをつくりあげてゆくことになるのです。

第14章　儲かるソーシャルビジネス──ネットクリーン社の事例より

Christian Sjöberg, *NetClean Technologies*

ネットクリーン・テクノロジーズ社について

本章では、ネットクリーン・テクノロジーズ（以下「ネットクリーン」）社の創設と試行錯誤、そして成長のストーリーを通して、同社が直面した課題やそこで実行された施策の巧拙についてご紹介します。

同社は、ワールド・チャイルドフッド・ファウンデーション（www.childhood.org）や子ども売春・人身売買撲滅協会（End Child Prostitution and Trafficking、www.ecpat.org）、社会における子どもの権利を守る協会（BRIS─Children's Rights in Society、www.bris.se）、インターネット監視協会（Internet Watch Foundation、www.iwf.org.uk）など、国内外の NPO・NGO と連携して、さまざまな側面から子どもの権利を守るためのソリューションを開発・提供しているスウェーデンの会社です。

顧客企業は、ネットクリーンのソリューションを導入することによって仕事を効率化させると同時に、良き市民法人としての社会的責任を果たすことができます。環境保護や持続可能性への貢献に取り組むのと同様に、子どもの権利が侵害されることに対して反対の姿勢をとることで、企業は社会的な価値観への支持を強く打ち出すことができるのです。ネットクリーンのソリューションを導入した企業・組織では、管理下にあるネットワークから児童ポルノと疑われる画像やそれを掲載したサイトへのアクセスをブロックするほか、より直接的に子どもの権利保護のためのサポートも行うことができるようになります。ネットクリーン創設のストーリーを語る前に、同社が提供するソリューションがどんなものかについて、詳しくご紹介しましょう。

「ネットクリーン・プロアクティブ™」

「ネットクリーン・プロアクティブ™（以下「プロアクティブ」）」とは、ネットクリーン社が開発した IT ソリューションで、子どもの権利を侵害する画像や動画をブロックするもので、そうした不適切なサイト情報がネットワークに侵入するのを防ぎたい企業や政府機関、非営利組織などに活用されています。

ネットクリーンは、スウェーデンをはじめとする各国の法執行機関と連携して、ブロックすべき児童ポルノ情報などをつねに更新しています。ウェブページのアドレスを登録しなければ機能しなかった従来のフィルタリング・ソリューションと違って、プロアクティブは画像認識技術を用いて一つひとつの画像や動画を自動的に検証し、不適切なものを検出・ブロックすることができます。これによって、プロアクティブは（特定のサイトをブロックしたりサイバー攻撃に対処したりする）既存のセキュリティを代替するのではなく、補完材として機能するのです。

PART II: CASES

プロアクティブは、一台一台のコンピュータ端末単位でも、組織のネットワーク全体にでも導入が可能です。ビジネスモデルはサブスクリプションによる年間定額制をとっており、プロアクティブを導入するコンピュータの台数に応じて課金されます。

「ネットクリーン・ホワイトボックス ™」

「ネットクリーン・ホワイトボックス ™（以下「ホワイトボックス」）とは、インターネット・プロバイダーのための実に強力なソリューションで、不適切な画像や情報を含むウェブサイトへのアクセスをブロックします。ホワイトボックスは、ボーダー・ゲートウェイ・プロトコル（BGP）という技術にパケット情報の検査技術とリダイレクション・メカニズムというテクノロジーを組み合わせたハイブリッド型のソリューションで、導入と管理が容易であることと幅広い範囲の脅威に対応できることが特長です。たとえば：

- **プロバイダーの通信速度などに影響を与えない。**セキュリティは勿論、社会的責任についてはなおのこと、それによってサービス品質を下げたくないプロバイダーにとっては非常に重要なポイントになります。

- **導入の負担が軽い。**インターネット・プロバイダーにとって、自社のネットワークに新たなソリューションを組み込むというのは大変な負担となります。ソリューションの価格そのものよりも導入によって生じるコストの方が大きくなることもまれではありません。ホワイトボックスはこの負担をかつてないほど削減しているため、競合製品となるクリーンフィードが製品そのものは無料で提供しているにもかかわらず、トータルではより安価に導入が可能になっています。

- **過剰なブロックはしない。**ネット上のアクセスを過剰にブロックするのは単なる検閲、もっと言うと工夫のない情報弾圧にほかなりません。

- **プロキシは行わない。**プロキシとは、「代理」を意味し、インターネットの文脈においては、あるネットワークからインターネットに接続する際に、そのアクセスを中継・監視することを指します。たとえば、英国では上述のクリーンフィードというシステムでアクセス情報が中継されていますし、それ以外にもインターネットへの接続とそこでの活動を「プロキシ」するブルーコートという別の仕組みもあり、それによってユーザーのネットワーク上での活動が著しく制限されることがあります。

- **インターネットと個々のコンピュータの情報のやり取りにおいて、ホワイトボックスがチェックするのは「コンピュータ → インターネット」の流れを決定する HTTP リクエストのみで、インターネットからの反応となる HTTP レスポンスについては通常通りに（最速で）処理する。**これによって情報チェックの精度と処理速度の最適化を両立させ、幅広い顧客のニーズにも対応できるソリューションとなっています。

第 14 章　儲かるソーシャルビジネス

「ネットクリーン・アナライズ™」

「ネットクリーン・アナライズ™（以下「アナライズ」）」は、子どもの権利を侵害するコンテンツの発見・対応に取り組む法執行機関のために特化したソフトウェアです。アナライズはスウェーデン国家警察と共同で開発されたもので、ネットクリーンはこれを世界中の警察や各種相談ホットラインに無償で提供しています。このソフトウェアには、子どもの権利侵害や虐待につながる情報を自動的に検出する高度な画像認識技術が組み込まれており、利用する組織・機関のニーズに合わせてカスタマイズも可能です。ネットクリーン社は、アナライズの無償提供を、子どもを守る活動に取り組む世界中の警察機関に対するささやかな貢献として位置づけています。

ネットクリーン社のビジネスモデルの鍵は、さまざまなプロダクトを使い分け、経済的に豊かな国々に対しては高度なソリューションを有償販売する一方で、資金に乏しく社会インフラもじゅうぶん整っていない国や地域で活動する組織・機関に対しては無償で子どもの権利を保護するためのツールを提供することにあります。世界のほとんどの国や地域では、まだ子どもの虐待や児童ポルノ画像、動画を検出するためのツールはおろか、仕組み自体整備されていません。アナライズは、そうした国・地域で懸命に活動する組織や機関に無料で導入・管理運用が手軽にできる、強力なツールを提供しています。一方でネットクリーンは、スウェーデンのように比較的経済に恵まれた国々の機関に対しては、各国内の調査・監督・法執行機関が連動してより効率的に活動できるようにするための高度なソリューションを販売しています。このように、アナライズを全世界に無償提供し、高度なソリューションについては個別の国や地域の発展の程度に応じて有償とするビジネスモデルを採用することで、ネットクリーンは研究開発のための資金や資源を確保しつつ、子どもの権利を保護するためのツールを提供することができているのです。

創設のストーリー

ネットクリーン創設のアイデアは、英国発祥の NGO セーブ・ザ・チルドレンがネット上に氾濫する虐待や児童買春といった子どもの権利を侵害する画像を撲滅しようと奮闘していることを報じたコンピュータ・スウェーデン誌の記事から始まりました（図 14-1 参照）。この記事ではセーブ・ザ・チルドレンは 30 万点に及ぶ画像のデータベースを有しているという記載がありました。後にネット

図 14-1：コンピュータ・スウェーデンのサイトで公開された 2002 年 12 月 6 日付の記事（原書より転載）

PART II: CASES

クリーンの創設者となるクリスティアン・シェーベリはこれを読んで、「どんな画像が不法・不適切でブロックすべきか分かっているのなら、セキュリティソフトがコンピュータ・ウイルスをブロックするように、そうした画像や動画もブロックできるのでは?」と考えたのです。

起業ではなく、NGO のために何か貢献をしたかった

このアイデアを思いついたとき、シェーベリの頭にあったのは会社創設のビジョンではなく、ただただセーブ・ザ・チルドレンのような NGO のために何かをしたいという想いだけであり、収益をあげつつ同時に社会のためになるようなことを為すというオプションは、彼の想定には入っていませんでした。その当時、「持続可能なビジネス開発」という言葉はまだ使われてもおらず、事実、シェーベリが実務家や投資家に向けてこのアイデアをプレゼンテーションで披露したときにはそんなものにお金を払う人などいやしないと言われたものです。このアイデアが意義深いもので、社会的に意味があるということについては誰もが同意してくれました。しかし、児童ポルノや虐待の画像を会社のネットワークを通じてダウンロードしているかどうかを知りたい人なんているわけがない、ましてやそのためにお金を支払うなんて、というわけです。

そこで、シェーベリがスウェーデン女王の財団であるワールド・チャイルドフッド・ファウンデーション(WCF)に連絡をとったところ、コンピュータ・スウェーデンの記事を目にした半年後の 2003 年 6 月、シェーベリは WCF のグニッラ・フォン・アルビン事務局長とマーティン・イングヴァール議長に対してプレゼンテーションを行う機会を得ることができました。このとき、シェーベリは後のネットクリーン製品のプロトタイプを持参して、この製品を WCF に提供するから自由に使ってくれてかまわない、そのための導入支援からメンテナンス、追加の開発も自分が請け負う、だからそのための時給を出して欲しい、と提案したのです。

2003 年 6 月 10 日、WCF との初会合についてのシェーベリの日記からの抜粋

午後 2 時、グニッラ・フォン・アルビン(CEO)とマーティン・イングヴァール(理事会長)と会う。マーティンは少し遅れて現れ、若干カリカリしているように見受けられたので、単刀直入にテクノロジーの核心部分についての話を切り出した。僕が受けた印象としては、彼は、はじめのうちはこのプロジェクトについて半信半疑だったけれど、プレゼンテーションが進むにつれて徐々に確信を持つようになっていったと思う。

僕は、持っていった二つのバージョンのプロトタイプのデモをやってみせ、そのコンセプトについてまとめた資料四点をグニッラとマーティンに渡した。一週間以内に連絡する、とのことだった。

ミーティングは予定よりも長引き(良いサインだと思う)、議題はこのプロジェクトの収益性と組織構造に及んだ。マーティンはテクノロジーのことをよく分かっていて、今どんな問題があるのか、将来はどんな可能性が考えられるのかについても精通していた。彼は勿論、ネット上に氾濫する虐待や児童ポルノの画像が深刻な問題だということも理解していた。それだけではなく、マーティンはこのプロジェクトの事業としての可能性についても触れ、アイデアを彼自身の言葉でまとめなおしてもくれた。これは僕の直感だけど、彼はこのアイデアを気に入ってくれたと思う。

第 14 章　儲かるソーシャルビジネス

結局、顧客は誰なのか？

ほどなくして、WCF からシェーベリに連絡がありました。「このプロジェクトを前に進めるために、会社を立ち上げてほしい。我々もサポートするから」と。

この時点から、シェーベリと彼の仲間——ネットクリーンの創業メンバーたち——は、このアイデアが顧客にどんな価値をもたらしうるのかについて真剣に検討を始めました。彼女ら彼らは、ネットクリーンのサービスやソリューションが提供する顧客価値について検討を重ねましたが、そのいずれも購入と引き換えにそれ以上のコスト削減効果が見込めるような、つまり「投資対効果」を約束するようなものではありませんでした。このこと自体は今日でも変わっていません。

しかし、それは実はネットクリーンに限ったことではなく、セキュリティ関連のプロダクトすべてについて言えることでもあります。そこに何かしらのリスクがあり、その対策に投資すればリスクを最小化できるという構造は同じで、リスクの種類が違うだけなのです。

この気づきを起点に、ネットクリーンの創業メンバーたちは三種類の「顧客」を特定しました。第一は勿論、虐待を受けている子どもたちです。ネットクリーンの創業メンバーは、そうした子どもたちを直接個人的に知っているわけではありませんが、彼女ら彼らの虐待画像や児童ポルノ画像が拡散するのを防ぎ、人々がそれを目にするのを止めたいと思っていました。虐待画像を目にした人は自分でも虐待に手を染める危険が高まるという研究結果が知られていたからです。この「顧客価値」は、誰の目にも明らかなものでした。

第二に、ネットクリーンの製品への対価を支払ってくれる「ふつうの」顧客の存在があります。こちらのタイプの顧客については、誰がそれに該当するのか、つまり、誰に向けてプロダクトを販売すればいいのかがはっきりしています。こうした「ふつうの」顧客に対してネットクリーンがどんな価値を提供できるのかについては次項で改めて詳細にご説明します。

第三に、各種の法執行機関も重要な顧客となりました。ネットクリーンの事業は、小児性愛者をはじめとする児童虐待者、子どもの権利を侵害する人々を特定することで法執行機関をサポートできます。ネットクリーンは、前述したネットクリーン・アナライズ^{TM}を無償提供し、さらにコンピュータや IT に関する専門知識の面でも警察などの法執行機関に協力を申し出ました。

ネットクリーンとしては、これら三者の「顧客」すべてに価値を提供しなければなりませんでした。たとえば、企業のセキュリティ向上には貢献するけれども、警察が不適切なサイトへのアクセスや児童ポルノ摘発などを行うのが難しくなってしまうようなプロダクトは、ネットクリーンのビジョンに照らすと良い製品とは言えません。たとえ、それが非常によく売れる、高利益率のものだとしても。

PART II: CASES

独自性と潜在的な競合への対抗策

ビジネスを持続可能なものにするためにはどうしたらいいのかについて、ネットクリーン社の創業メンバーたちは何度も議論を重ねました。彼らは、当初は自分たちの製品の独自性に着目し、その基盤となるテクノロジーをいかに保護するかについて考えをめぐらせていましたが、すぐに「ネットクリーンの本当の"独自性"とは、技術やテクノロジーにあるのではない」ということに気づきました。勿論プロダクトを支えるテクノロジーも重要なのですが、ネットクリーンをネットクリーンたらしめているのは、テクノロジーとそれを活用するフィールド、そして警察やNPO・NGOとの連携といったものすべてを含めた事業のあり方であり、それこそが他社が容易にマネできない、なによりの対抗策だということを再確認したのです。

なお、今日でもネットクリーンのテクノロジーは独自性を保つことができています。しかし、その独自性は、ソースコードやプロダクトのアイデアではなく、全体的な仕組みに立脚するものです。すべてのプロダクトだけでなく、それらに付随するサポートシステム、それらの裏にあるテクノロジー…あらゆるものが連動し、ひとまとまりのソリューションとして結実していることがネットクリーンの独自性と競争優位性を生み出す源泉となっています。コンピュータ工学の基礎知識がある人であれば誰でもアプリをつくることはできます。しかし、プロダクトのどんな面をとっても一貫したソリューションとして機能するシステムをつくりあげることは非常に困難であり、実際の場面で役に立つのはまさにそうしたシステムとしての基盤をしっかり備えたソリューションなのです。

2003 年、ビジネスプランコンペ「ベンチャーカップ」に参戦（シェーベリの日記より）

創業から間もない 2003 年、ネットクリーン社は「ベンチャーカップ」というビジネスプランコンテストに参戦した。コンペ参戦中、僕たちは自分たちのアルゴリズムを特許化することを発表。同時に、（上述の通り、テクノロジーそのものは独自性に欠ける面があると知りつつ）自社のテクノロジーを強く打ち出した。

なぜそうしたのか？

ネットクリーンはチャルマース工科大学で開発されたテクノロジーに立脚するだけでなく、2003 年当時、まだ数少なかった、「投資対効果（ROI）を追わない」ことを謳ったソーシャルビジネス型の事業に参入しようとしていた。この革新的なモデルへの理解を広めるために、ベンチャーカップに集まる注目が欲しかった。勿論、そのために我々のビジネスモデルにも修正が必要だった。

その甲斐あって、ベンチャーカップでは見事二位の座を勝ち獲ることができた。

人々を巻き込み、ビジネスを前に進めるには

ネットクリーンの話をすると、誰もが「そんなに社会的に意義のある、前向きなことに取り組めるなんて、なんと素晴らしい！」と絶賛します。しかし実は、ネットクリーン社の中で働く人々にとっては、そうしたことに思いをめぐらせる時間はなかったりします。

CEO のシェーベリは、「あらゆる CEO 同様、僕も毎日ありとあらゆる問題に追われているよ。自分たちの事業が持つ社会的意義についてうっとりするような暇なんてものはないさ」と言います。「自分たちがやっていることについて考える時間があったとしても、そこで考えるのは現状の課題点や問題についてであって、自分たちのソリューションがいかに優れているかじゃない。僕たちは自分たちのプロダクトのいたらない点についてよく分かっているし、より良いソリューションを開発するためには、それが解決すべき問題についての理解を深めるしかないんだから」

ネットクリーンの社員の多くは、同社が取り組んでいる問題に強い関心を持ち、そのことについて人々を啓蒙したいと言って参画を決めた人たちです。彼女ら彼らは製品開発に関して高いスキルを持ち、児童虐待関連の問題についてもよく知っています。しかし、シェーベリは「我々は伝道師を目指すべきではない」と言います。なぜならば、ネットクリーンは営利企業であり、プロダクトを販売して利益を得ることで初めて次の製品開発に投資して販路を拡大することができるからだ、と。「それができなければ、結局ネットクリーンの製品だけでなく思想も社会に広まることはなく、その結果、ネット上で子どもたちの権利を守ることもできなくなってしまう」

勿論、ネットクリーンが営業や販売にばかり注力していて啓蒙には取り組んでいない、というのは正しくありません。同社は、児童虐待の問題に関する発信と、その解決のために何ができるかについて人々の理解を進めるための教育に多くの時間を費やしています。また、ネットクリーンは社会貢献活動の一環として前述のようにネットクリーン・アナライズ ™ を無償提供したり、キープ・マイ・ネット・クリーンという NPO 活動を展開したりもしています。

しかし、これらの社会貢献・啓蒙活動と同時に、営利企業である道を選んだ以上、ネットクリーンは持続的に事業を営んでいくために利益を稼ぎ続けなければなりません。そうできなければ、結局インターネットでの児童虐待や児童ポルノ画像の拡散問題への注目も集めることはできないのです。この意味で、ネットクリーンが目指しているのは、あくまでも長期的視野に立ったソリューションの確立です。長期的に持続可能なソリューションを確立するためには、NGO であれ、政府機関であれ、あるいは民間企業であれ、どんな組織であっても利益を出し続けなければなりません。もしコストばかりかかって赤字を垂れ流すような組織であれば、そんなものがいつまでも続くことはないからです。

問題を永続的に解決するには持続可能なビジネスモデルが必要となる

社会問題を解決しつつ、ビジネスとして利益を出すためには絶妙なバランスが必要となります。ネットクリーンは、あえてこの難しいミッションに取り組んでおり、何か新しい事業を始める際には、必ず社会課題の解決と利益確保の両方を実現する道を探るようにしています。その場限りではなく、永続的に社会問題を解決するには、持続可能なビジネスモデルが不可欠だと考えているからです。

PART II: CASES

とはいえ、創業メンバーたちが最初からこの境地に達していたわけではありません。ネットクリーン立ち上げ当初、彼らは社会問題の解決だけに意識を向けており、自分たちのアイデアや開発したソリューションは片っぱしからタダでばらまこうとしていたのです。しかし、2003年のチャイルドフッド・ファウンデーションとの会合でこれが少し変化し、収益をあげてより多くの製品を世に広めれば、それだけ小児性愛者や児童虐待の加害者を社会全体として見つけ出しやすくなるということに彼らは気づきました。そこで、折衷案として、ネットクリーンは警察や児童虐待防止ホットラインには無償でソフトウェアを開発・提供することにしたのです。

立ち上げ後、ネットクリーン創業メンバーたちはスウェーデンのインキュベーター施設「フラムティデンス・フェアターグ」に入居し、テーブル二つにコンピュータ二台、そしてサーバーを一台確保しました。ある意味、これは創業メンバーにとって夢のような時期で、シェーベリたちは週60時間以上、フラムティデンスのオフィスにこもってプロダクトの開発に没頭しました。今日、ネットクリーンの創業メンバーたちが仕事のあとで一杯ひっかけながら昔のことを振り返ると、きまってある種の懐旧に満ちた思いとともにこの時期のことを話題にするものです。

シェーベリの日記より

先日、我々の創業当時フラムティデンスのインキュベーター施設を管理するマネージャーをしていたアンニ・クリスティン・アペルグレンとたまたま会う機会があった。我々はネットクリーンがフラムティデンスに入居していたことの話をし、彼女は「施設に入居していた他のスタートアップのメンバーたちがみんなビールを飲んでいた金曜の夜でさえ、あなたたちはコンピュータに向かってコードを書いていた」と思い出話をしてくれた。

あの頃、誰もが我々のことをつまらないやつらだ、いつも仕事ばっかりして、と思っていただろう。でも、今になってみると、そうやって「楽しんでいた」ライバルたちよりも我々は成功している。この成功は、明らかにハードワークがその一因となって実現できたものだ。目の前の課題に集中し、一所懸命になることの大切さをみくびっちゃいけない。

最初の大きな取引先から学んだこと

シェーベリたちは、立ち上げ当初、2004年の8月に照準を合わせて計画を進めていました。開発の完了までに八ヶ月を見込んでいたわけです。これに対して誰も何も言わなかったし、疑問にも思わなかったのは、今にして思うと不思議な話でした。たった二人の開発者が、ネットクリーン・プロアクティブのようなプロダクトをつくろうと思ったら八ヶ月では済みません。結局、最初の開発が完了したのは当初の計画から一年以上が経過してからのことでした。計画で見積もっていた時間が短すぎたため、シェーベリたちは開発のあちこちでとにかくスピード重視の方針を貫かざるをえなくなり、その結果、後になって頻出したバグとりや不具合の修正に追われるはめになったのです。

ネットクリーンが参入を狙うコンピュータ・セキュリティの分野には多くの人と企業が関心を持っていたため、シェーベリたちはプロダクトが完成するまではその詳細を明かさないように気を

第 14 章　儲かるソーシャルビジネス

つけていました。その代償として、彼らは開発プロセスに一切顧客とのすり合わせを行わなかったのです。これが大問題の引き金となりました。いよいよ製品が完成して製品をインストールしてみようとすると、未完成な部分がみつかっただけでなく、インストールをすることすらものすごく難しいことが判明したのです。

2005 年、ネットクリーンの最初の大口顧客となったテリア・ソネラ社がネットクリーン・プロアクティブ™ を購入し、1 万台以上もの端末にインストールをしたところで、ソフトウェアの管理コンソールにあろうことか、バグがみつかりました。プロアクティブにはソフトウェアをインストールした端末の状態を管理するコンソールがありますが、このときはインストール済みの端末すべてが同時にネットワークにつながると管理コンソールがクラッシュしてしまったのです。

シェーベリたちはテリア・ソネラにすっ飛んでいき、当時同社窓口を担当していたニクラス・オルソンに会って問題を確認しました。しかし、オルソンは落ち着いて、「これは珍しいことじゃない。我が社にはいくつもの大企業がやってきて何万というソフトウェアをインストールしていく。彼らのソフトにだって、遅かれ早かれ問題はみつかるし、システムの中身を覗けばつぎはぎのパッチだらけだ。だから問題を早くみつけて、それを直してくれればいい」と言ったのです。

ネットクリーンの創業メンバー二人はこれを受けて帰路につき、24 時間体制で問題の発見と解決に二週間取り組んで、プログラムに組み込んでいたサードパーティのコードに問題があることを突きとめました。しかし、それがなぜ問題を引き起こしているのかまでは分かりませんでした。

12 月 1 日の木曜日、テリア・ソネラのオルソンから、進捗はどうかという連絡がありました。それに対して、ネットクリーンの創業メンバーたちは「問題が何か分かったし、解決策もみつけました。火曜日にお会いしましょう」と答えたのです。この時点では、問題の糸口は見え始めていたものの、まだその解決にはいたっていなかったというのに！

その週末、夜を日に継いで分析にあたった結果、シェーベリたちはついに問題を引き起こしているバグをみつけ、解決策を見出すことができました。修正パッチプログラムをテリア・ソネラのシステムにインストールすると無事にプログラム全体が稼働し始めたのです。このエピソード以来、ネットクリーンの組織内では「どこまでムチャできるか？」という通り文句が流行るようになりました。

確かにテリア・ソネラの件ではネットクリーンは失態を犯しましたが、創業メンバーたちはそれを素早く、そして正しく解決してみせました。どんな偉大な企業であっても失敗はビジネスにつきものです（世界に冠たるマイクロソフト社が開発したウインドウズでクラッシュを経験したことがないという人は…いませんよね？）。しかし、**どんな失敗であっても、それを素早く、そして正しく解決しさえすれば顧客はそれを受けいれてくれる**ものです。そのような修正・対応によっ

PART II: CASES

て、実際には顧客との関係を深めることすらできます。それによって自分たちがしっかりとした組織であり、問題に適切に対処することができると証明することになるからです。こうした信頼は顧客と自社の間で深いやり取りがなければ決して生まれることはありません。

ここでスタートアップを立ち上げるということに関して一言述べると、単に収益性を備えたビジネスモデルを持つ企業を立ち上げることと、真に持続可能なビジネスモデルに立脚した企業を構想し、つくりあげることとの間に大きな違いはありません。いずれにしても同じような問題に直面するからです。後者はメディアの注目を集めやすいという点ではやや有利かもしれませんが、顧客や投資家に確固たる投資対効果が見込めるモデルを示すことはできないという意味では明らかに不利になります。以下では、ネットクリーン社の創業から現在までの主要なフェーズについてご説明し、それぞれのステージで重要なポイントとなった出来事を明らかにしていきます。

ネットクリーン創業期

ここでは創業期にあった頃のネットクリーンをいくつかの観点から振り返り、同社が次の成長段階に達するまでの歩みを明らかにしていきます。会社組織というのは段階をおって発展していくものであり、ある段階でしっかりした基盤を築いてからでないと次のステージには進めないものです。ネットクリーンに関して言うと、大きく五つのフェーズがありました（図14-2参照）。

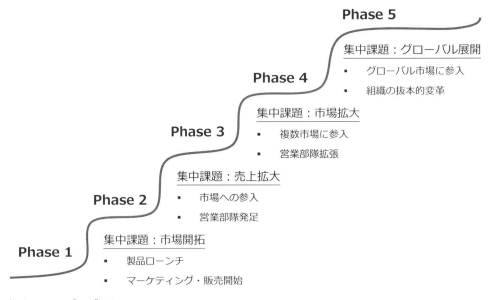

図14-2：ネットクリーン社の成長プロセス五段階

スタートアップ企業を大きく成長させていくときには、こうしたステージのうち、自社が今どの段階にきているのかをしっかり把握することが決定的に重要になります。それを見誤ると、意思決定が狂い出し、事業にほころびが生まれます。以下では、各ステージにおいてネットクリーンの創業メンバーがどのように資金を調達したかについても取りあげます。スタートアップの成長プロセスにおいて、資金調達はつねに大きな課題であり続けるのと同時に、その内容が変化し続ける特異な課題でもあるからです。

Phase 0：チーム形成、そして初期資金の調達

本章では、ここまでネットクリーンの黎明期、いわばフェーズ・ゼロについて語ってきました。創業者のシェーベリは、何かアイデアを思いついたら、当時務めていた会社の同僚にいつもそれを話して聞かせており、それを通じて二人の仲間が加わりました。彼らは、ネットクリーン（当時は、シェーベリの祖母にちなんで、「バーリン」と呼ばれていましたが）を大きく成長させると誓い、「小さな池で一番の魚」になって満足するのではなく、大きな意義のある領域にチャレンジしようと話し合ったものです。

この目標のもと、彼らは経験豊かなプロを会社の取締役会の議長に、迎えたいと思っていました。その後、シェーベリはチャルマース工科大学のアントレプレナーシップ・スクールでクリスティーナ・ファールに出会い、彼女の歯に衣着せぬ、適格なフィードバックに魅了されます。彼はすぐファールにメールを送り、ネットクリーンの創業メンバーたちに会ってくれと頼みました。「社会のために意義あることをしたいと思っている。気持ちで走っているプロジェクトなんだ」と。後にファールは、このメールを受け取ったときは正直怪しいと思った、と打ち明けます。しかし、彼女はシェーベリたちに会うことに同意し、ミーティングを経てネットクリーンのプロジェクトに好意的な印象を持ちました。こうしてネットクリーンの最初期のチームができあがったのです。

出発点となるアイデアがあって、チームができたら、いよいよ製品開発に取りかかるための資金集めが必要になります。ここではプロダクトの開発に集中できるだけの資金を確保することが重要です。ただし、シード期のスタートアップが資金を調達するには創業者たちの株式を譲渡することがほぼ必須となるため、あまりに多くの資金を調達しようとすると、それだけ会社の経営権、つまり将来の自由と利潤を手放すことになります。一方で、ここで調達する資金がじゅうぶんでないと結局開発がうまくいかず、次のフェーズに進むことができなくて元も子もありません。余裕を持って製品開発を完了させるのに必要十分なだけの額を調達するのが理想です。

なお、投資家はふつう、開発のためには最低限の初期投資をするだけで、プロダクトが計画通りできあがったらさらに追加の資金を提供しようというオプションを提示しますが、これは断るのが賢明です。なぜなら、製品開発には想定よりもはるかに多くの時間がかかるものであり、上記のスキームは単に投資家が本来とるべきリスクをスタートアップ側に押しつけているだけのもの

PART II: CASES

だからです。本当にチームとそのプロダクトを信じている投資家であれば、最初からじゅうぶんな額を投資してくれるものです。

ネットクリーンのケースに限らず、欧州では社会課題の解決や持続可能性の向上に取り組んでいるプロジェクトのほうが資金提供者をみつけやすいと言われています。人々がそれらのテーマに強い関心を抱いているからです。まだ海の物とも山の物ともつかないスタートアップに投資をするか否かの意思決定は論理だけではなく、想いや理念といったものが大きく影響します。

シェーベリの日記より

2004 年の秋、テリア・ソネラ社の経営陣と会合を持った。そこにいたのは、前 CEO のマリー・アーリングと彼女の側近が二人。僕たちは、ネットクリーンの事業計画について話し、会社の株式 10％と引き換えに 1 千万スウェーデン・クローナ（約 1 億 3 千万円弱）を投資してくれないかと切り出した。当時のネットクリーンに 1 億クローナ（約 13 億円）の価値を認めてくれ、と提案したわけだ。

残念ながら、この提案についてのアーリングたちの回答はノーだった。でも、代わりにネットクリーンのスポンサーとして後援することならできる。そして——これが最も重要なオファーになったわけだが——計画通りにネットクリーンのプロダクトが完成したら、それをテリア・ソネラが購入する、さらに、その取引について、PR 材料として公表もしてかまわない、と言ってくれた。

結局僕たちは、政府系機関であるイノベーションスブロンから 10 万クローナの助成金を獲得し、さらに創業メンバー、つまり自分たちで各自 10 万クローナずつ出資し合った。それに加えて、ウエスト・リージョン銀行からも 40 万クローナを借り入れた。

これでなんとか 100 万クローナほどの資金は手に入れたわけだ。まだプロダクトも、業務提携も、顧客も何もなかったけれど、少なくとも半年間は活動できるだけの資金が。あとはやるだけだ。

Phase 1：プロダクト開発

2004 年 1 月、ネットクリーン創業メンバーたちは、前述のインキュベーター施設「フラムティデンス・フェアターグ」に入居（図 14-3 参照）し、計画していた開発完了時期は同年 8 月ということでシェーベリたちは大忙しで開発を進めていました（結局、実際に開発が完了するのは翌年の 8 月になってしまいましたが…）。

ネットクリーンの製品開発を進めるには、ソフトウェアだけでなく——どの画像をブロックすべきかを特定するために——警察と合意文書を取り交わす必要もありました。これはある面では、外部からのプレッシャーをそらして開発のための時間を稼ぐのに有効な手段となりました。開発がなかなか進まないのは、まだ合意文書が取り交わせておらず、プログラムの詳細について決定することができないからだ、と言い逃れができたからです。ネットクリーンの取締役会はおろか、開発チームでさえ、プロダクトができあがるまでにどれくらいの時間が必要になるか、はっきり分かっている者はいませんでした。最初の製品が完成しないことには事業を始められない、だからとにかく開発にすべてのリソースを集中しよう…そんな状態だったのです。

第 14 章　儲かるソーシャルビジネス

図 14-3：ネットクリーン創業時のオフィス。2.5×3m の部屋で大人が二人やっと入れるだけのスペースしかなく、屋根裏部屋だったため夏は暑さでうだるほどだった

このフェーズにおいて、最も判断が難しく、かつ重要なポイントは、製品開発にはじゅうぶんな時間が必要だけれども、永遠にプロダクトのつくりこみを続けるわけにはいかず、どこかの段階で仕上げにかからなければならない、ということです。この判断に関して、決まった方程式や基準は存在せず、必要な機能を備えているという意味で「正しい」プロダクトをつくりだすために、起業家は自分なりの判断プロセスをモデル化していかなければなりません。製品開発フェーズを終えて、フェーズ 2 に進むためには少なくとも次の二点をクリアしている必要があります：

1. 仕上がりテストを終え、稼働確認できたプロダクトに加え、マーケティング、販促活動のためのツール（チラシやパンフレット、デモツールなど）が揃っている
2. 以下に述べるフェーズ 2 での活動をカバーするだけの資金を確保できている

しかし、実はネットクリーンがフェーズ 2 の段階に進んだときには、このどちらも揃ってはいませんでした。「どこまでムチャできるか？」というわけです。

Phase 1 における資金調達：何に対する出資を求めているのか？

フェーズ 1 の段階に入って製品開発をスタートする前に、創業者はチームとなる仲間を集め、事業計画の骨子は固めているはずです。また、それが必要な場合には、核となるテクノロジーの確保・確認、およびその特許申請も済ませてあるでしょう。したがって、フェーズ 1 ＝製品開発の段階で創業者が投資家に「売っている」のは自分自身とそのビジョン、将来性なのです。

起業家が持続可能性に資するビジネスプランを提示するとき、それは社会をより良い場所にする、世界に前向きな変化を起こすという希望を投資家に売っていることにほかなりません。資金の提供を訴えるにあたり、起業家はこのことをよく踏まえて、自分のビジョン、その将来性、それが実現されたとき社会にもたらされるであろう希望を具現化するための手段として、自分の会社の価値を見定めるべきなのです。決して、希望を安売りしてはいけません。

プロの投資家との協議においては、ほぼ確実に株価あたりの収益率に関するモデルの話が持ち出

PART II: CASES

され、それの結果、初期のスタートアップの価値は買い叩かれることになります。この手の議論には乗らないことです。創業チーム――最低でも創業メンバーのうちの一人――の過去の実績や履歴をアピールし、投資家にとってのリスクがいかに小さいか、自分たちの会社に投資することがいかに手堅いことかを伝えられるかが勝負の鍵を握ります。優れた投資家は、いくらでも模倣可能なアイデアではなく、人に投資します。だからこそ、起業家は自分たちが最高の陣容を揃えたチームであることを示さなければなりません。

繰り返しになりますが、この段階でスタートアップが投資家に「売っている」のは将来に向けた潜在性、ポテンシャル、秘められた希望です。希望を満載した列車が出発しようというとき、ホームにとりのこされたいという人はいません。資金調達交渉における起業家の仕事は、投資家をそんな気持ちにさせることです。いままさに出発せんとする列車に乗り遅れたくない、私もそれに乗せてくれ、投資家をそんな気持ちにさせなければなりません。

前に述べたように、社会的に意義があるミッション、たとえば持続可能性向上に資する事業は、少なくとも欧州では資金調達が比較的容易です。それに投資することで得られる希望、社会貢献意欲、良き市民としての役割を果たしている、という前向きな感情を与えることができます。起業家はこれを最大限利用すべきですが、勿論都合のよいことばかりを並べ立てて投資家の善意を悪用するようなことがあってはなりません。そうした「善意の悪用」で資金を集めた事業家についての風評は、その後もずっと彼女ないし彼につきまとって離れないものです。

シェーベリの日記より

ネットクリーン社の株式の持ち合いに関して、初期の投資家の一人と協議していたときのことだ。彼から電話があり、僕たちは会社のこと、自分たちが実現したいと思っていること、今後の計画とビジョンについて話した。「ネット上に氾濫する虐待や児童ポルノ画像を、今の半分にしたいんだ」そう伝えた。

その投資家は、電話口で最後にこう言った。「君の会社に投資するよ。君たちは成功すると思うし、個人的にそう信じてもいる。それに、万が一、このプロジェクトが失敗に終わったとしても、少なくとも私の資金は善い試みに費やされることになるわけだからね」と。

これまで何人もの投資家に会ってきた。ネットクリーンのプロジェクトを社会的善のためのものとしてみてくれる人もいれば、純粋にスタートアップとしての投資対効果の観点からみる人もいた。個人的には、どちらの観点も重要だと思うし、だからこそ、ネットクリーンは社会善と営利の両方を追求している。

Phase 2: 市場を開拓し、投資せよ

製品開発が完了したら、いよいよ目の前のマーケットに切り込んでいき、プロダクトを販売するというフェーズに入ります。起業家自身は勿論、彼女ないし彼のプロジェクトに投資した関係者も全員が期待に胸を膨らませる時期ですが、実際に最初の販売にこぎつけるまでには想像よりもはるかに多くの時間とコストがかかります。なにしろ、新たな市場を切り拓き、そこにこれまで存在していなかったプロダクトを、今まで手つかずだった問題を解決するために投入するのです。

第 14 章　儲かるソーシャルビジネス

しかも、まったく知名度なしのノーブランドで。そのうえネットクリーンの場合、プロダクトが
コンピュータに組み込むソフトウェアであったため、もしバグがあったら顧客のコンピュータ網、
ネットワークがすべて台無しになってしまうかもしれないというおまけまでついていました。

今から振りかえってみると、ネットクリーンはこのフェーズでやや迷走したきらいがあります。
営業そのものは比較的好調でしたが、製品をローンチする前にこの市場開拓フェーズでなすべき
ことをもっとよく理解していれば、より良い成果があげられたことでしょう。では、その「なす
べきこと」とは一体何だったか？一言で述べるなら、それは自らマーケットを築き上げることで
した。市場に参入したばかりのこの時期というのは、実はもっともシェアを伸ばしやすい時期で
もあります。この市場開拓フェーズで大きく投資をすればするほど売上とシェアを伸ばすことが
でき、後々になってからの利益もそれだけ大きくすることができます。そうは言っても、それは
単純に広告宣伝をはじめとするマーケティングにひたすらカネをつぎこめ、という意味ではあり
ません。むしろ、この時期にこそ組織の内外で信頼を築くことこそが重要であり、人材の確保や
人脈の開拓など、「人」に大きく投資をするべきタイミングが、この市場開拓フェーズなのです。

シェーベリの日記より

僕たちは、この時期、指標の一つとして収益を重視していて、それはネットクリーンという企業にとって良い
面と悪い面の両方の効果があった。

僕たちが取り組んでいた問題に対する社会の関心は高かったから、ネットクリーンは当時メディアから多く
の注目を集めることができていた。でも、今振りかえってみると、この時期もっと市場を大きくするために投資
をしておくべきだったと思う。

手持ちのリソース——資金は勿論のこと、ありとあらゆる経営資源——が限られていたから、どうしてもビ
ジネスを黒字化させる方向に集中せざるをえなかった。それでも、あの頃お金を（回収するのではなく）むし
ろもっと使うようにしていたら、きっと後々の事業拡大に役立っていただろうになと思う。

一方で、収益化に舵を合わせたことによって、僕たちは創業から五年で利益を出せるようになったし、スウ
ェーデンで最も急激に成長しているテック系企業として表彰までされた。ビジネスという観点からみた時、こ
れは実に素晴らしいことで（ネットクリーンに投資してくれた投資家にとっては特にそうだろう）、その意味では
悪い判断をしたわけじゃない。つまるところ、判断の良し悪しを決めるのは結局自分次第、ってことだ。

この時期のKPI（Key Performance Indicator、目標達成度指標）に設定すべきは売上や利益率
ではありません。市場開拓フェーズで自分たちがうまくやれているか見極めるには別の指標が必
要です。あまりにも早い時期から利益を出すことに集中してしまうと、市場を開拓するための資
金を惜しみ、行うべき投資をしないという重大なミスを犯してしまうことになるからです。

時間を大切に

これについては、いくら強調しても強調しすぎということはありません。製品のプロトタイプを
つくりあげるにしろ、必要な資金を調達して会社の銀行口座にそれが振り込まれるタイミングに

PART II: CASES

せよ、何事であれ、自分が予想するよりもはるかに時間がかかるものです。これは起業家にとっては日常茶飯事、慢性的なことで、それはなぜかと言えば、起業家はふつうの人たちや会社よりもずっと速いスピードで物事を動かそうとしているからです。

シェーベリの日記より

ネットクリーンが最初のプロダクトをローンチしたのは 2005 年 4 月のことだった。あっという間に夏が過ぎ、同年秋にはたくさんの企業にアポをとるようになった。企業が僕たちのプロダクトを購入しようと思ったら、それを予算に組み込まなきゃいけない——事前に製品を検証し、実装のための計画を立てるんだ。僕たちはこのことを分かっていなかった。結果、資金繰りにはいずりまわりながら秋をしのぐはめになった。どの企業もその年に購入するものは前年のうちに決めていて、ネットクリーンの製品を買う予算なんて残っていなかったからだ。

幸いなことに、結局その年の終わりまでには 728,000 クローナ（約 930 万円）を売り上げることができた。テリア・ソネラをはじめとする、まさにイノベーター、アーリーアダプターと呼ぶべき最初期の顧客になってくれた企業のおかげだ。キャズム理論はまったくもって正しいと心底思った。

実は 2005 年4月のローンチ前、投資家の一人から電話があって、こんな会話を交わした：

「君たちが契約している電話回線は何本だ？」 何のことを言っているんだろうといぶかしみながら、「二本だけど」と答えると、怒鳴られた。「まったく足りない！すぐ顧客からの問い合わせでパンクするぞ！」

経験豊富なはずの取締役会のメンバーですら、顧客が列をなして僕たちのプロダクトを欲しがるものだと信じて疑っていなかった。「みんなネットクリーンのプロダクトを熱望するぞ」って。実際そうだったのかもしれない。でも、どんな優れたプロダクトだって勝手に売れだしたりはしない。顧客にじっくり向き合って、プロダクトのどこが素晴らしいのかを理解してもらわなきゃいけないんだ。それを僕たちは分かっていなかった。

その結果、上述の通り 2005 年の夏には既に手持ちのキャッシュがあやしくなり、追加の資金調達（要はまた株式を手放すってことだ）が必要になった。僕たちはすっかり自信をなくした。製品はさっぱり売れず、ネットクリーンに期待を寄せてくれていた人たちをがっかりさせてしまったから。

今になってみると、当時の僕たちは結構順調だったと分かる。でも、あの当時ネットクリーンに寄せられていた期待はそれよりもはるかに大きかった。たぶんお門違いなほどに。なにしろ、その頃のネットクリーンはまだプロダクトが完成しておらず、必要な資金も調達できていなくて、つまり、ビジネスを始める準備がまだととのっていなかったんだから。

この年の秋、追加の株式売却を行ったところ、申込みが殺到した。まがりなりにもプロダクトと呼べるものがあって、最初の顧客もついている、つまりローンチと販売実績があるにもかかわらず、製品開発が終わっていなかった時期と会社の評価額が変わっていなかったからだ。

市場開拓期に最も重要なことは

市場開拓期は、会社の舵取りが最も難しい時期でもあります。だからこそ、焦らないことが肝要です。この点で、ネットクリーンは何回もミスを犯しています。新製品をローンチするとき、あるいは海外展開に踏み出す際など、いずれもじゅうぶんな時間とコストを見込んでおらず失敗を重ねてしまったのです。もっとも、それは致命的な過ちというよりも、期待値と実際の打ち手をしっかりと合致させられなかった、という類のミスでしたが…。

第 14 章　儲かるソーシャルビジネス

市場開拓期は、その前の製品開発フェーズと比べて打ち手の選択肢が増えるぶん、正しい手を打つことが特に重要になります。マーケティングと営業はもちろんのこと、ブランド構築にあたってコンサルティングにも相当の予算を使うことになるでしょう。この時期に予算その他の経営資源を投資にまわすのはリスクがありますが、それによって次のフェーズに進んだ時に得られる売上規模をより大きくすることができます。どれだけの予算を市場の構築と拡大につぎこめるかは、会社がそれまでに調達した資金と起業家自身の胆力次第となります。

重要なのは、より多くの顧客をより多くの市場で惹きよせて売上拡大の基盤を大きくしておくこと、そして利益にこだわらないことです。市場を拡大すべき時期に利益をあげて事業を黒字化することに目を向けすぎると、顧客の取り込みが不十分に終わり、最大限の市場拡大ができなくなってしまいます。

したがって、この時期に必要な人材は、潜在的な顧客と積極的につながりを作って関係を築くタイプ、いわゆる「ビジネスをつくる人（Business Developers）」です。彼女ら彼らは、必ずしも成約件数を追う必要はありません。勿論ある程度は成約とそれに伴う売上も必要ではあるのですが、契約件数ばかりが頭にあるようなタイプの営業員はじっくりと市場を構築していくよりもすぐ目にみえる結果を追い求める傾向が強いため、かえって長期的視野で顧客との関係性を築き、市場全体を大きくしていくという方向性とは合わないことが多いのです。

Phase 3 の売上拡大期に転じる前に達成すべきこと

市場拡大期から、その次のフェーズである売上拡大期に転じるには、いくつか達成しておくべきことがあります。たとえば：

- 市場をじゅうぶんに開拓し、プロダクトの営業を行うメンバーが顧客を取り込むためのプラットフォームを構築する

- マーケティングおよび営業のためのツールを準備する

- 自社製品について、好意的なレビューや口コミを広めてくれる最初期の顧客がいる

- 営業チームを雇い入れ、彼女ら彼らの報酬体系を確立する

さらに、場合によっては（そして、多くの場合においては）既存の市場開拓チームが入れ替わる、あるいは会社を離れることも必要になります。なぜなら、上述の通り、市場を切り拓いていくときと、そこから果実＝収益をもぎとってくるのとでは求められる役割が違うからです。

PART II: CASES

シェーベリの日記より

この時期のネットクリーンには、僕のチャルマース工科大学アントレプレナーシップ・スクール時代の友人、ラルス・ベルンがいた。彼は前職で顧客と非常に良好な関係を築いており、そのうちの何社かをネットクリーンの顧客に引き入れてもくれた。

2007 年 2 月、ネットクリーンは次の成長段階へと進むために社内制度を改め、顧客への訪問の効率性などを検証するようになった。ほどなくしてラルスはネットクリーンを退社し、チャルマース・イノベーションというインキュベーターに入居する小さなスタートアップすべてに CEO として参画する道に転じた。

市場を切り拓き、顧客との接点をつくりだすのは本当にタフな仕事だ。あらゆる起業家は、これをやってくれる人に対して深い敬意を持たなきゃいけない。

ネットクリーンが市場開拓期を終えようとしていた頃のことを思い返すと、僕はこの敬意を欠いていたように思う。その意味で、僕自身も含めて、つらい思いをした人がたくさんいた、いやな時期だった。それ以外のことはほとんど覚えていないくらいだ。もっと違うようにやっていたら、もっと従業員のみんなとも関係を深め、売上ではなく顧客との関係を会社にもたらしてくれるタイプの「営業」について、もっと理解できていたらよかったのに。

Phase 2 における資金調達に関して：市場開拓に乗り出す前にじゅうぶんな資金を確保せよ

製品開発に目処がつき、そろそろ待ちに待った市場参入に踏み切るときだと感じたら、製品をローンチして市場開拓に乗り出す前に資金を確保することを忘れてはいけません。仮に製品開発に100 万クローナ（約 1,300 万円）必要だとしたら、ふつう 1,000 万クローナを超える予算が市場参入には必要になるものです。

この時点でスタートアップは何も販売実績を持っておらず、そのため投資家に対してどれだけのリターンがあるかを示すことはできません。ただし、これは悪いことばかりではなく、話の持っていきかた次第ではスタートアップに有利に交渉を進めることも可能です。というのも、起業家自身にとってはシンプル極まりないアイデアであっても、ほとんどの投資家にとっては複雑怪奇でとても詳細を理解することはできないものだからです。投資家にテクノロジーの詳細な原理を理解させる必要はありません。

この段階にきているということは、既に述べた通り、既に製品開発が済んでいて、いつ顧客に引き渡せるかも見当がつけられるようになっている、ということです（多くのスタートアップはここまで到達することができずに消えていきます）。これこそ、起業家が投資家に理解させ、信じてもらう必要がある重要事項です。

製品をローンチして情報が公開される前に、今ならばより良い条件で投資するチャンスがある、と投資家に伝えなければなりません。販売実績ができて情報がオープンになれば、会社の評価額は今よりもずっと高くなり、それだけ投資のハードルも上がる、この会社に投資するならこれぞ千載一遇のチャンスだということを強調しましょう。販売実績がない今だからこそ、またとない

第 14 章　儲かるソーシャルビジネス

機会を比較的わずかな元手で掴めるかもしれない、そんな期待こそがこのタイミングでのスタートアップの評価額、バリュエーションの基盤となるのです。

差別化をはかる

この時期、今まさに起こりつつある波に乗ろうと、組織への参画希望を表明する人が飛躍的に増えてきます。

「僕たちは、子どもの権利を侵害するようなネット画像の氾濫を食い止めようとしているんだ。君も一緒にやらないか？」ネットクリーンはこんな陳腐なメッセージを発することはありませんでしたが、あえてそうしたアプローチをとる企業もあります。そして実際のところ、（「虐待」「児童ポルノ」など耳目をひく言葉を乱発するなど）どぎつくならないように気をつけてさえいれば、そのような直截なコミュニケーションは有効に機能することも多いものです。

シェーベリの日記より

2005 年の製品ローンチ前に友人と最初のラウンドで資金を提供してくれた投資家に声をかけて株式を追加売却し、120 万クローナを調達した。市場開拓には製品開発の 10 倍の資金が必要だという観点からすれば、このとき1千万クローナは調達するべきだった。

もう一つの重大なミスは、会社の評価額を以前のラウンドから引き上げなかったことだ。もう製品はできあがっていて市場に参入する準備はできていた（と、少なくとも僕たち自身は思っていた）というのに…。そこまでの資金を集めて相応のリターンを出せるのか不安だったんだと思う。実際、製品開発にも想定より遅れが出ていて、自信を失っていた面もあった。このときの調達額がじゅうぶんではなかったせいで、結局 2005 年の秋にはまた追加で株式を手放すことになった。

僕たちはまだプロダクトを販売するのにどれだけコストがかかるか分かっちゃいなかった。集めた資金はあっという間になくなっていった。そうなったらもうどこかで聞いたことがあるようなお決まりの展開だ。製品開発チームと営業チームの間で責任のなすり合いが始まった。だれも答えを持っていなかった——単に、僕たちのプロダクトは売れるのにちょっと時間がかかるタイプの製品だった、というだけの話だ。

最終的に、プロダクトの質は悪くないということには会社の誰もが同意した。営業チームの質についてははっきりしたことは言えなかったけれど、数年後に振りかえってみれば実に素晴らしいチームだったことが分かる。でも、このときは僕たち経営陣も、営業チーム自身もそのことを理解できていなかった。

2005 年 10 月、またしても追加で株式を売却した。

ネットクリーンのように社会的意義を追求するソーシャルビジネスの利点の一つは、投資をする人がそのことを誇りに思ってくれることです。彼女ら彼らは、ソーシャルビジネスに投資している、つまり自分が社会善のために貢献しようとしていることを周囲に伝えるモチベーションを持っています。このことを促進するためのツールを必ず用意して、投資家が託してくれた資金と信頼が社会課題を解決するソリューションの重要な一部を成していることを共有しましょう。そうした「善意の投資家」の声は、最高の広報メッセージとなります。

PART II: CASES

Phase 3: 参入した市場での営業活動が始まる

顧客と市場の開拓がある程度のところまできたら、今度は売上にフォーカスを移し、収益性の観点から成果を見直すことが重要になってきます。まだ利益率を第一に考えるには早すぎるでしょうが、売上の規模とその成長率はしっかりと見据えてビジネスを進めるべきです。ここでは営業のプロセスに着目して、新たな市場でこれまでになかった製品を売るにはどうしたらいいかについて論じていきます。

営業を円滑に進めるためには、社内のコミュニケーション、そして何より幹部・役員会や取締役会のコントロールが大切です。ここで最も難しいことの一つが、会社を引っ張る組織が変わったのだと社内のあらゆる関係者に理解させることです。市場開拓期においてはマーケティングを担う部門が会社のプレゼンスを高め、市場をつくりあげていく最重要部署でしたが、売上拡大期になると最も力を持つべきは営業部門になります。

これは自転車のロードレースにおけるチームワークのようなものです。レースの中で、局面ごとに別々のメンバーが先頭を走り、残り全員のために向かい風を受けてチームを引っ張っていくのです。スタートアップの創業期において「先頭を走る」のは製品開発を行うメンバーの役目でした。それがマーケティング担当に移り、そして今、会社の売上拡大が最重要ミッションになったこのタイミングでは営業チームが会社を引っ張る番、というわけです。

このフェーズで達成すべき主な目標は以下の通りです：

- プロダクトを販売し、収益をあげる必勝パターンを確立する
- 製品を確実に顧客に供給するシステムを確立する
- 製品開発から営業販売にビジネスモデルの焦点をシフトする
- 卸業者や小売店、専門販売業者など、自社と連携するパートナー企業がそれぞれの事業を進めやすくなるようにサービスを整備し、必要に応じてツールも提供する

ここで最も重要なポイントは、今参入している市場が収益性のあるものであることを実証することです。収益を確保することによってさらに営業を拡大し、新たな市場へと参入するための原資を得ることができるからです。

Phase 3 における資金調達：お金を稼ぐにはコストがかかる、ということ

プロダクトを販売して、それが会社の収益となって返ってくるまでには、まず間違いなく想定よりも多くの時間がかかるものです。そして、拡販のための営業にはコストがかかります。つまり、売上拡大を進めるにはそれだけの資金的裏付けが必要である、ということです。当たり前の話ですが、このフェーズを乗り越えて会社を成長させるにはそれだけの資金が必要になります。

第 14 章 儲かるソーシャルビジネス

何を「売って」資金を調達するのか？

この時期の資金調達を難しくしているのは、まだ売上がじゅうぶんではなく、それを拡大するために資金が必要になる、ということです。これはどんな企業であっても直面する問題であり、その意味では自然な状況であると言えます。どんな会社であっても、新しい製品を販売し、そしてそれが収益につながるまでの時間を実際よりも少なく見積もるものですし、コストは想定よりも大きく膨らんでしまうものです。

このこともあって、フェーズ３における会社への評価はフェーズ２のときよりも低くなりがちです。なぜなら、いまや会社が多くの資金を今すぐにでも必要としていることは投資家にも明らかであり、その一方で以前のように「夢」を売るのは（販売実績という現実がある以上）もはや不可能となっているからです。起業家はこのことを率直に認めなければなりません。自分たちは今売上拡大のためにリスクをとって投資をしているのであり、それ自体は決して悪いことではない、むしろ会社が順調に成長していることを示すサインなのだと。さはさりながら、どんどん会社のキャッシュが出ていっている状況下で一刻も早く資金を調達しなければならない状況であることに変わりはないわけですが。

この段階で投資家にアピールすべきは、実際の営業と販売実績を通して深めたマーケットに関する知識、そして、それにもとづく黒字化までに必要な資金総額のより正確な見積もりです。つまり、以前のフェーズに比べると不確定要素、すなわちリスクは小さくなっているのです。また、会社が黒字化すればふたたび評価額は跳ね上がるはずで、その意味では引き続き投資する好機であることに変わりがない、ということも強調すべきです。既にプロダクトはできあがっていて、初期の顧客もついている、つまりリスクは小さく、しかもまだ会社の評価額は上がりきっていない、大きなリターンを得るためには今が最後のチャンスかもしれない、と。

自社の事業価値をどう評価すればいいのか？

この段階でも、スタートアップの事業価値はあくまで将来性にもとづいて評価されます。ただし、上述の通り、起業家自身も投資家も、プロダクトが市場にどう評価されるものかは分かっており、そこに潜むリスクは以前より小さく、売上に関する予測精度は良くなっているはずです。したがって、この時期の会社に対する評価は、ひとえに起業家が目の前の販売実績から見通せる自社の将来性をどれだけ魅力的に語れるか、そして投資家がそこにどれだけの潜在的成長性を見出すかにかかっています。その意味で、ここにいたっても、やはり会社の評価を決めるのは製品や会社のあり方というよりも起業家自身だということを忘れてはいけません。

209

PART II: CASES

シェーベリの日記より

ネットクリーンの事業を成長させるにあたって犯したミスは、以前この日記に書いた通りだ。僕たちが販促を開始するにあたって調達した資金はあまりにも少なく、結局 2005 年の秋にはまた追加の資金調達、つまり株式売却を余儀なくされた。テリア・ソネラがネットクリーンの顧客になったのはちょうどこの頃だった。ある日、僕が投資家とオフィスで話をしていたとき、営業チームのメンバーの一人がやってきて、机に書類の束を置いた。それが、テリア・ソネラからの注文書だった。同席していた投資家は最初、それをつくりものだと思ったと言う。無理もない。でも、それは本物で、タイミングは本当にただの(そして幸運な)偶然だった。

この秋の株式売却では 400 万クローナ(約 5,100 万円)を調達した。この頃までにネットスクリーンが参入を果たした市場のポテンシャルが知れ渡っていたのか、投資家たちからの出資提案の勢いはすごかった。僕たちの手には完成されたプロダクトがあり、既に顧客(しかもインパクト大の大口顧客だ)がついていた。でも、まだ継続的に事業を営んでいくのにじゅうぶんなだけの顧客は確保できておらず、会社の評価額は以前のラウンドから変わらなかった。これに甘んじてしまったのは僕らが犯した最大のミスの一つだけど、少なくとも出資提案が殺到したおかげで、ネットクリーンは株式の引受先を探して東奔西走する代わりに営業に専念することができた。

このエピソードから得られる教訓はたぶんこういうことだ。もし自分が投資家の立場にあるなら、良いプロダクトを持っていて、既に初期の顧客がついている、でもそこからさらに売上を拡大するために追加の資金を欲しがっている会社を探して、そこに迷わず投資しろ、ってこと。

逆に、もし自分がそんな会社を経営する起業家だったら、自分の会社の価値をしっかり理解すべきだ。今や、この会社は製品を完成させられないんじゃないかとか、自力で顧客をみつけられないんじゃないか、っていうリスクはなくなってるんだから。

Phase 4: 重要性が高い隣接市場に拡大・進出する

フェーズ3を成功裏に乗り越えられたとしたら、プロダクトの質は既に実証済みで、好意的な口コミをしてくれたり、新規顧客への紹介元になってくれたりするような得意先も数多くできているはずです。市場での評判も高まり、ビジネスは順風満帆と思える状態になっているかもしれません。このような追い風が吹いているときこそ、また新たな挑戦をすべきタイミングなのです。

ネットクリーンに関して言うと、同社は今まさにこのフェーズ4に入ったところで、客観的にその動きを評価するのは難しい状態にあります。シェーベリたちの打ち手のうち、どれが成功をたぐりよせ、また、どれが後に失敗、悪手と断じられるかは今後の展開次第となるでしょう。

ここまでのところ、ネットクリーンは英国とデンマークに進出しており、そこでの経験はスウェーデンでのものとほとんど変わらないものでした。これは、シェーベリたちが既存顧客との関係性をうまく利用して橋渡しをしてもらう形で海外に進出したことが奏功したのかもしれません。

顧客の中には、多くの人々がその動向に注意を向け、また、誰もが彼女ないし彼の意向を気にするような人物がいるものです。そうしたキーパーソンをみつけて、自分たちのプロジェクトと製品をみてもらうよう注力しましょう。彼女ないし彼がそれを気に入れば、顧客になってくれそうな人を紹介してくれるかもしれないからです。こうした好意的な紹介者、レビューアー、口コミの発信源になってくれる人には常に注意を向け、重点的にコミュニケーションをとるようにすべ

210

きです。ただし、そうした人物と深い信頼関係を築くには誠意と、なによりも時間が必要です。根気強く業界の重要人物との関係を築くことによって、その人自身が優良顧客となるだけでなく、心強い友人にもなり、そして勿論、将来自社がビジネスを拡大・成長させるための大きなネットワークをもたらす紹介者にもなってくれるのですから、焦らず時間をかけるようにしましょう。

ここまで詳細にわたって述べてきたプロセスは、スタートアップが海外をはじめとする新規市場に進出を果たしたときも基本的に変わりません。進出先のマーケットに合わせて製品を修正する過程が、フェーズ1、つまり製品開発にあたります。その次の市場開拓フェーズでは、「身元引受人」になってくれる最初期の顧客を探し、シェア拡大のために投資を進めます。そしてフェーズ3まで進んだら売上の最大化を目指して一気にギアを上げるのです。ネットクリーンは、スウェーデン国内で得た教訓を活かして、ずっと速いスピードで、より適格な手を打ち、英国とデンマークでのビジネスを急速に拡大させていっています。

Phase 4 における資金調達：会社の評価のもとになるモデルが変わり始める

最初に参入した市場での売上拡大は、この頃までには一段落ついており、会社は既に黒字化を果たしているはずです。プロダクト販売の必勝パターンも確立し、好意的な紹介元となってくれる優良顧客も複数ついているでしょう。ここからの目標は「スケールする」こと、すなわち、これまでとは次元の違うレベルでの成長を目指すことになります。

この段階での事業価値はどう評価すべきか？

事業をスケールさせるとなると、ふたたび自社の事業価値についての評価、すなわちバリュエーションを考えねばなりません。バリュエーションの際に最もよく使われるディスカウント・キャッシュフロー（DCF）法は、企業価値をその売上にもとづいて評価するものですが、売上総額に対してどれだけの価値を認めるかは事業の領域によって大きく異なります。そして、ここで社会の持続可能性に資するソーシャルビジネスを営んでいることの特殊性が現れてくるのです。

ソーシャルビジネスは社会的貢献を前面に掲げた事業を営んでいるぶん、まったく同じ規模で同じだけの売上をあげ、同じ額の利益を稼いでいる企業より投資を集めやすくなります。このことは、たとえバランスシートには現れなくても、自社の事業価値を算出するバリュエーションに好影響を与えるものです。そのため、社会的事業、ソーシャルビジネスの事業価値を評価するにあたっては、たとえフィールドは違うとしても、同じように持続可能性の向上や社会課題の解決に取り組んでいる、同志的なソーシャルベンチャーを比較対象にとってみるとよいでしょう。

黒字化した後でも資金調達は必要か？

ビジネスを成長させるには資金が必要です。勿論、事業そのものからの収益を再投資にまわす有

PART II: CASES

機的なやり方で成長を目指す道もあります。しかし、多くの場合、会社がある程度まで成長すると、成長するかどうかよりも成長のスピード、成長率が重要になってくる局面があり、そこで求められる急速な成長を果たすためにはまとまった資金が必要になるのです。ここには奇跡はありません。急激なスピードで成長している企業があったら、ふつうそこには大きな資金的裏付けがあるものです。

何を「売って」資金を調達するのか？

この段階での資金調達は、イグジットを前提としたものになります。つまり、この時点で会社に資金を投じる投資家に対しては、近い将来のどこかで、会社を売却するか、新規株式公開（IPO）を果たすかして、投資と引き換えに獲得した株式がキャピタルゲインとなって現金化可能であることを示唆している、ということです。本書は自ら創業者となる人を読者として想定しているので、以下では経営者が自分の裁量でタイミングをよりコントロールしやすい IPO に焦点をあてて論じていきます。

事業がここまで成長しているということは、その会社にはしっかりとしたビジネスモデルと実績あるプロダクトが揃っているはずです。この事業のポテンシャルはすでに実証されており、会社に投資するリスクは非常に小さくなっています。今新たに資金を必要としているのは、運転資金が足りないからではなく、より大きく急激な成長、つまりスケールすることを会社が目指しているからです。既に売上実績もできているため DCF 法にのっとってバリュエーションを通常通り行うこともできますし、上記の通り、事業の成長プロセスにおいて自社より二、三年先を行っていると思われる類似他社を参考にして事業価値を算定することもできるでしょう。

と同時に、一般的に言って、企業の価値は主に二つの要素によって決定されます（少なくとも、ソフトウェア会社の場合これは顕著です）。その二つとは、売上高と成長率です。そのため、ここで重要になってくるのは売上ベースの指標であり、利益総額や利益率は多少犠牲にしてでも売上と成長率の増大を最大の目標にして経営資源を配分すべきです。ただし、もし仮に利益率が低いのにもかかわらず成長も鈍化しているとしたら、それは非常に危険な兆候です。それは会社の事業が踊り場にさしかかっている、あるいはもっと悪いことにピークを迎えてしまったことを意味するものかもしれないからです。

ネットクリーンは、IPO 前に黒字化を果たしており、しかも将来の売上・利益見込みともに明るいものでした。そのため、特に大きな懸念もなく、既に上場していた類似のソーシャルビジネス企業を参考にしてバリュエーションに臨むことができたのです。

212

第 14 章　儲かるソーシャルビジネス

社会に対する貢献は、果たしてどれだけの価値を持つものなのか？

自社が社会に対して貢献を為しているというのは、果たして魅力的なことなのでしょうか？ネットクリーンに関して言うと、創業当初はそれこそが人々の注目と投資を集められた要因でした。「君の会社に投資するよ。君たちは成功すると思うし、個人的にそう信じてもいる。それに、万が一、このプロジェクトが失敗に終わったとしても、少なくとも私の資金は善い試みに費やされることになるわけだからね」と言った、初期の投資家の言葉を思い出してください。しかし、ここまで来ると状況は一変しています。この時点でネットクリーンに投資をするのは純粋に ROI 的観点、つまり投資に対するリターンが見込めるから、というのがほぼすべてです。ほぼ、というのは、ネットクリーンに投資し、IPO によるキャピタルゲインを狙う投資家たちも、やはり虐待や児童ポルノの撲滅を願っており、だからこそ同じ投資対効果が見込める別の投資先ではなくネットクリーンに資金を投じるという決断をしている面もあるからです。

Phase 5: グローバル市場に進出する

ネットクリーンはまだグローバル企業とはなっていないため、このフェーズに関して事例をひくことはできません。そこまで到達したら、きっとこれまでと同様失敗を繰り返しつつ、それでも過去の教訓を活かしながら進んでいくことでしょう。それこそが、投資家がプロダクトやアイデアにではなく、創業者ないし経営者をみて投資の是非を判断する理由です。ビジネスである以上、どんな企業であっても失敗を避けることはできません。しかし、過去の経験に真摯に学び、そこから教訓を得て、現在そして将来の経営に活かすことができる人物が経営しているかどうかによって、企業の業績は大きく左右されるのです。

Phase 5 における資金調達：利益ベースの経営に切り替える

上記の通り、ネットクリーンがまだグローバル市場進出を果たしていない以上、この点について同社を事例に論じることはできません。ネットクリーンがグローバル進出を果たすとしたら、おそらくその時点で上場しているか、あるいは他の上場企業に買収されていることでしょう。そして、その際のバリュエーションはこれまでのような売上ベースではなく、利益ベースに切り替わっているはずです。買収元が他のソフトウェア会社であれば顧客基盤が共通しており、技術的な補完性も見込めて事業上のシナジーが効くため、成長をさらに高めることができるはずです。

ネットクリーン社の事例を振り返ってのまとめ

本章の最後に、ネットクリーン社のこれまでの歩みからの教訓をまとめてみます。振り返ってみると、シェーベリたち創業者チームはいくつものミスを犯し、問題に直面していたときにそのことを理解すらできていない場面が幾度もありました。たとえば、営業に関することだけでも：

213

PART II: CASES

- シェーベリたちは、プロジェクト開始当初、虐待や児童ポルノ画像の問題は誰もが理解しているものと思い込んでいました。ところが実際には、虐待——特に児童に対する性的虐待——のことは誰もが知っていましたが、それが会社内のネットワーク上にまで蔓延していると認識していた企業はほとんどなく、このことを理解してもらうためには何ヶ月もかかりました。その結果、ネットクリーンの理念や製品の質についての賞賛は得られるものの、それが初期の販売につながることはなかったのです。

- 企業に売り込みをかけるにしても、一体誰を宛先にすればいいのかが分かっていませんでした——CIO なのか、CMO なのか、CFO、CSO、それとも CEO ？そもそも、シェーベリたちはそうした三文字の"C"略語の意味すら知らなかったのです！

- 実際に販売契約に取りつけるまでに必要な時間の見積もりも甘すぎました。営業先の多くは、まず様子をみて、ネットクリーンが信用できる取引相手となりうるか、つまり短期間でつぶれてしまわないかを見極めようとしたのです。

運よくネットクリーンはこうした初期の困難をなんとか乗り越えることができました。しかし、営業活動が軌道に乗り始めてからもトラブルは頻発します。

営業、営業、また営業…

シェーベリたちがネットクリーンを立ち上げる直接のきっかけとなったチャルマース工科大学のプログラムでは「営業」がトピックとして取りあげられることはほとんどありませんでした。それについての授業もトレーニングもないし、そもそも誰も営業について議論すること自体なかったのです。2 年弱の在籍期間中、まがりなりにも営業に関する教育プログラムは、大手の IT 系コンサルティング会社から社員が一人やってきてゲスト講演を行った 2 時間だけでした。

営業は本当に複雑怪奇で、洗練されたスキルを巧妙に使い分けなければなりません。スタートアップを立ち上げるのは一瞬ですが、営業に終わりはありません。営業を通じてプロダクトを販売につなげなければどんな会社でもつぶれてしまいます（たとえプロダクトそのものが世界一質が高いものであろうが）。逆に、売上さえ立っていれば初期のスタートアップが直面することになる問題のほぼすべては何とかなります。しかし、残念ながらプロダクトが勝手に売れだす、ということはありません。だから、起業家は営業から目を背けてはいけないのです。

「ごくごく狭い水域にサメがうようよしている」

ネットクリーン立ち上げ当初の投資家の一人が、スタートアップ界隈というのは「ほんのわずかな生態的スペースしかないところに貪欲なサメがうじゃうじゃいるようなものだ（だから、くれぐれも油断するな）」と述べたことがあります。

第 14 章　儲かるソーシャルビジネス

シェーベリたちが彼と会ったのはイェーテボリ随一の高級ホテルであるパークアベニューホテルで、当時シェーベリはなんでわざわざこんなところで、と不審に思ったそうですが、今ではその真意が分かると言います。投資家の意図は、本当に優れたアイデアというのはごく限られていて、しかもそれを我が物にしようと鵜の目鷹の目で狙っている人はそこらじゅうにいる、ということでした。

幸いネットクリーンには経験も人脈も豊富な役員たちがいたため、そうした「サメ」からアイデアを守り抜くことができました。この経験から、シェーベリは、自分のアイデアに自信を持つ起業家ほど、自分たちを見守り、適切な保護とアドバイスをしてくれるエンジェル投資家や取締役を探し求めるべきだと力を込めて語ります。

「集中、集中、さらに集中」

これはシェーベリたちが、チャルマース工科大学のセーレン・シェランダー教授から繰り返し聞かされた言葉でした。あまりに教授がしつこく「集中しろ」と言うものだから、受講生たちの間ではそのことがジョークの種として流行っていたほどです。

しかし、ネットクリーンの歩みを振り返ってみると、これほど適切で、スタートアップが成功するために欠かせないアドバイスはありませんでした。集中、と一言で表現すると実にシンプルで当たり前のことのようですが、実際に集中しきるのは不可能なほど難しいことです。もし自分はじゅうぶん集中している、と思うようなら認識を改めたほうがいいかもしれません。なぜなら、そこからさらに絞り込んで集中度を高める道は必ずみつかるものだからです。

そして、集中というのは何事においても必要になるものです。製品開発に関して言えば、プロダクトの目的をしっかりと見据えて、そのために必要十分なものをできる限り短期間・低コストで開発することに集中すべきです。マーケティングであれば、拡張性とコストを勘案したうえで、最もシンプルなプラットフォームを築き、そこに自社の製品やサービスが自然と乗っていくようにすべきです。営業であれば、最も王道だと思われるアプローチで、この顧客こそ自社の製品・サービスを使うことで最も価値を最大化できるはずだと思われるターゲットにアプローチすべきです。営業活動がなかなかうまくいかないと、つい目先を変えたくなるものですが、そこで踏ん張れるかどうかがその後の会社の運命を左右します。スタートアップのように小さいプレイヤーは営業先をいくつも広げるのではなく、絞り込んだ営業先に集中すべきなのです。なぜなら、一旦顧客との交渉が進みだすとあらゆる問い合わせが始終立て続けに飛び込んでくるようになり、それを短いリードタイムでさばくには、それなりのリソースが必要になるからです。「集中して、集中して、そこからさらに集中しろ」当たり前のことかもしれません。でも、それを大切に。

215

PART II: CASES

「人脈は貴重だ。存分に活用しろ。ただし、濫用・甘えは厳禁」

これは、シェーベリたちが初期の投資家の一人から言われた言葉で、今ではネットクリーンの経営陣にとって重要な教訓となっています。その意味は、社外に多くの友人と応援団をつくり、自社をサポートする機会を与え、彼女ら彼らが重要な役割を担っていることを伝えなさい、ただし、度を過ぎたお願いをしてはいけないし、たとえ筋の通った要望だとしてもそれに甘えて、サポートを当然のものと思い込むな、ということです。一度失った信頼は二度と取り戻せません。

ネットクリーンは、これまでに実に数多くの人々の助けを借りて成長してきました。しかし、シェーベリたちは、どんな場合であっても誰かの助力を求める際には特に慎重になるようにしたと言います。助けを求めるばかりでその期待に応えられない、あるいは（経済的リターンを返す、ということも含めて）恩返しをしないでいると、はじめのうちは目をかけてくれていた人たちも愛想を尽かし、何も言うことなく静かに去っていきます。気がついたら長期間にわたって好意的な関係を一つも築けていない、というスタートアップが成功することはまずありません。

ここでの教訓は、まさに人脈は起業家やスタートアップにとってもしかしたら唯一と言っていい貴重なリソースであり、存分に活用すべきなのだけれど、それを使うときにはよくよく検討を重ねたうえで決断すべきである、ということになるでしょう。

「どこまでムチャできるか？」

前述の通り、これは今やネットクリーン社内の合言葉になっています。たとえば新しいプロダクト開発に着手する際の会議では「どこまでムチャできる？」と誰もが問いかけ、考えます。当たり前ですが、ムチャなことに挑戦すれば無数の困難を自ら抱え込むことになります。しかし、あえてそうした挑戦をすることではじめてみえてくる目標というものがあるのです。

「プロダクトが仕上がったら、その瞬間から営業に集中しろ」

ここで一つリアルな話をしましょう。プロダクト開発に終わりはありません。作り込みを重ねる余地は無限にあり、どこまで完成度を高めたら対価を求められる製品として世に問うていいかを決めてくれる魔法の方程式はないのです。営業活動を開始し、顧客の手にプロダクトを引き渡したときから次のバージョンアップ、追加すべき新機能の開発が始まります。

投資家やベンチャーキャピタリストはよく「もうじゅうぶんだ。営業を始めよう。契約がとれるまで、これ以上プロダクト開発を続ける必要はない」と言うとき、そこには一片の真理があるということです。勿論、実際にはプロダクト開発やバージョンアップは営業活動と並行して常に行われるわけですが、「まだ開発が終わっていない」ということを言い訳にしてはなりません。

216

第 14 章　儲かるソーシャルビジネス

「君たちの製品を買いたい人なんていないよ。誰しも不都合な問題なんてみたくないんだ」

ある日、シェーベリが事業のプレゼンテーションを行ったところ、聴衆からこのようなフィードバックを受けたことがあります。ネット上に氾濫する虐待や児童ポルノ画像を取り締まるネットクリーンの構想はうまくいかない、誰もそんなプロダクトにはお金を払いやしない、と。

それは 2003 年のことで、当時のスウェーデンでは持続可能性や社会課題解決をビジネスにするという発想はまだ「発明」されていませんでした。同じようなフィードバックは、画期的な視点で新たなチャレンジに取り組む起業家であれば誰もが受けたことがあるし、これからもきっとそうでしょう。画期的なプロダクト、革新的なサービスは、画期的・革新的であるがゆえにそれを見定める物差しとなる前例が存在せず、そのため、それを理解できる人はほとんどいません。逆に言うと、そうした否定的なコメントがまったく得られないとしたら、おそらくその起業家（と自分でそう思っている人）がやろうとしていることは社会を変革するような、新しい試みではないということなのです。

「世界のトップ 500 社に売り込みができる超腕利きの営業を 100 人揃えろ」

これはもしかしたら一番ミもフタもなく、そして、一番大事なメッセージかもしれません。とにかく最初から世界を目指せ、そしてそのための組織づくりに投資を惜しむな、ということです。

持続可能性の向上や社会課題の解決に取り組むビジネスにおいては、いわゆる通常のビジネスと比べて長期的視点でものごとを考えることがはるかに重要になります。そうしたビジネスが人々の注目や期待、投資を集められるのは、小手先の対処法ではなく根源的なソリューションを求めているからです。

解決が難しい社会課題に取り組むのであれば、その問題がどれだけ根が深いものか、どれだけ困難なミッションに自分たちが取り組んでいるのかを真摯に受けとめる必要がありますし、それと同時に、それを解決するビジョンを顧客や取引先となる人たちに示して共感を得なければなりません。起業家が売っているのは単なるコードの羅列ではないし、顧客が対価を支払っているのも見た目が綺麗なガジェットではありません。より大きな問題に対するソリューションなのです。しかし、そのソリューションが本当に正しい形で問題の解決をなしうるものなのかどうかは誰にも分かりません。だからこそ、起業家は自分が信じるビジョンを可能な限り強烈に発信できるような組織づくりに最初から着手すべきだし、目標を常に高く掲げるべきなのです。

第15章 アフリカで社会起業する――チャルマース工科大学の事例より

Tomas Faxheden & Kristina Henricson, *Chalmers*

本章でご紹介するケースは、厳密にはビジネスの事例ではありません。ここでご紹介するのは、スウェーデンのチャルマース工科大学アントレプレナーシップ・スクール（Chalmers School of Entrepreneurship、以下「CSE」）におけるプロジェクトです。この事例を通して、大学のプログラムという環境下で個人の成長を促しつつ、経済的にも環境的にも持続可能な開発の基盤を築くことが可能なのだということを示していきます。

先に本章の概要をお伝えすると、CSE の学生たちはウガンダに太陽光発電システムを備えた住居を建築し、村の住民たちが安価に携帯電話を充電したり、各種の事務や印刷といったサービスを享受したりできる仕組みをつくりあげました。さらに、同じく太陽光発電を活用して村の水供給システムを修復・改善し、多くの人が清潔な水を利用できるよう資金調達を行ったのです。

これらの成果は、スウェーデン国内のパートナー企業や関連産業の関与があって初めて可能となりました。そうした企業は学生たちの呼びかけに応じて広告枠を購入し、そこで得られた利益がプロジェクトの原資となったのです。勿論、企業は購入した枠で自らの社会貢献活動、CSR について宣伝したため、これは双方にとって益のあるスキームでした。また、太陽光発電パネルなどの機材やウガンダへの学生の渡航費を寄付してくれた企業もありました。さらに、後述するように、高校生向けのセミナーに深く関与してくれた企業もあり、これはプロジェクトの経済的支援になっただけでなく、セミナーそのものの成功に大きく寄与したのです。

プロジェクトの背景について

CSE は、チャルマース工科大学と同じくスウェーデンのイェーテボリに拠点をおくイェーテボリ国際バイオサイエンス・ビジネススクール（Göteborg International Bioscience Business School、以下「GIBBS」）と並び称される実践的起業家教育のトップ校で、個人に対する起業家教育と大学発ベンチャー創出の仕組みが高度に融合した修士課程プログラムを展開しています。スウェーデンの大学は、教育と研究に加えて、社会に直接的なインパクトを与える活動を推進することが求められます。多くの大学はそれを研究活動の延長線上にある知識伝播や研究成果のライセンス供与、技術移転などで充当しようとしますが、CSE は実践的起業家教育による社会的インパクトを追求しているのです。

特に 1997 年以降、大学発ベンチャーの創出とは別個の取り組みとして大学院のプログラム独自のプロジェクトがカリキュラムに取り入れられるようになりました。このプロジェクトの目的は、学生たちの創造性を刺激するとともに、クラス全体で活動を進めることにより彼女ら彼らのプロジェクトマネジメントスキルと起業家精神に関する学びを深めることにあります。学生たちは、

PART II: CASES

プロジェクト活動を進めるために自ら資金を調達することを求められます。プロジェクトの骨子について、大きな方向性は CSE の教員が示しますが、それを実際に前に進める役割はすべて学生が担います。教員が行うのはプロジェクトを前年度から引き継ぎ、学生たちの活動を側方支援してプロジェクトの進捗を促すこと、そして資金調達の記録と報告を手伝うことに限られています。つまり、それ以外のプロジェクトに関わるあらゆることは学生に任されているのです。

プロジェクトが単年度で完了することはほとんどなく、学生たちは前年度の先輩たちが進めていたプロジェクトを引き継ぎ、自分たちでやれるところまで進め、そして次年度の後輩たちに受け渡していきます。畢竟、プロジェクトの目的や目標は年度ごとに移り変わっていきます。2007 年からは社会起業的な側面が付け加えられました。これが大きな成功をおさめたことから、それ以降プロジェクトのガイドラインには、起業家精神を発揮して社会的意義を追求することが目的の一つとして明記されるようになりました。本章では、この大きな転換点となった 2007 年から 2009 年までの CSE プロジェクトの足跡を追っていきます。

CSE プロジェクト 2007

準備段階

前年度の秋に実施されたプロジェクトについて説明を受けた後、2007 年の受講生たちは、発展途上にある国になにか価値あるものを届けるようなことがしたいと訴えました。幸い、この代の学生の一人が、スウェーデンの地方都市オゥモールの赤十字で活動するホルガー・ヨーナソンとつながりを持っており、彼のツテを辿ってウガンダのマナファに活動のチャンスがあることをつきとめることができました。検討の末、マナファの地域経済を活性化させることがプロジェクトの目的に定められました。

調査したところ、マナファのある村にはビジネスを興し地域の経済を活性化させるために欠かせない、根本的なニーズがあることが分かりました。商取引を行い、商店主や企業が情報をやり取りするための通信技術（特に携帯電話）を利用するのに必要な、安定した電力源が備わっていなかったのです。そこで、学生たちは村の中心部に太陽光発電設備を建造し、それを地元の起業家志望者がオフィスとして活用できる「インキュベーター」にすることを目標としてプロジェクトの計画を練り始めました。このプロジェクトは『インサート・アフリカ』と命名され、2007 年以降の CSE プロジェクトとしても引き継がれていくことになります。

CSE プロジェクトが立ち上がると、学生たちはまず、プロジェクトマネージャーとサブマネージャー、そして財務部長を決めるよう指示されますが、それ以外の組織運営体制については学生たちに委ねられます。これは長年のプロジェクト運用経験から得られた知見によるもので、教員が課す制限は最小限に抑え、できる限り学生に自由と裁量権を与えることがプロジェクトを"自分事"

化し、グループに活力を生む秘訣だというのが CSE 教授陣の信念なのです。

プロジェクトを進めるための資金調達手段として三つの収入源が挙げられました。一つは新聞の広告枠の販売。もう一つは、2001 年に CSE の学生が発足させていた「BITE」と呼ばれる高校生向けのセミナー。そして最後に国や自治体からの助成金です。

学生たちは、SAS や ABB グループといった大企業から、ミネスト、エコエラなどの新興スタートアップ企業にいたるまで、さまざまな企業に対して自社の持続可能性向上に向けた活動を宣伝する広告枠を購入しないかと働きかけました。この広告枠販売から得られる出稿料や手数料をプロジェクトの資金源としたのです。BITE とは、企業の後援を受けて CSE および GIBBS の学生が科学、テクノロジー、および起業家精神に関する教育を推進する講演活動です。さらに、学生たちはチャルマース・マスターカード基金からの助成も取りつけました。この基金は、それ自体がマスターカードの CSR 活動の一環で、チャルマース工科大学の学生が加入するクレジットカードやデビットカードによる取引額の 0.5%が『インサート・アフリカ』のような社会的事業に寄付される仕組みになっています。こうした資金調達活動は面倒も多く、大変なものでしたが、やがてプロジェクトを開始するのにじゅうぶんな額を集めることができました。

資金調達と並行して、学生たちはプロジェクトの中身についても検討を進めていきました。そして上記の活動を通して資金に目処がつくと、焦点は実際にウガンダでプロジェクトを実施するための活動に移りました。学生たちの目的は、マナファにいる現地のパートナーと協働して、実現可能であり、かつ持続性のあるプロジェクトを実施することでした。このために、現地の人々と連絡をとってつながりを築いたり、施設の建築に向けて建設業者と交渉したり、実際に現地で活動を行うための渡航計画を練ったりする必要がありました。

最も大きな障害となったのは距離——地理的にも心理的にも——でした。なにしろ、学生たちの誰も、マナファの現地にいる人とも業者とも会ったことがなかったのです。しかし、赤十字スタッフのホルガー・ヨーナソンが現地のことをよく知っており、ウガンダの人々とも親交があったため、彼の橋渡しのおかげでプロジェクトを何とか前に進めることができました。

ウガンダにて

2007 年 8 月、18 名の学生と 2 名の教員、そしてホルガー・ヨーナソンを含む一団はイェーテボリを出発し、不安と期待を胸にウガンダへと向かいました。それまでにウガンダの政府関係者が施設の基礎工事に立ち会っている写真や、建物の竣工写真は目にしていたし、マナファの人たちと数え切れないほど連絡を交わして前知識は得ていたものの、実際に現地で何が待ち受けているかは知る由もありませんでした。

221

PART II: CASES

ウガンダでのスケジュールは予め決められていて、地元の起業家たちとのワークショップや（このときまでには「光の家」と名付けられていた）施設の備品取得、運営組織づくり、そして交流会──歓迎式典から市長および市議会への表敬訪問、現地の学校視察、宗教儀式への参加、さらには地元の子どもたちとのサッカーの親善試合まで──といった活動でぎっしり埋め尽くされていました（図15-1参照）。

図15-1：ウガンダでの活動の様子（左）と竣工した「光の家」（右）

2007年プロジェクトの成果

こうして、この年のプロジェクトの確かな成果として太陽光発電システムを備えた施設が完成しました。この施設によって、マナファの村の人たちは携帯電話を充電するための電力をいつでも使えるようになり、事業活動を行うために必要なコンピュータやプリンターといった機器を廉価で利用できるようになったのです。こうした充電や機器の利用料からの収益はコミュニティに再投資され、貧しい住人の衛生環境改善などのために使われるようになりました。これは、施設を起業支援のためのインキュベーターとして活用しようという当初の計画とは異なる展開でしたが、プロジェクトをより現実に即したものにするための重要な変更だったと言えます。さらに、学生たちは施設運営のための理事会設立にも協力し、「光の家」の管理運営を理事会に託してウガンダを後にしました。

知識の共有という面では、CSEの学生たちはウガンダ訪問中にワークショップを開催し、現地の起業家たちと事業開発や起業プロセスについての意見を交換しました。これによって、マナファの起業家が最新の経営理論や事例についての知識を得ただけでなく、CSEの学生たちもウガンダにおけるビジネスや商習慣、カルチャーについて洞察を深めることができたのです。

もっと個人的なレベルにおける成果もありました。この年のプロジェクトマネージャーを務めた学生の言葉を借りると、ウガンダへの訪問によって学生たちは「価値観の違いやそれによって生じる誤解、コミュニケーションの難しさと同時に、素敵な文化や食べもの、マナファの人々の熱

烈な歓迎、そして最終的に異文化の壁を乗り越えることで得られたお互いへの理解によって、素晴らしい洞察を得ることができ、大きく人間として成長できた」のです。

また、プロジェクトに取り組み、ウガンダで活動を進める中で、学生たちは自分たちの中に強い誇りを覚えるようになりました。「ブブロという村落に着き、バスを降りて 50m 先を見やると、そこに建物が見えたんです…私たちが建造に携わった建物が。20 名の大学院生が、一文のお金もない、まったくのゼロの状態から、ただ情熱だけを頼りにやってきたことの成果がそこにあるのを目にしたときの、あの気持ちは忘れられません」（受講生の振り返りインタビューより）。

この成功に衝き動かされた学生たちは、帰国してからもプロジェクトのことを忘れることはなく、各地でプレゼンテーションや講演を行い、より長期的な持続性のある形で『インサート・アフリカ』プロジェクトを運営すべく組織づくりを始めました。その第一歩となったのが、後輩にこのプロジェクトを引き継いで、さらに発展させていくように伝えることでした。

CSE＆GIBBS プロジェクト 2009

準備段階

上記の通り、2007 年の学生たちは、マナファでの開発プロジェクトを長期的なものとしていくことを熱望していました。そのため、彼女ら彼らの後輩が、ウガンダでの社会起業プロジェクトを継続しようと決めたときには大きな歓声があがったのです。この年は受講者数が少なかったため、起業家教育で CSE と提携しているイェーテボリ国際バイオサイエンス・ビジネススクール（GIBBS）との共同プロジェクトが発足することになりました。こうした経緯のため、プロジェクトの始動初期はややもたつきがみられましたが、体制が固まるにつれて徐々に進行のスピードは早まっていきました。再びホルガー・ヨーナソンの協力のもと検討を重ね、この年はマナファ地域に植民地時代につくられた水供給施設の復旧をプロジェクトの目的としました。具体的には、新しいポンプの設置、浄化システムの改善、そして生まれ変わった水供給システムを駆動するための太陽光発電パネルの据え付けがプロジェクトの目標に定められたのです。

2007 年のプロジェクトと 2009 年のそれとはかなり共通する部分があったため、準備活動も類似のものが多く見受けられました。新聞の広告枠販売、BITE セミナー、そして助成金への申請も勿論行われました。一方で、新たな資金源として、チャルマース工科大学の基金の一つであるチャルマース・インダストリアル・テクノロジーズ（CIT）の協力を取りつけ、マナファのコーヒー産業を振興し、輸出量を伸ばすための実証実験を執り行うことで助成金を獲得することもできました。こうしてプロジェクトの内容も拡大し、予算規模も大きくなっていったのです。

PART II: CASES

ウガンダにて

元々の計画では 2008 年の 8 月にウガンダを訪問する予定でしたが、水供給施設の完成が遅れるなどの理由により、出発は 2009 年 1 月までずれこみました。年明け早々、17 名の学生と 2 名の教員、ホルガー・ヨーナソン、さらにオワモールの水関連施設のエンジニアと CIT の太陽光発電テクノロジーの専門家を加えた一団はウガンダに向け、イェーテボリを出発したのです。

このときの訪問の目的の一つは、地元の人たちの知識をフルに活用し、それをコミュニティ全体に広めることでした。畢竟、現地で開催したワークショップの主たる目的は水の適切な利用法とコーヒー農園の経営による事業開発と設定されました。

2007 年と違い、このときの訪問団が到着した時点では、施設を含め現地での作業は完了していませんでした。そのため、学生たちは施設管理の組織立ち上げから水管理施設の仕上げ、太陽光発電パネルの据え付けにまで実際に関与することになったのです。これにより、現地により長く滞在して、地元の建設業者とともに汗を流すことになりました。それが結果として功を奏し、学生たちはマナファの人々のための水施設が徐々にできあがり、改善されていくプロセスに直接関わるという貴重な体験を積むことができました。

2009 年プロジェクトの成果

この年に形になった成果としては、なんといっても旧来の水施設のポンプが修繕されたこと、そしてポンプの動力源となる太陽光発電パネルが設置されたことが挙げられます。ポンプ設備に加え、簡便なものではありましたが水浄化システムも設置されました（図 15-2 参照）。

図 15-2：マナファの村落バブワヤに設置された水施設「Water Works」

加えて、100 人以上の地元の起業家や農家が、コーヒー農園経営と清潔な水の資源価値についての理解を深めるワークショップに参加してくれました。さらに、学生たちは地元のラジオ番組に出演し、何千人もの聴取者に向けてこの取り組みのことを話す機会を得ることもできたのです。

こうして、確かな手応えとともに学生たちはウガンダを後にしました。前回同様、一人ひとりの学生がそれぞれに独自の体験とそこからの学びを得てイェーテボリへの帰途につきました。

そして2009年の10月14日、スウェーデンの「持続可能性向上に貢献した事業」の社会的責任部門で『インサート・アフリカ』が表彰されるというニュースが舞い込んできました。賞の審査員からは、「経済開発と環境保護という地域の難しいニーズに対し、全体観と責任を持って行動した。これこそまさしく、ヨーロッパとアフリカ双方に大きな機会を切り拓く起業家精神の発露だと言える」というコメントが寄せられました。

まとめ

振り返ってみると、CSEとGIBBSの学生たちが立ち上げた『インサート・アフリカ』プロジェクトは、マナファの地域全体に大きな希望と、確かな行動を引き起こしました。この社会起業精神に裏打ちされたプロジェクトは、マナファだけではなくイェーテボリの学生たちにとっても得るものが大きいものでした。学生たちは、経済のみならず地域社会全体にインパクトをもたらす起業プロセスに携わる経験を得ただけではなく、社会的責任を踏まえた起業家となるために欠かせない学びを深めることができました。このような経験と学びを手にしてCSEあるいはGIBBSを卒業する未来の起業家たちは、必ずや野心あふれ、妥協なくイノベーションを追求するスタートアップを築いていくはずです。

勿論、学生らが現地で開催した起業家向けワークショップなどを通じて、『インサート・アフリカ』はマナファ地域にも大きな価値をもたらしました。ただし、これが今後本当に実を結んでいくかどうかは、あくまでも地元の人々にかかっています。彼女ら彼らが成長性のある、そして真に持続可能なビジネスをつくりあげたとき、初めてこのプロジェクトは成功したと言えます。学生たちがモノとしてつくりあげたのは、「光の家」やバブワヤの水施設「Water Works」といった施設・設備にすぎません。これらの施設を活用して現地の経済を活性化させていくのは、現地で暮らすマナファの人々なのです。遠くスウェーデン、イェーテボリからやってきた学生たちとの交流によってその道筋が示されたことは非常に大きな価値があるものだと言えるでしょう。

本章の事例からは、正規のカリキュラムに組み込まれたプログラムとして大学が枠組みを設定し、学生をサポートすることで大きな社会的意義を持つ起業プロセスの実践につながることが示せたと思います。持続可能な開発に軸をおいた教育と研究を一体化し、実際に社会の持続可能性向上に資するプロジェクトを為しうるという意味で、大学というのは唯一無二の立ち位置にあります。CSEとGIBBSによる『インサート・アフリカ』プロジェクトは、アフリカに知識とリソースを提供しつつ、スウェーデンというヨーロッパの一地域においても世界的な持続可能性向上の必要性への意識を高めた事例として、非常に大きな意義を持つものだと言えます。

225

PART II: CASES

大学には、世界をより良い形に変えていきたいという野心を携えた若者が世界中から集まってきます。これをうまく活用すれば、大学は今日そして未来の社会起業型プロジェクトを支える重要なプラットフォームとなりうるのです。

勿論、『インサート・アフリカ』のような国際的かつ実践的なプロジェクトを実行に移すには、いくつもの問題を解決しなければなりませんし、さまざまな観点から慎重に検討を進める必要があります。プロジェクトの持続性一つとっても、思いつきの単発プロジェクトで、やりっぱなしになってしまっては、持続可能性に資するどころかそれを阻害してしまいかねません。たとえば、今回ご紹介した事例のように、最終的にプロジェクトを現地の人々の手に引き渡してその運営を委ねるのであれば、いつ、どのような形で引き渡しを進めるのかが重要なポイントになります。あるいは、プロジェクトの資金調達についても、寄付や助成金ベースで続けていくのか、それともビジネスとして成立しうる営利活動としての道筋を探るべきなのか、検討が必要でしょう。また、大学のプログラムとしてみた場合、毎年の受講生がいかにしてプロジェクトの構造とリソースを築き、そして翌年度以降の学生たちに受け継いでいくのかを綿密に設計しなければなりません。学生の学びと経験を優先して（拙い部分にはあえて目をつぶり）彼女ら彼らの自主性に任せるか、それともプロジェクトの成果を提供する相手である現地の人々にとっての利害とそこでの長期的影響を重視するか。この二つが相容れないときはどうするべきでしょうか？

こうした問いにはっきりした答えはありません。プログラムに関わる教員、学生をはじめとする関係者全員が常にこれらの論点を意識しながら、長期的視野で設計された計画を睨みながら、同時に、その時そのときでベストだと思われる解を求めていくほかないのです。

第 16 章　衣料産業における社会起業――デム・コレクティブの事例より

Karl Palmås, *Chalmers*

本章では、まずデム・コレクティブ社の事業と、その社会変革者としての特徴とビジネスとしての側面両方についてご紹介します。それから社会起業、ソーシャルビジネスについての研究からの知見に軽く触れたうえで、より詳細にデム・コレクティブ社の事例について、ある起業家の足跡を中心に述べていきます。このユニークな企業は製品及びサービスを販売するだけではなく、社会変革のエージェントとして製造プロセスや顧客ニーズについての革新的なアイデアを世の中に広めることをミッションとしています。本章の締めくくりには、こうしたタイプの社会起業と、より広義のビジネスにおける持続可能性という思想とがどのようにつながっていくかを論じます。

▌はじめに

デム・コレクティブ社は、2004 年に創業された若い会社で、主にコットン製の衣服やジーンズの製造を手がけています。同社の共同創業者アニカ・アクセルソンとカリン・ステンマールはチャルマース工科大学のプロジェクトマネジメントの授業で出会い、意気投合しました。彼女らは、自分たちが着たい服が市場にはどうしても見当たらない、だったら自分たちでそれをつくろうと思い立ち、衣服製造の道に踏み込んだのです。

より具体的に経緯を述べましょう。共同創業者の一人、アニカは当時イェーテボリの音楽関連の仕事に就いていて、ある音楽イベントで広告に使うために T シャツを探していました。しかし、彼女がコンタクトをとった業者のいずれも、取り扱っている T シャツが、児童労働を悪用せずに、適切な賃金と組合を組織する権利を与えられた労働者が、良好な環境のもとに製造されたものであるとは保証しかねる、というのです。アニカはカリンにこのことを話し、今日のグローバル資本主義の現状についてただ嘆き悲しむよりも、自分たちで公正な取引――いわゆるフェアトレード――のもとに衣服を製造する会社を立ち上げようと決意しました。カリンはスリランカでの開発案件に携わった経験を持っていたため、二人はインドの南に浮かぶこの島国に生産拠点をおくことにしました。

こうして創業されたデム・コレクティブは、多くの点で単なる一企業以上の存在だと言えます。たとえば同社が行っている取り組みは、国民所得がまだ低いスリランカのような国々で行われているビジネスのあり方に変革を起こそうという努力の結晶でもあります。この一環として、スリランカの大都市コロンボにほど近いカダワタに設立されたコットン農園では、フェアトレードの原則にしたがって、従業員が生活していけるだけの「生活賃金」を支払うようにしています（国の法律や地域の条例で定められた「最低賃金」は法的な拘束力を有しますが、それで従業員が自分の家族を養うことができるだけの収入を得られることを保証するものではありません。事実、

PART II: CASES

最低賃金があまりに低すぎて生活が立ち行かないケースが、特に発展途上国と呼ばれる国や地域では非常に多くみられます）。

また、アニカとカリンは工場の労働環境改善にも注力し、率先して労働者組合の組成を奨励しました。労働者が独自の組合をつくる、という発想は当時スリランカではまだほとんど浸透していなかったのです。

このように、デム・コレクティブにとっては、低所得の国々における労働環境を改善し、事業の透明性をできうる限り担保することが最初から重要なミッションだったのです。これは、経済に恵まれた国々の消費者と貧しい国々の労働者との間につながりをつくり、前者が後者の暮らしについて理解を深めることを目指す、世界的なフェアトレードの動きと軌を一にするものでした（Luetchford 2008[121]）。

さまざまなシンポジウムや国際会議、メディアを通じて、世界的な経済の不均衡と格差の問題について啓蒙し、フェアトレードの原則のもとに製造させた製品を世に広めていくことが、デム・コレクティブの事業の核となるものだったのです。

こうしてデム・コレクティブは、衣服の製造業と経済的に貧しい国々とのより公正な取引を推進する社会活動とを融合させた取り組みとして立ち上げられました。アニカとカリンは、いわゆる「王道の」起業家精神、アントレプレナーシップと、社会変革を目指す動き、アクティビズムの両方のバランスをとりながら事業を進めています。彼女らが社会起業家と呼ばれる所以です。

社会起業とは――模倣されることを希求する変革のエージェント

近年、デム・コレクティブに代表されるような「社会起業」あるいは「ソーシャルビジネス」と呼ばれる動きが注目を浴び、政治や学術研究においても話題にのぼるようになりました。

社会起業をテーマにした専門書や研究論文集も数多く出版されるようになってきています（Elkington & Corrigan 2008[122]; Nicholls 2006[123]; Yunus 2008[124]などを参照のこと）。

こうした流れは、企業の社会的責任と意義を問い直す、最近の欧米における社会経済的議論の文

---

[121] Luetchford, P. (2008). *Fair trade and the global commodity*. London: Pluto Press.

[122] Elkington, J., & P. Corrigan (2008). *The power of unreasonable people: How social entrepreneurs create markets that change the world*. Boston, MA: Harvard Business School Press.

[123] Nicholls, A. (Ed.). (2006). *Social entrepreneurship: New models of sustainable social change*. Oxford: Oxford University Press.

[124] Yunus, M. (2008). *Creating a world without poverty: Social business and the future of capitalism*. New York: Public Affairs.

脈から生まれてきたものです（Leadbeater 1997[125]; Maltby 2003[126]; Mayo & Moore 2001[127]; Palmås 2005[128]; Westall 2001[129]; Young Foundation 2006[130]など）。

前の段落で挙げたいくつもの文献を通覧すると、「社会起業」の特徴について（個々の表現に違いはあっても）共通して述べられている見解が見出せます。それは、社会起業家とは「変革のエージェント」である、という考えです。たとえば、エルキントンとコリガン（Elkington & Corrigan 2008）は、社会起業家のことを「世界の新たなあり方を創造する、変革のエージェント」であるとしていますし、ニコルズ（Nicholls 2006）は「社会的変革の担い手、チェンジメーカー」という言葉を使って社会起業家の役割を表現しています。

スヴェドベルグ（Swedberg 2006[131]）によれば、起業家が社会の変革者としての役割を担うという考え方は、イノベーションに関する著作で知られるジョセフ・シュンペーターにまで遡ります。シュンペーターが記した「行動の人」の特徴には「創造的破壊を幾度となく起こし続ける強い風のような力」が含まれているとスヴェドベルグは指摘します。この点において、社会起業という営みと起業に関する理論とが結びつくのです。

ただし、社会起業家を変革のエージェントとみなす現代の見方は、シュンペーターの著作よりも、むしろ 1980 年代に社会起業という概念を打ち出し、「Everyone-a-changemaker（誰もがチェンジメーカーである）」というスローガンのもとに社会起業家の支援を行うアショカ財団を創立したビル・ドレイトンの業績に負うところが大きいとされています。アショカのビジョンにおける社会起業家とは、「変革の原動力」として位置づけられる存在であり、社会の重要課題を解決するアイデアを持っていて、困難に直面しても諦めず、理想の実現のためにたゆまず努力を重ね、やれる限りのところまで自分のアイデアを追求する人のことなのです。

また、新たなアイデアとビジョンを社会に伝播させ、啓蒙を促すことも社会起業の重要なミッシ

---

[125] Leadbeater, C. (1997). *The rise of the social entrepreneur*. London: Demos.

[126] Maltby, P. (2003). *In the public interest? Assessing the potential for public interest companies*. London: Institute of Public Policy Research.

[127] Mayo, E. & H. Moore. (2001). *The mutual state*. London: New Economics Foundation.

[128] Palmås, K. (2005). *The UK Public interest company: The idea, its origins, and its relevance for Sweden*. Stockholm: Swedish National Audit Office.

[129] Westall, A. (2001). *Value led, market driven*. London: Institute for Public Policy Research.

[130] Young Foundation (2006). *Social Silicon Valleys: A manifesto for social innovation*. London: Basingstoke Press/The Young Foundation.

[131] Swedberg, R. (2006). Social entrepreneurship: The view of the young Schumpeter. In C. Steyaert & D. Hjorth (Eds.), *Entrepreneurship as social change*. Cheltenham: Edward Elgar.

PART II: CASES

ョンとして、多くの研究者が挙げています（Clinton 2007[132]、第9章を参照のこと）。社会起業に関する研究で知られるロジャー・マーティンとサリー・オズベルグ（Martin & Osberg 2007[133]）は、広く社会全体にインパクトを与え、それによって自分たちを模倣・追随してくる幾多の「信奉者」を生み出さないようでは、たとえ成功をおさめたベンチャー企業や組織であってもそれは社会起業とは言えない、とまで論じています。

こうした近年の研究からの知見を踏まえたうえで、デム・コレクティブの事例に戻りましょう。果たして、この会社の何が、幾多の信奉者を生み出すような「変革のエージェント」たるべきものと考えられるのでしょうか？

見本を示し、大きな流れを生み出す

デム・コレクティブの事業において、「ビジネス」と「社会変革」とはどのように融合されているのでしょうか。製造業の主体としての営利活動が、一体どのようにして貧しい人々とのより公正な取引を訴える社会活動と関連づけられているのでしょう？

一つのビジネスとしての側面からみると、デム・コレクティブはフェアトレードの原則のもとに製造された衣料を求める市場のニーズに応えている、というのがごく単純な見方です。しかし、これはあまりに単純化が過ぎる見方で、同社の本当の姿を正当に表しているとは言えません。実のところ、デム・コレクティブは、単に市場の流行に乗っかっているのではなく、自ら社会に積極的に訴えかけを行うことでフェアトレードの機運と需要をつくりだしているのです。勿論、自社の製品の利便性や重要性を訴えて需要を高めようとするのは、どんな企業であっても行っていることではあります。しかし、デム・コレクティブの場合、そうした訴えの原点にあるのが経済的動機よりも政治的関心と社会変革に向けた野心にあるところが独特なのです。

一方、社会の変革を目指すアクティビストとしての側面においても、デム・コレクティブは異彩を放っています。既存の支持団体や権利擁護団体、NGOとも根本的に異なる面を有しているからです。たとえば、社会変革の必要性を訴えるための手段としてデモを打ったり、集会を開いたり、ロビー活動を行ったりということをデム・コレクティブは一切しません。代わりに、社会的責任を果たしつつ、営利活動としてじゅうぶんに持続可能なやり方を見本として示すのです。これまでにさまざまな形で検証され、その有用性が実証済みのフェアトレード手法を駆使することで、デム・コレクティブは旧来の社会活動団体に欠けていたもの――現在行われている商習慣やビジ

---

[132] Clinton, B. (2007). *Giving: How each of us can change the world*. New York, NY: Knopf.

[133] Martin, R. L., & Osberg, S. (2007). Social entrepreneurship: The case for definition. *Stanford Social Innovation Review*.

ネスのあり方を代替しうる、実現可能なビジネスモデル——を手にしました。

独自に定めたフェアトレードの基準にしたがって製品をつくり、控えめだけれども事業を成長させるのにじゅうぶんなだけの利潤をあげてみせることによって、デム・コレクティブは二つのことを実現しています。まず、同社が実績をあげることによって、他の（社会的責任の観点からすると問題のある事業活動を続けている）企業に対してそのあり方を改めるようプレッシャーをかけようとする各種の社会活動団体の側方支援になります。そういった企業の、社会的責任の重要性は分かっているが、事業を維持していくには他にやり方がないのだという言い訳が、デム・コレクティブの成功の前では効力を失うからです。

もう一つの功績は、同社の成功を知った起業家志望者たち、すなわち模倣・追随してくる幾多の「信奉者」の候補となる人々に、フェアトレードの原則にもとづいて事業を展開することは社会的意義だけではなく、ビジネスとしての勝機もじゅうぶんに見込めるチャレンジなのだと示していることです。こうして、事業を興してスタートアップを立ち上げることに対して、建設的な意味で政治的色合いを帯びさせることができます。それによって、より良い社会を築くための新たな可能性が広がっているというわけです。

以上の洞察から、デム・コレクティブの「アクティビスト型社会起業」の成功を計る物差しは、売上や利益の額ではなく、また、同社が雇用している従業員の総数でもないことが分かります。

むしろ、デム・コレクティブのビジネスモデルを模倣する競合他社、もっと言うと既存の衣料関連業界にあまねくフェアトレードにもとづくビジネスのあり方が広まっていくかどうかこそが、同社が成功に向かっているかどうかを評価する重要な指標となるのです。言い換えると、会社組織としてのデム・コレクティブは、創業者二人が理想とするフェアトレード型事業のあり方を実践・発信するための道具に過ぎず、ふつうの企業ならば恐れるはずの他社による模倣・追随は、むしろ彼女らにとって歓迎すべき事態となります。アニカとカリンにとっては、会社を永続させることよりも、衣料産業に社会的責任という観点とフェアトレードの原則にのっとりつつ適切な利潤をあげるビジネスモデルのありかたが「伝染」していくことのほうが優先するからです。

このように、デム・コレクティブの共同創業者、アニカ・アクセルソンとカリン・ステンマールを、彼女らの足跡を辿ってくる「信奉者」——それを模倣者とみなすか、フォロワーと呼ぶのかはさておき——を増やそうとしている、今はまだ特異な社会起業家として分析すると、シュンペーターの「行動の人」という理論がすっきりとあてはまらないことが分かります。アニカとカリンによる事業の進め方は、営利追求のために独自のニッチを切り拓く手段としてイノベーションを読み解くシュンペーターの理論よりも、イノベーションを起業家精神に即した文脈で論じたガブリエル・タルドの理論により近いものだからです。

231

PART II: CASES

タルドは、個々の起業家の資質や特性よりも社会のあり方を問う新たなアイデアや事業プロセス、そこから喚起される顧客ニーズといったものがいかに経済に流れ込み、そこで相互作用を起こすのかに着目しました。タルドの理論において、起業家はこうした革新的な思想や習慣、社会構造が伝播するための導管、いわば思想のパイプに過ぎないとされていたのです（Tarde 1902[134]）。

より持続可能なビジネスの実現に向けた道のりと社会起業

本章でご紹介した事例は、それだけでも実に難解極まりない、ビジネスと社会的活動のステークホルダーの関わり合いが、デム・コレクティブのような社会起業の出現によってさらに複雑なものになりうることを示しています。持続可能性に資するビジネスを立ち上げることは決して簡単なことではなく、営利活動としてのビジネスを維持成長させつつ、政府をはじめとする各種自治体や社会からの持続可能性に関する要求に応えていくことを求められます。そうした持続可能性に関する社会的要求に応えるべく製品やサービス、ソリューションを開発していくことで、社会起業家は企業とそのステークホルダーとの対話を形作り、そこでの議論を導く役割を担います。こうした、ある意味で向こう見ずな起業家のアイデアが「伝染」していくことによって社会に新たな可能性が示され、それまで考えられもしなかった事業のあり方、ビジョンが生まれていくのです。

このプロセスがあるからこそ、社会起業というプロセスは社会の持続可能性に資するイノベーションを生み出し、加速させていく重要な取り組みたりえるわけです。社会変革を目指すアクティビズムの思想に起業家精神を組み合わせることで、社会起業家は既存の企業が避けて通ってきた道を切り拓いていきます。たとえば、今日ではマイクロファイナンス、すなわち経済的に困窮した人々を対象とする小口融資を行うビジネスモデルは当たり前のものとなっていますが、これを大規模に展開し、その社会的意義と事業性を確立したのは、社会起業家であるムハマド・ユヌスと彼が率いるグラミン銀行でした。こうした道を切り拓くのは社会起業家の役目なのです。

この観点から──未開のまま残されている、つまりビジネスチャンスであり、しかも社会をより良い方向に変える絶好の機会として残されている「道」は果たしてどこにあるだろう、という見方で──世の中を眺めてみると、なんだかワクワクしてきませんか？

---

[134] Tarde, G. (1902). *Psychologie Economique*. Paris: Felix Alcan.

第 17 章　ほんのわずかな変化で大きなインパクトを生む——IKEA の事例より

Gunilla Clancy, *Chalmers*

本章では、ファッショナブルかつ安価な家具の製造販売で知られるスウェーデンの IKEA 社が、いかに持続可能性に配慮した製品づくりをしているかについて、コットンを例にとってご紹介していきます。本章の最後には、同社の持続可能性向上のための取り組みの分析から得られる教訓を三つにまとめて論じます。

IKEA は、スウェーデンにおいて持続可能性の問題に意識的に取り組みを始めた、先駆けとなる企業の一つです。他の先駆者同様、きっかけとなったのは同社が「より快適な毎日を、より多くの方々に」という価値提供のビジョンを掲げていたことに加え、あるとき環境問題に直面せざるをえなかった（スウェーデンそして世界中の IKEA ファンほぼすべての家庭で愛されている本棚シリーズ「Billy」に、悪臭と毒性を持つホルムアルデヒドが使われていることが判明した）ことでした。これを受けて、IKEA はまだ企業の環境意識が薄かった 1990 年代半ばから、既に全従業員に対して持続可能性を念頭においた思考法に関するトレーニングを実施していました。これは今ではIKEAが事業を進めるうえでもはや当然のあり方として同社のあらゆる面に浸透しています。

ビジネスに持続可能性にもとづく思考法を取り入れるには

上記のトレーニングの目的は、持続可能性に立脚した思考法を IKEA 全体に取り入れることでした。この「取り入れる」という意味は、同社が世界中で雇用する 10 万人以上の従業員すべてが持続可能性を第一に考える思考法に触れ、その意義を認めて、日々の仕事の中で実践し続けるのが当然のことと感じるようにすることです。

持続可能性は、環境関連のコンプライアンス担当部署や経営陣だけの問題ではありません。誰もが持続可能性と自社のビジネスとの関連について理解し、責任を感じなければならないのです。このためには、あらゆるスタッフの日々の仕事、ワークフローに持続可能性を重んじる思考法が組み込まれなければなりません。言うまでもなく仕事の内容は従業員一人ひとり多様で、取り組まねばならない課題も、そこで得られる気づきや教訓も異なるうえに、そもそも外部環境である社会そのものが日々変化しているわけですから、誰もが能動的に自分の仕事の中で持続可能性をいかに実現させていくかを考え、実践し続けていかなければならないのです。この絶え間ない進化と進歩のプロセスの中で従業員をサポートすることが経営陣の役割となります。

IKEA のアプローチ：持続可能性の四原則を「IKEA ウェイ」として日々の仕事に取り入れる

IKEA が持続可能性という考え方に取り組み始めたのは 1990 年代半ば、持続可能性の四原則にもとづく、「ナチュラル・ステップ」というスウェーデン発祥のコンセプト（第 2 章参照）にのっと

PART II: CASES

った従業員トレーニングプログラムを導入したことがきっかけでした。「ナチュラル・ステップ」とは、カール=ヘンリク・ロベールとジョン・ホルムバーグが提唱した一連の体系のことで、これが最初期の IKEA のトレーニングプログラムの礎となりました。すべての従業員を対象としたためトレーニングは何度も実施され、その内容は徐々に IKEA 独自のビジネスの進め方、すなわち「IKEA ウェイ」を体現するものへと発展していきました。

IKEA ウェイとは、同社が掲げる「より快適な毎日を、より多くの方々に」というビジョンにもとづく規範のことで、「家具販売を手がける者にとっての聖なる契約」という九つの命題としてまとめられています。これは IEKA にとって非常に重要な内規文書で、創業者であるイングヴァル・カンプラードが自身の思想を IKEA の核となるように落とし込んだものです。

1. 多彩な商品展開こそが我々のアイデンティティ、存在意義である

2. IKEA 魂とは、力強く現実を見据えて生きてゆくこと

3. 適正な利益をあげることで事業を行うためのリソースを確保する

4. 最小限のシンプルな手段でもって素晴らしい結果を出す

5. シンプルさこそ、我々が目指す美徳である

6. 他とは違う、自分たちだけのやり方を貫こう

7. なすべきことに集中すること——それこそが成功の秘訣となる

8. 社会に対して責任を果たすことは、コストではない。特権なのだ

9. やるべきことはまだまだいっぱいある——未来は明るい！

このトレーニングは、今や社内のイントラネットを通じて IKEA の全従業員がオンライン学習することができるようになっています。新たに雇い入れられたスタッフは、さまざまなトレーニングモジュールを受講して都度テストを受け、それをクリアするように指示されます。

なお、「持続可能性」という単語そのものが IKEA 社内で使われることはありません。それが具体的に何を指すのかが曖昧だと捉えられているからです。その代わりに、同社ではリソースや人的資源のマネジメントは「ライフサイクル」という考え方にもとづいて語られています。ナチュラル・ステップの枠組みに添う形で、IKEA は各種のサプライヤーに対して、環境負荷を最小化し、適切な労働環境で、そして勿論児童労働を必要としなくてもビジネスが成り立つようにオーダーをします。この枠組みは、IKEA 自身が事業活動を行ううえでもまったく同じように適用されます。ただし、ナチュラル・ステップはあくまでも当然の指針として運用されており、「持続可能性」同様、社員たちがその単語そのものについて言及することはありません。IKEA において、持続可能性優先の原則はあくまでもビジネスに自然に組み込まれたものとして、同社の無数のサクセスストーリー、成功事例が語り継がれてゆくなかで広まり、浸透していくのです。

第 17 章　ほんのわずかな変化で大きなインパクトを生む

別の言い方をすると、IKEA において持続可能性に関する四つの原則は、同社が適切な資源活用を行い、顧客やサプライヤー、そして社内の従業員に対して敬意をもって接するうえでの指針として自然な形で表現されている、ということになります。こうした指針に肉付けをするものとしての社内のエピソードや事例（IKEA 内では「より持続可能な IKEA 実現に向けた小さな改善」と言われています）は同社のホームページで公開されています[135]。

IKEA では、日々の実践から学びを得ること、失敗とはすなわち早期に改善やコスト削減の機会を発見する積極的挑戦の結果であると考えることによって会社全体の行動力を高めています。そのため、同じ目標を達成するためにいくつも異なるアプローチを試すのは当然、むしろ奨励されるべきこととされています。これによって社員一人ひとりがさまざまな工夫をこらし、より効果的・効率的なやりかたが社内に共有されていくことで、より柔軟性と発想力、創造性にあふれる組織づくりを進めているのです。たとえば、IKEA は当初中国のサプライヤーに対して一日八時間の労働を求めていましたが、それによって従業員の離職率が高まると、同社はより柔軟な条件で対応しました。このように、IKEA はサプライヤーをはじめとする各方面の関係者やステークホルダーに対してそれぞれの文化や価値観を尊重し、長期的な関係構築を進めることで双方が適正な利益を得ることができる Win-Win の形をつくろうとしています。

> 事例：オーガニックコットンに関する構想にみられる IKEA の持続可能性への取り組み
>
> 伝統的な農法によるコットン農場は、大量の水、人工肥料、農薬を使用します。世界中の農地化が可能な土地のうちでコットン栽培に用いられているのはわずか 3 ％にすぎないのに、除草剤の 6.8%と農薬の 16%はコットン農場での使用によるものなのです。つまり、コットン栽培は環境負荷・環境汚染という意味では最悪の農業の一つなのです。この状況を少しでも改善しようと、2009 年を境にして、除草剤や農薬、肥料をそれほど必要としない（しかし、長期的な環境や生態系への影響についてはまだ不明な点が多い）遺伝子組換え種のコットンが大量に導入されるようになり、今日では全体の生産量の 54%を遺伝子組換えコットンが占めるようになっています。こうしたなか、農薬等を使わず、しかも遺伝子組換えの品種を使用しないオーガニックコットンは、生産量に占める割合がごくわずか──世界全体の 0.55%──であるものの、その伸びは力強く、2009 年から今日までにオーガニックコットンの生産量は 21%の成長を記録しました。
>
> オーガニックコットンは、主に小規模な農家が栽培し、マーケットで販売しています。販売されたコットンはいくつかの加工業者の手を経て、さまざまなコットン製品の原材料となるため、オーガニックコットンが使われた製品について、原材料の生産から加工・流通の各工程を可視化するトレーサビリティの実現は非常に難しくなってしまっています。実のところ、オーガニックコットンを使用していると謳う製品が、本当に農薬等を使わず、オーガニックコットンとして認定されうる手法のみで製造されたものなのかを確かめる検証法はまだ実現していないのです。
>
> 1990 年代に、IKEA はタオルやシーツなどの布製品ラインナップにオーガニックコットンを使った製

---

[135] http://www.ikea.com/gb/en/this-is-ikea/

PART II: CASES

品を導入しました。しかし、これらの製品は漂白や染色を行っていなかったため見た目に劣り、環境意識が高い「グリーンな」客層にしかアピールできませんでした。大多数の客は見向きもせず、このことは「より快適な毎日を、より多くの方々に」というビジョンを掲げるIKEAにとって看過できるものではありませんでした。そのため、このときのオーガニックコットン製品シリーズは短命に終わってしまったのです。

IKEAは世界全体で生産されるコットンの約0.5%を利用しており、これはオーガニックコットンの年間生産量とほぼ同じです。つまり、もしIKEAが自社の製品すべてをオーガニックコットンに切り替えたとすると、それはすなわち同社が世界中のオーガニックコットンすべてを独占利用するということになり、他の企業は一切オーガニックコットンを使うことができなくなる、ということになります。

そこで、IKEAはより持続可能性が高いコットンの調達と利用のための取り組みを開始しました：

- 今日、IKEAはほぼすべてのコットン製品に数パーセントのオーガニックコットンを混ぜて製造しています。これによって「オーガニックコットン使用」を訴え、広くオーガニックコットンという取り組みと市場があることをアピールできるからです。2009年の時点では、IKEAの全コットン製品の5.4%にオーガニックコットンが組み込まれていました。

- IKEAはWWFと提携して、インドとパキスタンの農家約2,500世帯に対して、より効率的な水や化学薬品の使用法など、比較的持続可能性が高いコットン栽培法の教育を行っています。これによって（水や農薬のコストを削減できたため）農家の収入は増加し、地域の水環境も改善しました。また、この教育プログラムを受けた農家の取り組みに感化される形で、地域の他の農家もより持続可能性が高い農法を取り入れるようになったのです。

- IKEAはユニセフとも連携、インドのコットン生産地における児童労働撲滅にも取り組んでいます。

- IKEAは、真に持続可能な綿花栽培を目指す「ベター・コットン・イニシアチブ（Better Cotton Initiative、BCI）の創設メンバーのうちの一社となりました。BCIとは、コットン栽培による環境負荷および社会的インパクトについてさまざまな観点から科学的測定を行うことで、経済、環境保護、そして社会的観点も含め、総合的により持続可能性を高めようとする取り組みです。

持続可能性というコンセプトはつねに再生され続けなければならない

企業には新たな社員がつねに入ってきますし、既存スタッフの職責も変化します。仕事の進め方もプロジェクトによって、そこに参画するメンバーによって千変万化、それぞれ異なるアプローチがとられます。そのため、新たな社員が入ってきたり、新規プロジェクトが立ち上がったりするたびに、持続可能性を重んじる思考法を毎回改めて確認し、それをどのように取り入れ、維持していくかについてすり合わせをしていかなければならないのです。

言い換えると、社員一人ひとりが常に持続可能性を優先とする考え方をそれぞれの状況に合わせて柔軟に適用し、その活用範囲を広げていかなければならない、ということです。これを実現するためには、あれこれとツールを開発するのではなく、地道に従業員に対して理解を訴え、持続

第 17 章　ほんのわずかな変化で大きなインパクトを生む

可能性についての興味・関心とモチベーションを高める努力が必要となります。

短期と中長期の目標設定のバランスをとる

本書で何度も指摘してきたように、イノベーションと持続可能性を重んじる思考法は実に深く結びついています。ビジネスにおいて持続可能性を優先しようとする場合、ほとんどのケースでボトルネックとなるのは現場を取り仕切るミドルレベルのマネージャーです。彼女ら彼らにとって、現場で日々運用している事柄の優先順位と、持続可能性を改善するための新たな取り組みやアイデアをすり合わせていくことは往々にして非常に難しいタスクとなるためです。ミドルマネージャーにとって最優先となるのは短期目標の達成であり、「トリプルボトムライン」とは（本来、財務パフォーマンスのみではなく環境・社会・経済という三つの側面から企業の活動を評価しようとする試みであるにもかかわらず）「価格、売上、利益」ということになってしまいがちです。

これを回避するための一策として講じられたのが、持続可能性を重んじる思考法を社内で広めることを専門のミッションとするマネージャーの国を超えたネットワークの構築です。脱中心的・分散型のチームをつくることで、確かな結果を生み出すアイデアを世界規模で探索し、それを社内にじゅうぶんなプレゼンスをもって示すことができるようになりました。

IKEA が「より快適な毎日を、より多くの方々に」というビジョンを掲げて社会のマス層にとって手頃に感じられる商品を製造販売することを目指している以上、「価格」にこだわることは同社の重要な文化の一部です。また、コスト削減の取り組みはムダを省いてより効率的な資源利用にもつながる可能性を秘めています。しかし、だからと言ってマネージャーたちの意識がコストカットや値付けだけに向くようでは、持続可能性を劇的に改善するべく、中長期でイノベーションを推進する力を殺いでしまうことになりかねません。

IKEA の事例にみられる三つの教訓

1. **持続可能性についての意識を日々のビジネスにおけるごく自然な一部にするめには、社外で開発されたコンセプトを社内用語として積極的に取り入れ、それを社会的に重要な政策や提言と結びつけること。**IKEA は、ナチュラル・ステップにみられる持続可能性の四原則を「IKEAウェイ」として取り入れることでそれを自社文化の一部にしました。

2. **持続可能性を高めるアイデアや考え方、行動を成功事例として繰り返し組織内で語り継ぐことで従業員を感化し、自然な形で持続可能性を重視する意識を高めていくこと。**IKEA は、新しい社員が組織に加わったとき、新たな製品ラインが導入されたとき、新規プロジェクトが立ち上がるときなど、繰り返し持続可能性に関するコンセプトやエピソードを確認することで、持続可能性に関する意識をつねに再生させ続けています。

PART II: CASES

3. **現場でビジネスに責任を負うミドルマネージャーはどうしても短期的視野でコストに目を向けがちになるため、彼女ら彼らの意識と行動を持続可能性に向け直し、理解を促すための仕組みを構築すること。**具体的には、ミドルマネージャーに対して、持続可能性に関する教育の機会を与え、同時に、持続可能性を高める取り組みを奨励するインセンティブの仕組みをつくる必要があります。IKEA は、彼女ら彼らのモチベーションを刺激するために、報酬や昇進を持続可能性向上に連動させる制度的な面と、事例や経験を共有するネットワークを通して望ましい行動を促す社会行動的な面、両方における仕組みが必要としました。

第18章　大組織と小チームにおけるコンセプトづくり──ボルボの事例より

Per Gyllenspetz, Yacht & Car

本章では、主に自動車産業を事例にとりつつ、創造的な仕事、いわゆる「クリエイティブな」と形容される仕事におけるコンセプトの開発プロセスについて、特に「人間くさい」側面にスポットライトをあてながらご紹介します。以下に続くストーリーをお読みいただくと、コンセプト開発を効果的に進めるにはどうしたらいいか、そしてどうしてはいけないかがお分かりになると思います。本章の内容は、テクノロジー駆動型のコンセプトをつくりあげるにあたって、いかに技術的ではない側面が重要になるかを示しており、とりわけ環境問題に対する新たなソリューションを開発したいと願う人にとって有用なものとなるでしょう。

自動車、コンセプト、そして人について

まず、「アドバンスト・エンジニアリング（Advanced Engineering、以下「AE」）」という考え方についてご説明します。AE とは、さまざまな製品開発プロジェクトにおける最初期、コンセプトづくりのフェーズのことで、社会や顧客のニーズを見定めてソリューションの原型となるアイデアを出した後、それを一つのコンセプトにまとめあげるプロセスのことを指します。

実際に製品になったとき、本当に役に立つコンセプトを生み出すよう AE を進めるには、論理的思考や分析だけではじゅうぶんではありません。たとえば、半分ガラクタのような部品を手にとって、「さて、これにどんな使いみちがあるかしら」と考えるといった、シンプルで遊び半分の活動からも、ときに人間の行動や生活についての思わぬ洞察が生まれたりするからです。そこから着想を広げていくと、当初イメージしていたのとは似ても似つかぬ使途や製品コンセプトが生まれるかもしれません。トヨタや 3M といった創造的な企業はみな、このような──論理を超えた──空想まじりのプロセスを活用してイノベーションの種を探すプロセスのノウハウを持っています。この点で、AE と純粋に科学的な探求には本質的に通底する部分があるのです。

1980 年代のボルボには、現在のお堅いイメージとは裏腹に大学の研究所のような、枠にはまらない自由闊達な雰囲気がありました。その頃のボルボはまだ世界的大企業ではなく、いわゆる官僚主義がはびこっていなかったのです。しかも、ボルボは単なる中小自動車メーカーではありません。ボルボの自動車は世界一安全と言われ、車としての品質も非常に高く評価されています。そうした高品質の製品づくりは、同社のメーカーとしての誠実さに加え、世界最高の頭脳を持ったスタッフがその知性と創造性を惜しみなく投入することで実現していました。

こうした知性あふれるボルボの姿勢は、凡庸な車では満足しない顧客層を惹きつけてやみませんでした。その証左として、当時のボルボは米国において、大学教授や医師、弁護士といった人々

の一番人気だったのです。これは、市場に投入される自動車というモノを通して、ボルボの開発者たちと顧客との間に直観的なコミュニケーションが成立していたことを示していると言えるでしょう。特徴的なデザインの140/240モデルは当時の大人気車種となりました（図18-1）。ボルボはここから得た収益をさらに独創的な車づくりに再投資していったのです。

図18-1：大人気となったボルボ２４０シリーズ

TCC──熱力学的な車というコンセプト

1985〜1986年にかけて、ボルボ社内で実施された開発プロジェクトがありました。サーマル・コンセプトという、熱力学にもとづいて究極的な車内環境を実現した車を開発しようと、同社の内部研究者たちが外部のリサーチャーやコンサルタントも巻き込んで立ち上げたプロジェクトです。目標とする理想の車は「TCC（Thermal Concept Car）」と名付けられました。

TCCチームが取り組んだアイデアは、「通気性が高い繊維を使った布で覆われた開口部を設ければ車内の空調コントロールを快適かつ効率的に行えるのではないか？」というものでした。検証の結果、ある面ではこのアイデアは効果が見込めることが分かりましたが、ただし、駐車して熱気や日光にさらされ、高温になってしまった車内の空気を5〜10分ほどかけて冷やした後でないとその効果は半減することも同時に判明しました。当初はなんとか抜け道があるのではないかと研究チームは試行錯誤を重ねましたが、通気性のある座席や冷却部などを組み込んだプロトタイプを走らせてみると、やはり一旦冷却プロセスをはさんだ二段階式の空調コントロールがもっとも効率的かつ効果的であることが分かりました。その結果、まず乗車した人の身体を高速のジェット噴流で集中的に冷却すると同時に、座席全体から車内の湿気と熱気を吸い出すことで、従来よりもエネルギー消費を抑えつつ大きく空調性能を改善することが可能になったのです。

当時はまだ、1970年代に世界を襲ったエネルギー危機の記憶が色鮮やかな時代であり、燃費改善やエネルギー消費を抑える機構の開発はまさに最先端の研究分野でした。当時の空調システムは数キロワットものエネルギーを消費するもので、暑い日中に渋滞した道を走らせていると、それだけで車そのものを走らせるのと同じレベルのエネルギーを使っていたのです。そのため、空調システムの効率性向上は喫緊の課題でした。ただし、今の視点からするとエネルギー効率を高めるソリューションを組み込むことが環境面で大きな意義を持つというのは自明に思われますが、当時のTCCプロジェクトチームでは、それは最優先の課題とは思われていませんでした。

TCCチームが開発していた車は画期的なものでした。無数のセンサーを取りつけた等身大のマネ

キンを乗せて試験走行を繰り返し、風洞実験を行ってさまざまな統計処理を重ねてデータにもとづく分析を行っていました（マネキンは「ボルトマン」と名付けられ、当時のファッションに忠実な装い——つまり、誂えもののスーツと蝶ネクタイ——に身を包んでいました）。車体に搭載した太陽光パネルから得られる電力をトランクに内蔵されたコンピュータでコントロールし、効率的なエネルギー利用を行う車づくりを進めていたのです。研究開発の現場の雰囲気は、実にスマートで、効率的かつ革新的——そして何より、遊び心あふれるものでした。チームメンバーもその「ノリ」を心から楽しんでおり、実験場ではなく実際の使用場面でのデータ収集というもっともな理由にかこつけて、彼女ら彼らはボルトマンとともに何万キロもの（試験走行という名目の）ドライブに出かけたものです。

このプロジェクトには、後につながる教訓となる特色がいくつもありました。人間中心の観点から洗い出されたニーズを、先入観を排して徹底的に分析すること。より多くの機能を盛り込み、大排出量のパワフルな車ではなく、コンパクトで高効率なソリューションを目指すこと。空調システムを単独で考えるのではなく、そこに人間が介在することを踏まえて、あらゆる複雑な交互作用まで計算するという困難にあえて挑戦する姿勢。こうした高い目標設定の一つひとつがチームに力を与え、メンバー達から熱意を引き出していったのです。

チームの環境そのものも特筆すべきものでした。スウェーデンの広大な大地を北に南に走り続ける試験走行をしながら、ときに過酷な環境で過ごし、ときに風光明媚な場所を訪れるなかでチームメンバー達は議論を交わし、課題解決に取り組み、何度も試作品を作り直し、忘れられない思い出が一つずつ積み重なっていったのです。メンバー達にとって、それは過酷な重労働であると同時に、世界にまだないスマートなソリューションを生み出す、とびきり楽しい時間でもありました。そこから生み出された研究成果はまさに世界最高峰のものであり、30年の時を経た現代においてもいまだに最高水準のものであり続けています。

しかし、それにもかかわらず、このプロジェクトから得られた研究成果は実用化にはいたりませんでした——一体なぜ？この謎を解き明かすために、他にもいくつか事例をご説明しましょう。それらを検証することで、答えの片鱗がみえてくるはずです。

ボルトエアーAEプロジェクト

かつて、IT技術が生まれつつあった頃、それを人間工学と組み合わせてドライバーと車内環境を最適化しようという試みがありました。ただし、このプロジェクトが立ち上がった当初の狙いには環境保護的な目標は組み込まれていませんでした。狙いとされていたのは、ドライバーの意識を路面に集中させ、そのために車のコンソールにあるボタンの操作をできる限り直観的なものにして集中力を削がないようにするアクティブ・セーフティというコンセプトだったのです。このプロジェクトは「ボルトエアーAEプロジェクト」と名付けられ、1980年代半ばに行われていた

PART II: CASES

無数のイノベーション開発の試みの例にもれずに多額の資金が投入されました。

このプロジェクトの過程で、新たな TCC 通気システムのデザインを取り扱う会社も立ち上げられました。TCC の機構は、もともとは航空機に使われるようなアルミ製ハニカム機構を用いたものでしたが、そこからさらに改良を加えた薄型の空調デザインは車のダッシュボードの様相を一変させ、将来的に広汎な利用が見込めるものだったからです。

ボルトエアーAE プロジェクト発足から一年ほどが経過した頃、ボルボの部長クラスの幹部に対してプレゼンテーションが行われました。開発チームはこのために特別なショールームをつくり、そこに開発中の機構を組み込んだ試作車を展示し、新車発表会の様相でもってプレゼンテーションを行ったのです。この挑発的な仕掛けは、同社の意思決定を行う人々に強い印象を与え、同プロジェクトから生まれた技術が後に製品化されるのに大きな役割を果たしました。

こうした「売り込み」の重要性を多くのエンジニアや研究者は理解していません。AE に代表される、開発段階にあるコンセプトについて意思決定を行うリーダーたちの立場になって考えてみましょう。ふつう、どんな企業にも製品開発や製造プロジェクトについては決まった手続き、手法があるものです。そうした定型プロセスは、既に原型がある製品のエンジニアリングや、歩留まり良く大量の製品を生産するのには大変有用なものです。しかし、こと AE プロジェクトに関しては、そうした型が決まったプロセス計画がうまくいったためしはありません。だからこそ、意思決定を行う人々に、創造的な AE の過程が後の効率的な定型プロセスにつながっていくものであることをあらゆる手段を駆使して伝える努力が不可欠なのです。

予期せぬ「特ダネ」を売り込む

AE プロセスを進めていくには、プロジェクトの進捗をはかり、継続の可否を問う重要な瞬間が大きな鍵を握ります。経営陣にプロジェクトの成果を発表する場——それがショーの形式をとるかどうかは別にして——は、たいてい製品開発部や R&D チームの会議において最後の議題とされ、ほとんど付け足しのような扱いをされることがほとんどです。しかも、そうした成果発表会に出席する会社のリーダー達は激務によって忙殺されており、場合によっては発表中、顔を上げてもくれないかもしれません。AE のリーダーや開発者は、プロジェクトが生み出したばかりの、まだよちよち歩き状態の、つまりまだ将来ものになるかどうかはっきりしない技術をそこで売り込まなければならないわけですが、往々にしてそれを効果的に伝えることに長けているとは言い難いというのが現実でしょう。しかも、そうした売り込みの機会は、ふつう一度きりしかありません。

つまり、こうしたプレゼンテーションの狙いは、新たに開発された技術のことをまったく知らない人にそれを理解してもらい、適切な判断を引き出すことであり、それはこのうえなく困難なミッションなのです。したがって、どんな AE プロジェクトであれ、進捗や研究成果の発表がその一

部として組み込まれるようであれば、それはプロジェクトの将来を左右する最重要な局面の一つとしてチーム一丸となって戦略的に取り組むべきなのです。プレゼンテーションの最中、そしてその後の質疑応答とそれに続く意思決定の過程では必ず予期せぬトラブルや問題が表出します。決して、付け足しの議題として軽んじてよいものではありません。

メディア研究によると、まったく前例のない、本当に文字通りの意味で「目新しい」ニュースというのは、ふつう誰もが無視してしまうものだと言います。たとえば、1980年代当時——つまりインターネットも普及していなかった時代——に、グーグルの自動運転車プロジェクトの話（「パソコンで世界中の情報を検索するための無料サービスを提供している会社が、これまた世界中から集めた膨大なデータを駆使して、ドライバーの操作一切なし、つまり完全な自動運転で車を走らせようとしているんだ」）をしても、誰も何のことを言っているのかまったく理解できず、したがって情報としての価値を認めてくれなかっただろうことと同じです。それまでの経験や前例と一切ひもづかない情報は、頭の中でどの「フォルダ」におさめていいか分からず、どう受け取ったらいいのか分からないため、脳が情報そのものを拒否してしまうからです。

しかし、そんなまるでとらえようがないニュースであっても人に信じ込ませる方法が一つあり、広告のプロはそれを駆使して仕事をしています。それは、反復というシンプルな戦術です。最初はまさかそんなことがあるわけがない、と思われるような情報であっても、繰り返し見聞きすることで人はそれに慣れていき、段々とそれを受けとめる心の準備ができていくからです。

ここから一つの教訓が得られます。AEプロジェクトを経営陣に「売り込む」ためには、プロジェクトについての最終的な意思決定がなされる瞬間だけではなく、その前にも、そして仮に前向きな意思決定がなされたとしても、その後も繰り返しコミュニケーションが必要になる、ということです。少なくとも、彼女ら彼らが意思決定を検討する前に、二、三回はプロジェクト全体の狙いやそこで生み出されつつあるソリューションの概要について触れる機会を設けるべきです。そして、いよいよ意思決定を左右するプレゼンテーションの機会が訪れたら、できる限り技術的な話や専門用語は避けたうえで改めて概要を示し、話を聞かせるだけではなく、経営陣が実際に五感を使ってテクノロジーを体感できるように工夫を凝らしましょう。

一回限りのプレゼンテーションに意思決定の趨勢を委ねるのは賢いやり方とは言えません。その後もフォローアップの機会を求め続け、必要ならば何度でも補足のためのミーティングやプレゼンテーションを行うべきです。焦点となるテクノロジーが複雑なものであればあるほど、実際に手にとることができて、折に触れてそのことを思い出すためのよすがとなる3Dモデルを造っておくといいでしょう。AEプロジェクトを売り込むためのアプローチには、この他にもまだまだいくらでも工夫の余地があるはずです。今から思えば、ボルトエアーはAEとしては成功でしたが、社内のコミュニケーションという意味では失敗と言ってよいものでした。せっかく開発したテク

PART II: CASES

ノロジーのうち、その後の製品に反映されたのはほんの一部でしかなかったからです。

プロジェクトを待ち受ける失望

AE においてコミュニケーション、すなわち売り込みに失敗すると、プロジェクトから生み出されたせっかくのソリューションのうち、会社――この場合はボルボ――の新製品に組み込まれるものはごくわずか、という失望すべき結果に終わってしまいます。これは、実利を重んじるタイプの経営陣であればあるほど、目先の投資対効果にとらわれてしまうがゆえに将来性がまだはっきりみえないプロジェクトを退けてしまうという、よくありがちな、そして皮肉に満ちた意思決定上の落とし穴だと言えます。皮肉と言うのは、往々にしてそうした（AE から生み出された革新的なアイデアをみすみす見逃した）企業ほど、後になって競合他社が同じようなソリューションを上市すると慌ててプロジェクトを再開して追随する羽目になるからです。こうなると、その会社には、他社の後追いをする、創造性に欠けた企業だというイメージがつきまとうことになります。事実はその真反対だったというのに！

ここでいくつか、実際の事例をみてみましょう。

- 前述の TCC から生まれた通気性のあるシートは、その開発の数年後になって競合他社が同じような座席を市場に投入したにもかかわらず、ボルボの車に搭載されたのは結局 20 年後、580MkII シリーズが公表されたときでした。

- 同じくボルボ社が取り組んでいた大型 LWD（Light Weight Design）AE プロジェクトは、いくつかの点で世界最高水準の成果をあげていました。このプロジェクトの狙いは、近未来における自動車の環境負荷を抑えるためのテクノロジーを開発することで、車体重量とガス排出量を従来の半分にするという過激なコンセプトの実現を目指していました。このような無謀とも言える目標を追求している競合他社はなく、果たしてプロジェクトを継続していっていいものかどうか、意思決定は難航を極めました。組織再編が何度も繰り返され、やがて大きな M&A にボルボが巻き込まれたこともあり、70 年代、80 年代の同社に満ちあふれていたイノベーションを生み出して大きな利益につなげていくカルチャーはいつしか失われていったのです。チームは賢明に自分たちの仕事の意義を訴えましたが、経営陣がプロジェクトから生み出されたテクノロジーを実装する決断をくだすことはありませんでした。そして2007 年、トヨタが 1/X というコンセプトのもとにプリウスと同じサイズの超軽量車を、翌2008 年にはフォルクスワーゲンが類似の、かつより小型のコンセプトカーを発表するにいたった時には、ボルボにそれを追いかける力は残っていませんでした（図 18-2 参照）。

第18章　大組織と小チームにおけるコンセプトづくり

図 18-2：ボルボが研究を進めていた LWD プロジェクト『＆カー』（左）と、2007 年トヨタが発表した『1/X』コンセプトカー（右）。全方位型シートウィンドウや超軽量車体、熱の侵入を遮断して空調によるエネルギー消費を抑えるなど、基本設計思想は類似点が多かった。

TCC とボルトエアーの事例から得られる教訓

上記のプロジェクトは、いずれもいわゆる「社内マーケティング」戦略さえしっかりしていればもっと良い結果につながったはずでした。願わくは、プロジェクトにゴーサインを出した上級マネージャーに対して、定期的に進捗を報告し、彼女ないし彼にとってプロジェクトが自分事になるよう働きかけるべきですし、そうすることで経営陣からも「いつになったらプロジェクトは実装できるレベルになるのか」といった問い合わせが寄せられるようになります。

このように組織の中層部から上層部にかけてプロジェクトに対する関心が高まっている状態でプレゼンテーションを行うのと、プロジェクトのことを経営陣がプレゼン当日になって初めて耳にするというのとでは結果に雲泥の差が生じることは想像に難くないでしょう。

結局、誰の責任だったのか？

こうした残念な結果について、もし責任を問われるべき者がいるとすれば、それは定量的なスペックや明確なベンチマークと予測にもとづく製造計画をあまりに強く打ち出した「現実主義」的姿勢、風土、カルチャーにありました。あらゆる提案に対して数字に裏付けられた根拠とロジックを求めすぎたのです。

そうした企業風土のもとでは、ときにカオス的で、矛盾をはらむこともある創造のプロセスは決して歓迎されることはありませんし、ましてや、関係者から「こうした混沌こそあるべき姿だ」などという応援を受けることなど望むべくもありませんでした。プロダクトデザイン部門が新製品の革新的コンセプトをつくりこむ過程に携われることはほとんどなく、同部門の役割はあくまで既に大枠が決まってしまっている新車の見た目をいくらかいじることに限定されてしまっていました。未来を形にしようと意気込むメンバーで構成される AE プロジェクトには、「スカンクワーク」的側面、つまり社内の他の部門の干渉から守られる隔離された環境と同時に、外部からプ

PART II: CASES

ロジェクトを長期的視野で見守る庇護者的存在の両方が必要なのです。残念ながらボルボにはそのどちらもが欠けており、その結果、上述の通りトヨタやフォルクスワーゲンといった競合に追い抜かれ、もはや今日ではその差は埋められないほどに広がってしまいました。

自動車を「製造」する工程は本来的に線形のプロセスで、一つひとつのステップが予測可能なものです。しかし、新たな車を「創造」するプロセスは決して線形でも予測可能なものでもありません。このことは、現代の自動車会社──そして、たとえわずかでも創造的なプロセスがビジネスモデルに含まれるあらゆる企業──にとって、重要な教訓となるものです。変化が激しい今日の市場において、差別化と成功の鍵を握るのはいまだかつてないプロダクトを想像力と創造力を駆使してつくりあげることにほかならないのです。

自社のコンセプト開発力を信頼するカルチャーの重要性

一方で、勿論物事がうまくいった事例もボルボにはたくさんあります。その一つが、1991年に公開されたボルボ環境コンセプトカー（Environmental Concept Car、ECC）です。このプロジェクトでは、ボルボ社内の「未来を形にしようと熱狂している人」たちと同社の取り組みが絶妙に噛み合い、経営陣も勇気を持ってリスクを甘受しました。このプロジェクトによって開発されたECCは翌年公表され、競合他社のみならず各国の環境政策に関わる人々にも大きな影響を与えました（図18-3）。

図18-3：1991年に発表されたボルボの環境コンセプトカー（ECC）

このコンセプトはボルボ社内のカルチャーにもインパクトをもたらしました。しかし、悔やまれることに、1990年初頭の経済危機の影響のために、ECCの製品化には多くの時間と社内調整を要し、結局またしても機を逸してしまったのです。

ボルボは、安全性に関しては世界一との評判を博していました。その安全性を支えるイノベーションは社内で開発されたものです。たとえば、側面から加えられた衝撃から車内にいる人を守るSIPS（Side Impact Protection System、側面衝撃吸収システム）などはその典型です。SIPSは今日ではあらゆるメーカーが導入していますが、その先鞭をつけたのはボルボだったのです。

ボルボのように規模が比較的小さいメーカーが、たった一つとはいえ、ある分野──安全性──において世界一となったのは、ある意味ではじゅうぶんすぎるほどの成果だと言えるのかもしれません。新たなテクノロジーを開発し、特許を取得するためには莫大な投資が必要です。そのた

め、果たしてイノベーションとテクノロジーの開発にどれだけの投資を行うのが適切かはビジネスモデルの真髄に関わる高度な経営判断が求められ、一概に答えを出せるものではないのです。

しかし、世界を見渡せば、自動車業界に限らず、大小さまざまな企業が高度なイノベーションをいち早く開発しようと積極的に投資を行っているのもまた事実です。そうした企業では、イノベーション開発の成否にかかわらず、その積極的な姿勢そのものが社員に好影響を及ぼし、会社とスタッフの関係性が好循環を起こします。アグレッシブな投資を行う企業は新たなテクノロジーを市場に最も早く投入することができ、そこで獲得した先行優位性を活かしてプライスセッターとなる、すなわち市場価格を自社の裁量で決定することができるようになります。プライスセッターは、それを追いかける立場のプライステイカーよりも高い利益率を享受することができるため、それを研究開発に再投資できるようになり、成功のサイクルが生まれるからです。

ボルボのように、スウェーデンの企業の多くは、自社内にイノベーションを生み出す力量と意志を持ったスタッフを抱えています。こうした「イノベーションスキル」とも呼ぶべき力を開放し、長期的なビジネスモデルに組み込むことができれば、同国の産業をさらに高みへと引き上げるための大きな原動力となるでしょう。このことは、持続可能な社会を実現するための新たなソリューションを求める声がかつてないほど高まっている今日、特に注目に値するポイントとなっています。自社に利益をもたらす形で持続可能性を向上させるイノベーションを実現し、それを実装することができれば、そこから得られる利益自体も恒久的なものとなるからです。

そのためには、AE といわゆる製品製造との根本的な違いについての理解を深めることが必要不可欠です。これは経営陣だけの問題ではありません。なぜなら、AE に携わるエンジニアや研究者に社内マーケティングの必要性についての知識やカルチャーが欠けていることが問題を引き起こすケースも多々あるからです。その結果、いざ経営陣に向けてプレゼンテーションを行う段になって混乱し、慌てふためく AE プロジェクトリーダーがあまりにも多くみられるのです。

実際問題として、そうした場で意思決定権を持つマネージャーや経営陣から問われるポイントはいつも同じものです。「（たった今プレゼンテーションで述べられたように）この新技術がそれほど優れたものであるのなら、どうしてそれがこれまで市場にお目見えしなかったのかね？」こう問われたら、どう答えるべきか？つい思いつきで、「我々が類まれな開発チームだったから」とか、「それを考えるのが経営戦略を担う皆さんのお仕事では？」などと言ってしまうケースがありますが、言うまでもなくそれは最悪の受け答えと考えるべきでしょう。ここで望ましい回答は、「大きな成功をつかむためにはそれ相応のリスクをとる必要がある（そして、これまでのところ競合他社はそれを避けてきた）ためです」といったものになるはずです。

そして、これこそがイノベーションを持続的に生み出す企業におけるリーダー像を、凡百のいわゆる「リーダー」と見分ける、まさに分水嶺となるポイントなのです。つまり、イノベーション

247

PART II: CASES

を社内から引き出し、新たな市場を切り拓く旗振り役となれる変革型リーダーと、所定の手続き
に詳しいだけで前例主義の管理者とでは、リスクをつきつけられたとき、それに真正面から向き
合うのか、それとも直観的にそれを避けようとするのか、ハッキリ対応が分かれるからです。後
者のような「計画経済型」のリーダーシップが組織の弱体化、そして最終的には瓦解を招くこと
は歴史が証明しています。少し時代が古く、かつ大掛かりになってしまいますが、旧ソ連で実際
にあった象徴的なお話をしましょう。

> 国際的な見本市でソ連の先進的な製造業者が大賞を受賞したとき、同社の研究者たちは、当然これによ
> って賞をとった機材への注文が殺到するものと確信しました。しかし、当時のソ連の経済活動をコント
> ロールしていた連邦計画省からの反応は『そんな新機材は必要ない』というものでした。

> なぜか？それは、計画省が（当時ソ連が「敵対国」とみなしていた）米国や西ヨーロッパ諸国の市場動
> 向や経済予測を入念に分析・検討した結果、その時点では前述の新機材が使われるという想定が一切見
> 当たらなかったため——だからこそ「革新性に優れた」ものであるとして大賞を受賞したのにもかかわ
> らず！——それを計画に組み入れる必要はないと判断したからです。

> ソ連の計画経済とは、すなわち模倣戦略にのっとったものでした（ただし、宇宙開発と軍事開発だけは
> 例外でしたが）。したがって、同国ではイノベーション、つまり世界初の技術やテクノロジーは、構造
> 的に最初から（模倣を前提とする）ルールによって阻害されていたというわけです（Alange et al. 1992）。

クリエイティブな怠け者？

コンセプト創造のプロセスを詳細に分析すると、一つの興味深い事実が浮かび上がります。そこ
で大きな役割を果たすのは、関係者同士の良好な関係性であるということ——つまり、人間関係
が非常に重要だ、ということです。物理的制約や技術的制約によってイノベーションを妨げられ
ることはほとんどありません。イノベーションを起こしにくくする最大の要因は人であり、逆に
持続的にイノベーションを生み出せる組織の最大の特徴となるのも人なのです。

イノベーションを引き出す原動力の一つは、その道のプロが醸し出す自信と独自の思考、この人
ならきっと何か新しいものを生み出してくれるに違いないという信頼を周囲から集める人的魅力
にあります。往々にして、そうした人々は「怠け者」にみえたりします。彼女ら彼らは、空想にふ
けったり、周りの人たちにちょっかいを出したり、あれやこれやとアイデアをもてあそんだりし
て、傍からみるとまるで「仕事をしている」ように思えなかったりするからです。

ここで、90年代のボルボにおいて同社が開発したイノベーションを牽引したスティグ・ピラール
が、当時革命的だったエアバッグの開発・実装によって賞を獲得した際、それを評して当時米国
副大統領だったアル・ゴア氏が『ディスカバリー』誌に寄稿した記事をみてみましょう[136]。

---

[136] 原文は http://discovermagazine.com/1994/oct/1994discoverawar431 にて参照可能。

第 18 章　大組織と小チームにおけるコンセプトづくり

ボルボの側面衝撃吸収システム・エアバッグについて。

自動車のハンドルとダッシュボードに内蔵されたエアバッグによって、正面衝突による衝撃を劇的に緩和することができるのは周知の事実で、この技術が今やほとんどすべての車に搭載されているのは驚くにはあたらない。しかし、ドライバーを側面の衝突から守る手段の開発についてはこれまでうまくいっていなかった——乗用車の交通事故による死亡件数の三分の一は側面衝突によるものだというのに。そして今、ボルボがついにこの矛盾を解消する答えを見出した。

スティグ・ピラールに率いられた同社の開発チームは、スウェーデンのイェーテボリで問題に取り組み、明白な改善点を見出した。言うまでもなく、それは車体の側面にあるドアだ。問題は、側面衝突に備えるには非常に大きなエアバッグが必要だということだ。ドライバーはドアに近い位置に身体を寄せているかもしれず、あるいは後ろにそっくり返るような姿勢で運転しているかもしれない。これらの人体工学的に可能なポジションすべてをカバーする必要があった。そして、エアバッグが大きくなればなるほど、それを膨らませるためにはより多くの時間がかかる。

そこでピラールと彼のチームは、ドア内蔵型のエアバッグではなく、代わりに、運転席と助手席それぞれの外側の継ぎ目からエアバッグが飛び出す機構を開発した。この仕組みなら、バッグは必ず乗員の身体に近い位置におかれることになり、衝突によって車内にひしゃげこんでくるドアに対するバリアとして機能する。車体の側面が大きく歪むとセンサーがそれを感知して、火花をスパークさせる。これによって座席後方に内蔵されたガスが瞬時に放出され、15cm×30cm のエアバッグが一気に膨らむ。以上の工程すべてに要する時間はわずか 1,000 分の 12 秒だ。この側面衝撃吸収システムは、年内にボルボの 850 ターボセダンに搭載されて我々を守ってくれるようになる。その他の車種にも来年には搭載予定だ。さらに、このシステムが搭載されていない現行の車種に対しても、ボルボは 500 ドルのオプション価格で追加することができるようになると発表している。

スティグは、自身の発明について了承や承認を取りつけるにあたって彼にしかできないアプローチを貫き通しました。あるとき、ボルボのマネージャーたちがサプライヤーの代表とともにかなり大規模な会議を開いて新車の内装パネルについて議論をしていました。会議で検討すべき重要事項はいくつもあり、長々とした議題のリストがプロジェクタで大きく映し出されていました。

すると突然会議室のドアが開き、自信に満ち溢れた笑顔をたたえた紳士がつかつかとプロジェクタに向かって歩み寄り、手書きの図を貼り出してこう言ったのです。「数分間、お時間を頂戴します。こちらには意思決定を行う皆さんがお揃いですので、私が考案した新しいヒンジの機構をお見せするのに格好の機会かと思いまして」と。会議室にいた——彼以外の——誰もがあっけにとられていましたが、結局その機構は採用され、ボルボの名声を高めるのに貢献したのです。

勿論、こんなやり方は往時のスティグ・ピラールにしかできないでしょう。しかし、彼は件の機構をアピールして、それを実装に持ち込むための了承を取りつけるにはあのタイミングしかないと読み切っていました。天真爛漫な天才の奇行を装いつつ、すべては計算づくの行動だったのです。自分の評判が落ちることや会議に出席していたマネージャーたちがばつの悪い思いをするこ

249

PART II: CASES

とよりも、その新機構が採用されることによる自社への貢献のほうを優先した、とも言えるでしょう。イノベーションを世に出すということは、単に革新的なアイデアを思いつくだけで事足りるものではありません。泥臭く、ときに荒唐無稽な手段を使ってでも、社内外のステークホルダーを巻き込んで、リスクをとる決断を引き出さなければならないのです。

繰り返しになりますが、スティグの行動は彼ならでは、そして彼の時代ならではのものであって、それをそっくりそのまま真似ればいいというものではありません。しかし、前例主義を打破し、真に革新的なテクノロジーを世に送り出すためには、ときにアイデアそのものと同じくらい、あるいはそれ以上に革新的な行動をプロジェクトのリーダーは覚悟しなければならないこともある、ということは覚えておいてよいことなのではないでしょうか。

矛盾も朝令暮改も朝飯前

有能な開発リーダーやプロジェクトマネージャー、いわゆるクリエイティブと評される人々には、「朝令暮改を厭わない」という共通点があります。一度こうと決めたことを撤回して全く別の方向に軌道修正することを言い訳すべきことと思っていないし、そもそも気にもしていない、それが何か特筆すべきこととも思っていないのです。こうした「不合理性」は創造的活動を進めるうえで必要な柔軟性を担保するうえで、非常に重要なものとなります。

小さな子どもが何かを創作するときのことを思い浮かべてください。彼女ら彼らは製造計画を延々議論したりはしませんし、所定の手続きにのっとって作業をしたりもしません。学校は、そんな子どもたちやその名残をいくらか残した若者たちに合理的に物事を考え、論理的に議論を進めることを教え込みます。しかし、中には子どもの頃の非合理的で、ふわふわとした全体的思考を持ち続けたまま教育課程を修了していく人もいるのです。

企業に勤めるにせよ、大学などで研究者の道を歩むにせよ、多くの人々は「物事は線形的に、合理的予測が成り立つものである」という前提のやり方を学び、それに適応していきます。会社の中でプロジェクトへの承認を取りつける、あるいは研究のための助成金を獲得するためには、そうしたやり方に添った説明が求められるからです。誰もがそれは必要悪としての形式的手続きにすぎないと分かってはいながら、いつしかそうした直線的な枠に自らの思考の方を合わせていくようになるのです。

しかし、かつての研究所やその他のクリエイティブな活動が行われている会社などでは、誰もがそれぞれ独自のやり方で仕事を進め、その中から偉大な科学的発見やイノベーションが生み出されてきたのです。過去数十年にわたるニュースを見返してみても結論──スウェーデンの企業による革新的成功の数々は、大企業の内規で縛られた開発手続きや意思決定プロセスに沿って粛々と作業を進めるだけでは、到底生み出されえなかったであろうこと──は明らかです。

第 18 章　大組織と小チームにおけるコンセプトづくり

ここから一つの重要な示唆が得られます。それは「矛盾や朝令暮改、不合理性は、実は創造的な仕事には欠かせないもので、生産性を高めてくれるものなんだ」ということです。これは一見直観に反するように思われるかもしれませんが、ここまでの事例からも感じ取れるように、不合理性にもとづく生産性という考えは、特にクリエイティブな仕事を中心にキャリアを築いている、あるいはこれから築いていく人にとっては非常に有益なものとなるはずです。

もしこの「不合理性にもとづく生産性」の証拠を一目で分かる形で示してほしいと言うならば、晩春の晴れた日に森に散歩に行き、そこでアリの巣を探して、その周囲で何が起こっているかを観察してみてください。そこでは、あるアリが針のような松の葉を運んでいるかと思えば、別のアリたちは一丸となって、小さな昆虫が動かすにはあまりにも重すぎるだろうと思われる木片に取りかかっていたり、それ以外のアリはそれぞれてんでバラバラに好き勝手なことをしているようにみえたりします。整然と隊列をなして進むアリの一群がいるかと思えば、まるでなんの目的もないかのように辺りをうろついているアリもいたりするものです。ひとしきり観察が済んだら顔を上げて、こうした一見合理性のかけらもないような活動の積み重ねでつくられているアリの巣の精緻さ、広大さ、美しさに想いを馳せてみてください。

大薗、清水、竹内が著した『トヨタの知識創造経営[137]』では、矛盾というテーマが非常に興味深いかたちで取りあげられています。

組織図や ISO 基準に準ずる手続き等は、製品を計画通り製造するためには大変有用なものです。しかし、イノベーションを生み出すことを志向する活動においては、それらとは別のルール、基準、手法が必要になります。さらに、環境保護や持続可能性が重要な課題とされる今日においては、イノベーション開発の仕組みそのものにおける変革が必要なのです。既存の手続き、テンプレートにうまく合致しないからといって可能性を秘めたコンセプトをみすみす無駄にしてしまう余裕はどんな企業にも許されないでしょう。

持続可能性に資するコンセプトの開発は、何か特定の分野ではなく、さまざまな分野から境界を超えてアイデアが集められたとき実を結ぶことが多いものです。コンセプトをあらゆる観点から多面的にみることができなければ、成功はおぼつきません。逆に、腕利きの曲芸士がいくつものボールを同時に空中に投げ上げてうまくコントロールするように、いくつものインプットを集めて全体を上手にコントロールできれば、コンセプト開発において大きな強みとなるのです。

さて、本章冒頭で触れた TCC チームが開発した数々のテクノロジーは、その後どうなったのでしょうか？残念ながら、彼女ら彼らが開発した技術の革新性は誰もが認めるところだったものの、それが直接ボルボの自動車開発につながっていくことはありませんでした。しかし、それらのテ

---

[137] 原題『Extreme Toyota: Radical Contradictions That Drive Success at the World's Best Manufacturer』

PART II: CASES

クノロジーは主に国際的に同社の技術をアピールすることには役立ちました。また、TCCプロジェクトからはテクノロジーだけでなく優秀な人材と彼女ら彼らの齟齬の活躍による新規事業やビジネスが生み出されていったのです。本章の残りのパートでは、そうしたTCC由来の事例をご紹介していきましょう。

OZマリン R&D

ステファン・ラルソンは、1986年のプロジェクト後期、TCCチームの一員として働いていました。しかし、80年代のボルボ社内での仕事の進め方に彼は満足できず、大企業の安定した職を辞して自分で会社を立ち上げました。ただし、退社後もステファンはボルボの社員たちと情報交換を兼ねたランチなど交流を重ね、そこで交わした意見の中から徐々に自分の会社が解決すべき課題と、そのために開発すべきソリューションについてのアイデアを固めていきました。

こうした意見交換は、ときにスポーツの試合のように相互が高め合う状態になるものです。一方がある問題を解決するためのアイデアを出す。すると、もう一方がその特長を言語化し、さらに別のアイデアを付け加える。あるいは、相手が出したアイデアに対して質問や疑義を投げかける。こうしたやり取りを何度も、さまざまな場面や展開を間にはさみながら繰り返す。そこには必ずしも決まった順序や作法があるわけではありません。もともとの出発点となったアイデアの限界を探り、ほころびがみえたところに新たなアイデアを付け加え、修正を重ねるなかでイノベーションの芽が徐々に成長していくのです。

ステファンが立ち上げた「OZマリン」は、まさにこうしたやり取りの中から生まれ、彼の会社の基礎を築くものとなりました。OZマリンは、世界の海の現状に対する問題意識から生み出されたイノベーションの塊です（図18-4参照）。農地に大量に撒かれた農薬や排ガス（一旦大気中に放出されたガスは雨などによって最終的には海に流れつきます）、油田やタンカーから流出した原油などは、現代社会が海に与えている影響のほんの一部です。こうした問題を少しで

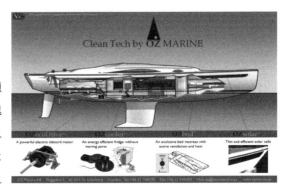

図18-4：合理性に満ちたプロダクトは遊び心と不合理性に満ちた創造的プロセスから生まれる

も解決するために、海のレジャーを楽しむための船舶はもっとクリーンでシンプルな構造のものにできるはずです。こう考えたステファンは、機械工学的なイノベーションをさまざまな面から考察し、効率的に組み合わせるという類まれな能力に恵まれていました。彼は、紙に思いついた

第 18 章　大組織と小チームにおけるコンセプトづくり

アイデアを走り書きすると、瞬時にそれを「脳内 CAD[138]」で立体的にイメージし、それによって
あれこれとアイデアをいじくりまわすことができるのです。

こうしてステファンは、数々の革新的なプロダクトとソリューションを開発し、数多くの特許も
取得しました。これらのソリューションのほとんどは、前述の海洋汚染問題の解決につながるも
のです。彼の会社は多くの支持者や取引先を集め、遊び心を保ったまま利益を伸ばし、今日でも
成長を続けています。

薄型・超軽量シートの開発プロジェクト

今度は、ボルボが開発した環境コンセプトカーについてご紹介します。このコンセプトカーには、
従来とは比べものにならないほど軽く、それまでにはない機能を備えた座席シートが必要でした。
ふつう自動車の座席は 20〜50kg ほどもあり、自動車全体の重量に占める割合はかなりのものに
なるため、シートの軽量化は車の性能に大きな影響を及ぼします。

90 年代後半のある年の夏、大手サプライヤーと部品製造業者、そしてボルボの開発担当者が会合
を持ちました。サプライヤーと部品業者からは合計七名もの高級スーツを身にまとったマネー
ジャーが出席しており、一方のボルボ側はと言えば T シャツにジャケットというカジュアルな出で
立ちです。会議はボルボ側のこんな問いかけから始まりました。「我々が現在進めている AE プロ
ジェクトで使用するために、快適性に優れ、フルフラットに倒すことができて、厚みは 10cm、
重量最大 10kg のシートをつくっていただくことはできますか？」テーブルの向こうに鎮座まし
ましていた各社の代表たちは、何を言われたのかピンと来ず、質問を理解するのに苦労した様子
をみせていました。サプライヤーや部品業者の頭にあったのは、自分たちが現在つくっているも
のをいかにしてボルボに購入してもらうかという、その一点のみだったからです。

このとき、双方の利害は真正面からぶつかり合っているように思われました。そこでボルボの担
当者はもう一度質問を繰り返し、その意義を訴えました。「自動車のシートに革命を起こす。この
挑戦にご興味はおありですか？」と。会議室には怒号が鳴り響き、何時間も話し合いが続きまし
たが、最終的にボルボ側のビジョンがサプライヤーと部品業者の代表たちに伝わり、シートの開
発に向けた合意が得られました。

今から振り返って考えてみると、このときのコミュニケーションには乱暴な点が多く、問題があ
ったと言えると思います。もう一度やり直せるとしたら、ボルボ側の担当者は完全に意表を突く
形でまったくの新機軸を打ち出すのではなく、もっと相手が受けとめやすく、伝わりやすい方法

---

[138] 「CAD」とは、Computer Aided Design の略で、コンピュータ上で設計図を書いたり、製図を行ったりするソフトウェア・
システムを指す。家屋や建物、配線・配管、自動車、飛行機、電車、洋服など、多種多様なモノの図面を作成する時に使われる
ことが多く、種類もさまざま。

PART II: CASES

でビジョンを示すべきでした。グーグルの自動運転車の例を挙げた際にも論じたように、人が何か新しい情報を理解するためには、それを受けとめる「フォルダ」が必要なのです。当時、厚さ10cm、最大重量10kgの快適な可変式シートというのは、まさに革新的で、まったく新しいコンセプトでした。機械工学的にそれが可能かどうかということとは別に（事実、今日使われているシートはこれよりも遥かに優れた性能のものばかりです）、革新的なアイデアを受けとめるというのは、精神的な努力を要するし、多くの人は適切なコミュニケーションなしではそれを理解することすらできないものなのです。

案の定、トラブルが発生しました。プロジェクトの期限直前になって、大手サプライヤーから指定された仕様通りのものはやはりつくれない、と連絡があったのです。プロジェクトにとっては大打撃でした。代わって、あるノルウェーのイノベーション開発に特化した小さな企業に白羽の矢が立てられました。この会社は既に別の軽量化プロジェクトに携わった実績があり、ボルボとの共同開発にも通じていました。

驚くべきことに、わずか数週間——そして、ボルボ社内でのプロジェクトお披露目のプレゼンテーションにぎりぎり間に合うところ——で、この会社はシートのプロトタイプを完成させたのです。AEプロジェクトのリーダーが胸をなでおろしたのは言うまでもありません。この開発会社では、卓越した課題解決力と創造性を持つリーダーが、自分や他のリーダーが出したアイデアを紙に殴り書きして、チームに共有するというやり方をとっていました。そして一旦まとまったアイデアを即モックアップやプロトタイプで形にして検証し、さらに試行錯誤を何度も繰り返すという、今で言うデザイン思考やリーン・スタートアップの手法をフルに活用していたのです。

ボルボ社の技術開発マネージャーであるウルフ・トルフセンは自身の経験を振り返って、製品開発の最初期、まさにスタートアップと言ってもいいような状態に会社がかけるリソースやコミットメントはもっともっと大きなものであってしかるべきだと言います。多くの場合、最終段階に入るところの仕上げには多くの資金と時間が投じられますが、そこでなされる修正や確認のほとんどは、本来初期の段階にきちんとした体制づくりとコンセプトマネジメントができていれば、そもそも不要になる類のものだからです。

ウルフと彼の同僚たちは、この洞察にもとづいてリードタイム（開発工程の途中段階での待ち時間）短縮のためのポイントをいくつか挙げています。

- プロジェクトに関わる誰もが自分は何をすべきかを理解できるように、達成すべき目標、解決すべき課題を明確に言語化すること

- プロジェクトが的はずれなものとならないよう、ターゲットとする顧客やプロジェクトに投資をする人々（社内上層部のこともあれば、スタートアップの場合はVC等社外の投資家というケースもある）にとっての前提条件、そして自分たちの能力の限界について明らかにす

ること
- 社内プロジェクトであれば、立ち上げの段階から上層部やキーパーソンとなる人物を巻き込んでおくこと
- アイデアが出始めたら、頭で考えて批評するだけでなく、手を動かしてプロトタイプをつくり、実際の場面でどう機能するかを素早く検証すること

以上のポイントをはずさないようにすれば、開発が終盤に差し掛かったときに多くの時間やコストをかけなくてもいいし、根回しのために走り回らなくてもよくなります。初期の時点で不具合やバグのほとんどは取り除かれており、意思決定に関わる人々もプロジェクトのことを知っていて、その概要も理解しているはずだからです。

病院のベッド開発の事例

上述のシート開発事例で挙げたノルウェーの開発会社は、まさにウルフたちが挙げた行動を実践していました。つねに手を動かし、紙と鉛筆でスケッチを描いてアイデアを即座にチーム内で共有していました――デザインを手がける会社であるにもかかわらず、CADを利用する工程は本当にわずかしかなかったのです。しかし、この会社は非常に優れた革新的プロダクトをいくつも世に出しており、特許も多数取得していました。この会社が、病院のベッドをリデザインしたときの事例をご紹介しましょう（図18-5参照）。

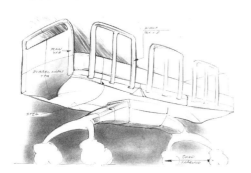

図18-5：たとえ、本来はよかれと思って導入されたものだとしても、型が決まった手順はアイデアや起業家精神を圧殺することがある

きっかけは、かつてない複合材料が開発され、商業化の道を探っていたことでした。この新素材は、機械工学的な側面（強度など）だけではなく環境保護の面においても従来のものと比べて多くの利点を有していました。勿論、自動車の車体パーツなど一般的な利用法も検討されましたが、それと同時に、この素材ならばこれまでまったく手つかずだった分野においてもイノベーションが起こせるのではないかという期待があったのです。

スウェーデンのイェーテボリにあるサルグレンスカ大学病院をはじめ、スウェーデン政府や他の民間企業が興味を示し、新素材を病院のベッドに活用しようというプロジェクトが立ち上げられました。従来のものよりもずっと軽く、清掃が簡単で使いやすく、しかもそれ以外にも多くの機能を盛り込むことができる、まったく新しいベッドというコンセプトに対して、当初は楽観的な見方をする関係者がほとんどでした。しかし、そこに財務の壁が立ちはだかったのです。

PART II: CASES

開発会社の CEO は、プロジェクトに資金を提供する関係機関との面談・会合に多くの時間を費やしました。どんどん細かくなっていく仕様についての要求や法令・規制遵守のための確認、その他諸々の書類のやり取りに何年もの歳月が費やされました。まるで、そうした手続きを行うこと事態が目的となっているかのように思われたものです。製品開発プロセスに関する理解が、政府機関や病院といった公的セクターと小さな民間企業とでは、あまりに違いすぎました。

今日のイノベーション開発の世界では、まだまだ大学などの伝統的研究機関を前提においた考え方や手続きが支配的であり、スタートアップの組織や財務体制は考慮に含まれていません。前者は規模が大きく資金も潤沢に有しているため、プロジェクトが数年長引いても屋台骨が傾くようなことはありませんが、後者にとって、即キャッシュが得られないプロジェクトに投じることができるリソースは本当に限られています。

ここでご紹介しているプロジェクトにおいてはこのことが大きな落とし穴になりました。開発会社の上級マネージャーは、スウェーデンの関係者との長く、いらだちが募るばかりのミーティングを終えてノルウェーへと戻る途中、しょっちゅう「なんだってこんなに時間がかかるんだ、まったくありえない…！」と嘆息したものです。「求められた書類は一枚残らずすべて提出したっていうのに、まだ結論が出せない、だと！これ以上は、もうやっていられない」こうして、歴史に残るイノベーションを生み出すかもしれなかったプロジェクトは、2003 年にストップし、今日でも棚晒しにされたままになっています。

ここから得られる教訓は、本章で既に何度も繰り返し述べてきたことです。すなわち、プロジェクトの基盤となるアイデアや研究成果（本項で取りあげた例で言えば、軽く、強度と環境保護性能に優れた新材料）が高度に洗練されていて、従来のものと一線を画す革新的なものであればあるほど、プロジェクトの初期の段階で関係者にそこから生み出されるであろうソリューションの重要性を理解させるべくそれ相応の努力を投じるべきだ、ということです。

小さな会社だからこその強み

規模が小さい企業がある市場に新規参入を試みる場合、現代では必ず「このプロダクトは市場のニーズ、そして社会の要求に応えうるほど環境保護、持続可能性向上に資するものか？」という問いを自ら投げかけるべきです。これは容易なことではありません。胸を張って「勿論、我々のプロダクトはこの上ないほど"グリーン"なものだ」と言えるケースはごくまれですし、誰もがそれが望ましくないことだと分かっているからです。

しかしこれは見方を変えればチャンスにもなりうるものなのです。製品の活用先を別市場にずらす、サービスの仕組みや提供する相手をそれまで想定していたものとは別のものにする。こうした、ちょっとした変更によって、実は自社のプロダクトやサービスには大きな持続可能性ポテン

第 18 章　大組織と小チームにおけるコンセプトづくり

シャルが秘められていたことに気づくケースは少なくありません。そして、つねに大事なことは、顧客が対価を支払っているのは何なのかを見極めることです。たいていの場合、それはプロダクトやサービスそのものではなく、それによって得られる体験であったり、思い出、気分の高まりであったりするものです。それが分かりさえすれば、同様の顧客体験を創造するために、今あるもの以外にどんな手段がありうるだろう？と想像力が湧いてきます。

プロジェクト──特にクリエイティブな側面が大きいプロジェクト──の成否は、どれだけ多く関連分野のプロを巻き込んで、そのプロジェクトを取りまくネットワークを構築して、そこから力を得られるかにかかっています。そうしたプロとつながりを築くためには日頃からさまざまな分野のニュースに目を通し、興味を持ったトピックについてはその基礎の部分まで掘り下げて理解を深め、各分野のプロに対しては、つねに敬意とともに接することが大切になります。

本章で取りあげたプロジェクトに携わっている人たちは皆、ふだんから環境技術についてよく勉強し、最新の文献に目を通しています。また、彼女ら彼らはテクノロジー全般、そして持続可能性や社会変革といったテーマのシンポジウムなどがあれば足を運び、いつも最新の情報を得て、最先端を走るフロントランナーが誰か把握しています。さらに、そうした人々は自分の知識やノウハウをシェアすることを厭わないどころか、むしろ自ら積極的に発信していきます。それによって新たなつながりが生まれることがあるし、何より貴重な情報の交換という好循環が社会に生まれることを分かっているからです。こうしたオープンな知識のやり取りのなかで、問題解決能力やコンセプトの創造力は育まれていきます。一人で閉じこもっていては、決して問題は解決できないし、素晴らしいコンセプトを生み出すこともできません。

この意味で興味深い点としては、小さな会社のリーダーというのは決して特定分野の専門家、スペシャリストではないことが多いし、そうある必要もない、ということがあります。むしろ、成功をおさめるスタートアップの創業者たちは大きなビジョンを描いて、それを社内外にコミュニケーションすることに長けているものです（図 18-6）。そのため、彼女ら彼らはあらゆる分野の専門家とも話ができるし、つながり、自分たちのプロジェクトに巻き込むことができます。そうしたビジョナリー的資質を発揮できる人は、顧客と商談をしていても相手の

図 18-6：関係者全員が顔を合わせ、皆で手を動かしながら最小限の事務手続きだけでプロジェクトを進められるのが小さなチームの強み

PART II: CASES

アイデアを引き出して、どんどんビジョンを膨らませていきます。それによって相手もそのビジョンに惹き込まれ、是非それを実現させたい、そのために自分にできることは何だろうといつしか考えるようになるのです。

だからこそ、社会を大きく変革するようなミッションを掲げるスタートアップにはモックアップやプロトタイプを用いたデモが欠かせません。言葉だけですべてをイメージできる人ばかりではありません。目にみえる、手にとることができる、確かな形あるものを示してビジョンを共有することで、より多くの人に意思決定を促すことができます。アイデアを引き出し、拡散させて、なかば混沌としたブレインストーミングと対を成すプロセスとして、創造的コンセプトづくりに携わる者は、そうした意思決定に向けたプロセスもマネジメントしなければなりません。

以上のような流れを効果的にコントロールするためには、綿密なプランニング——製造工程の計画づくりではなく、関係者たちをいかにして巻き込み、ビジョンを共有していくかについての詳細な段取り——が欠かせません。実際、「アイディエーション（Ideation）」と呼ばれる分野の文献には、そうした人間的なコミュニケーションやリーダーシップに関する洞察が、コンセプトづくりのための理論やツールの紹介と同等か、それ以上に含まれているものです。

最後に、本章で見通してきた、大企業および小さなチームにおけるコンセプトづくりとそれを実装にまでつなげていくために必要なポイントについてまとめましょう。

1. 「不合理性にもとづく生産性」。合理的で、細部まで考え抜かれたプロダクトは、往々にして、不合理で、遊び心に満ちた、非線形的なプロセスから生み出される。

2. いかにしてコンセプトを生み出すかだけではなく、それを実装して社会に送り出すためには誰をどのように巻き込むべきかまで含めてプランを立てること。そのためには朝令暮改、矛盾を恐れないこと。

3. プロジェクトの初期段階から、自らのビジョンを語り、どんな課題を解決しようとしているのか、そのためにはどんなサポートが必要なのかを積極的に発信すること。

PART III

QUESTIONS & REFLECTIONS
問いと省察

第 19 章　問いと省察

Sverker Alänge & Mats Lundqvist, *Chalmers*

本書では、最初に背景と理論を通していかに持続可能性とイノベーションが結びつくかをご説明し、次いで合計八つの事例を通して、いかに最新のテクノロジーやアイデアが実際に革新的ビジネスの創造に結びついていくかを示してきました。この一連の議論の中には、おそらく読者の方々にはこれまで馴染みが薄かったコンセプトや問いかけもあったのではないかと思います。

本書は、2010 年の春に最初の試用版がチャルマース工科大学アントレプレナーシップ・スクールの授業において教科書として使われ、同年ニカラグアで開講された十大学合同講座でも活用されました。ここで得られたフィードバックをもとに、著者の二人が 2010 年の 4 月と 10 月にワークショップを開催。さらに 2010 年 9 月、これらの講座やワークショップにおける議論から得られた知見が「持続可能性向上を目指すイノベーションとビジネス開発」という題目で、EESD（Energy, Environment, & Sustainable Development; エネルギーと環境、持続可能な開発に関する国際会議）で発表されました。その後も本書は授業で教科書として用いられ、内容に修正が加えられてきました。この過程で第 2 章と第 4 章は内容がアップデートされ、2013 年には現在第 7 章となっているライフサイクル分析についての章が追加されました。

本書はさまざまなバックグラウンドを持つ寄稿者たちがそれぞれの知見と経験を綴った各章を一つの本にまとめたアンソロジーであり、特に第 11〜18 章にみられるように、著者自身が自らの起業あるいはスタートアップで働いた経験に対する省察にもとづいて教科書を執筆したという点において他に例をみないものです。アントレプレナーシップ教育においては、座学だけではなく実際に試行錯誤をして体験的に学ぶ経験学習（"Learning By Doing"）が主要なメソッドとなっていますが、筆者自身が自らの体験で得た学びをさらに振り返って言語化している、という意味で本書には他の著作にはみられない独自の知見があふれていると言えるのではないでしょうか。

今日、ビジネスや持続可能性について書かれた本はいくらでもみつかります。しかし、その多くは学者やコンサルタントが執筆したもので、しかもほとんどが比較的規模が大きい企業を念頭において書かれています。本書はそれらとはまったく別の観点から議論を展開しています。起業や新規事業開発、新たなプロジェクトやコンセプトの立ち上げなどゼロから価値を生み出すイノベーションのプロセスに焦点をあて、実際の現場で得られた経験にもとづいた観点です。この観点から執筆された本書の内容は、著者たちと同じように革新的かつ持続可能性向上に資するビジネスを志向する読者の方々にとって、必ずや有用な知見をもたらすものだと思います。

本章では、各章をつなぐ基調低音となっていた問いを改めて投げかけ、それぞれの章で提示された知見や内容をさらに発展させた先にどんなビジョンが見出せるのかを探っていきます。読者の

PART III: QUESTIONS & REFLECTIONS

皆さんも、是非以下の問いを自らの経験にあてはめ、本章を読みながら感じたことやそこで得たインスピレーションについて振り返ってみてください。

▪ 「持続可能性」というコンセプトから、我々は一体何を学ぶことができるのか？

▪ 持続可能性を前提とするビジネスやイノベーション開発と、そうではないものとでは、一体何が違うのか？

持続可能性というコンセプトの可能性について

本書に収録された章は、程度の差こそあれ、ほぼすべてが「持続可能性」に関する内容を有しています。特に、具体的な事例を取りあげた第 11〜18 章では、エコエラやヴェーコなど、まさに持続可能性向上に資する革新的なプロダクトや取り組みについてご紹介しました。中には、デム・コレクティブやネットクリーンのように、社会的な変革により注力した事例もありました。

そうした微妙な方向性の違いにかかわらず、これらの事例に共通してみられるのは、そのままでは曖昧模糊としてとらえどころのない「持続可能性」という概念が具体的なプロダクトやサービス、ビジネスモデルに落とし込まれることではっきりとした輪郭を持つようになり、誰にとっても理解しやすく、イメージを共有しやすいものになる、ということです。勿論、本書でご紹介した製品やサービスすべてを駆使しても、気候変動を食い止めるという意味での持続可能性向上を一夜にして達成することはできません。しかし、これらの事例はいずれもそれぞれのソリューションを通じて、持続可能性に軸を置きながらビジネスを展開するのは可能であるばかりか大きなイノベーションを引き起こす力を秘めており、それによって世界をほんのわずかでもより良い場所につくり直すことができる、ということを我々みんなに教えてくれるものです。

したがって、持続可能なビジネス開発とは、多くのビジネス書や経営学の専門書が焦点をあてる顧客価値や事業価値だけではなく、社会的な価値までも含む、より包括的な枠組みだと言えます。持続可能性を向上させ、しかも顧客価値やビジネス上の成長性についても妥協しない、という制限を課すことによって、持続可能性向上というフレームワークは、これまでなかったクリエイティブな発想やイノベーション、革新的なソリューションを誘発することができます。

これは決して目新しい考え方ではなく、伝統的な品質管理手法とも通底するものです――品質管理においては、コストを削減しつつ、同時に品質を向上させる道は必ずあるという前提のもとに日々改善を重ねていくものだからです。これとまったく同様に、持続可能なビジネス開発においても、顧客価値、事業価値、そして社会的価値をすべて同時に向上させうる道は必ずみつかる、という信念のもとに解決策を模索し続けることで、本書でご紹介したような革新的なイノベーションを生み出すことができるのです。

一方、環境保護や社会的な面での持続可能性については誰もがその意味と意義を理解しているものの、もう一つの重要な持続可能性、すなわち経済的な持続可能性については意外にも議論がお

きざりにされることが多い、という点についても注記しておきたいと思います。

この点においては、ヴェーコあるいはネットクリーンの事例が経済的持続可能性の重要性を物語っていると言えるでしょう。本書でご紹介した事例の中でも、これら二社は既にかなりのところまで成長を遂げており、その意味で経済的側面を語りやすいという面はあります。しかし、何よりも重要なのは、この二社のストーリーが「長期的に、しかも大きなインパクトを持って社会に変化を起こすためには、経済的にも持続可能なビジネスモデルを確立することが不可欠である」ということを雄弁に物語っているという点にあります。経済的な持続可能性、つまり継続的に利益をあげることについての議論は、ややもするといかに目の前の売上を確保するか、どれだけのリスクをとってリターンを最大化させるかといった、2008 年のリーマンショックを引き起こしたものと同質の短絡的思考につながってしまうことがあります。しかし、ここで言う経済的持続可能性はそれとはまったく逆に、さまざまなステークホルダーとのつながりを保ち、状況に柔軟に対応しながら、一時の事業環境の変化にも耐えうるプロダクトやサービスを開発し続けることを指します。本書でご紹介した数々の事例が示す通り、これは夢物語でも理想論でもなく、経済的な持続可能性を追求しつつ、社会的な持続可能性の向上を目指すことは現実に可能なのです。

本書で取りあげた事例は、それぞれ個別の方向性を示す多様なものでした。しかし、デム・コレクティブと IKEA の事例については、どちらも繊維産業――いわゆるアパレル業界――にインパクトを与えたものであり、通底するところがあります。これらの章で触れたように、持続可能な形で栽培されている綿花は、現在全世界の生産量のわずか 0.5%を占めるにすぎません。これは第 17 章で述べた通り、IKEA が年間に購入するコットンの総量とほぼ同じです。デム・コレクティブは IKEA に比べてはるかに小さな存在です。しかし、それだけ小さい存在であるがゆえに、デム・コレクティブは非常に柔軟で機動力にあふれ、それを武器にして世界中の大手アパレルメーカーがより持続可能な事業を展開するよう、綿製品のフェアトレードへの取り組みを中心にして経済的・社会的な持続可能性の向上を目指しています。

枠組みとしては、IKEA の事例は大企業の社会的責任、いわゆる CSR に関するものであり、デム・コレクティブはソーシャルビジネス、社会起業といった対照的な文脈で理解がなされるものかもしれません。後者は、一点に絞り込んだミッションを全力で追求するベンチャー的取り組みの事例であり、IKEA の場合はより大きく、歴史があり、はるかに複雑なビジネスを世界中で展開するメガコーポレーションにおける取り組みの事例です。

一方で、これら二つの事例は互いに補完的な側面を有してもいます。それぞれが、もし単独で各自の取り組みを進めていた場合よりも大きな社会変革を起こせる可能性を秘めているからです。また、これら二つの事例は、世界的大企業の CSR という枠組みであろうと、わずか数名で立ち上げた社会起業であろうと、持続可能性をミッションに組み込むことはつねに可能であるというこ

PART III: QUESTIONS & REFLECTIONS

とを示すものでもあります。持続可能性とは、政治家や思想家、NGOだけに任せておけばいいというものではありません。むしろ、本書でみてきたように、ビジネスセクターこそがイノベーションの原動力となって社会に大きな変革をもたらし、世界をより持続可能な状態につくり直す中心的な役割を担うべきなのです。

以上述べてきたように、「持続可能性」というコンセプトは、誰にとっても重要なだけでなく、それによって革新的なイノベーションを生み出す源泉ともなりえるものです。それをより明確にイメージするために、下記の二つの問いについて考えてみてください。

- 持続可能性向上に資することを前提とした場合、あなた自身のキャリアを今後どのように築いてゆくことができるでしょうか？また、持続可能なビジネスを新たに開発するとしたら、どのような創造的ソリューションをあなた自身の仕事、ビジネスに組み込むことができるでしょう？
- 本書でご紹介した事例のなかで、あなたの仕事、ビジネス、キャリアにおけるお手本となるものを一つ選ぶとしたら、どの事例が該当しますか？その理由は？

持続可能なビジネスを開発することについて

持続可能なビジネス開発のプロセスについては、持続可能性という概念以上に多くの省察すべきポイントが挙げられます。より一般的な事業開発やビジネスの進め方と、持続可能性を念頭においたそれとでは一体何が違うのでしょう？そして、両者に通底するものとは？本節では、この問いに対する答えを探るべく、以下の四点に絞って考察を進めていきます。

- 事業開発の基盤
- ネットワークとともに成長すること
- 革新的ツールの活用
- 大学が果たす役割

持続可能性を中心に据えるか否かにかかわらず、ビジネスの基本は不変

持続可能性をミッションの中心に据えているか否かにかかわらず、新規事業やスタートアップ立ち上げ初期のあり方というのはどれも似たようなものです。ビジネスを立ち上げる際のプロセスにおいて、両者に大きな違いはありません。

持続可能性向上を目指しているからといって顧客や投資家、あるいは従業員の意向を無視していいということはありませんし、メンター達からの助言を聞かずにひたすら自分の理想を追求していればいいということもありません。また、環境にいいものだから、あるいは社会の不平等をなくすための取り組みだからといって、信頼性に欠ける、品質の悪いものでも買ってもらえる、などということはないのです。

第 19 章　問いと省察

ただし、本書でご紹介した事例のいくつかでもみられたように、持続可能性向上への貢献をミッションに掲げた取り組みは、そうでないケースと比べて、初期の段階から顧客はより積極的に興味関心と理解を示してくれることがあるのも事実です。ネットクリーンの事例が典型的ですが、こうした利点を最大限に活かすことは持続可能性を軸にしたビジネスを立ち上げるにあたって決定的に重要なものとなる場合があります。

とはいえ、持続可能性を最大の価値と認めてくれるのは、せいぜいアーリーアダプター層まで。ヴェーコなどの事例からも明らかなように、より大きな市場に参入し、企業として成長を果たすには、他社にはない価値を提供し、より強固な体制を整えるというビジネスにおける当たり前の取り組みが欠かせません。この意味で、持続可能性を追求することをミッションに掲げていようとも、ビジネスとしての基本を疎かにして構わない、ということはありません。当然のことに思われるかもしれませんが、このことを忘れずにいることは何よりも重要なポイントとなります。

コミュニティを築き、ネットワークとともに成長する

エコエラの事例が典型的ですが、成功をおさめる持続可能性追求型の起業家というのは、自分の周りのネットワークをフルに活用するものです。エコエラの場合で言えば、当初有望に思われていたアグロペレットに関するアイデアは、さまざまな関係者との議論とそこで得られたインプット、フィードバックを経て、単に新たなエネルギー源となるだけではなく、土壌を改良し、大気中の二酸化炭素量を削減するという画期的なソリューション、バイオスフェアに生まれ変わり、当初の構想よりもはるかに革新的なプラットフォームの誕生へとつながっていきました。

これを可能にしたのは、エコエラを取りまくネットワークの豊かさでした。勿論、そのネットワークを構成する人々を惹きつけたのは、同社がアグロペレットという新しいアイデアを使って社会に大きな変革を起こすだけの能力とビジョンを示すことができたからでもあり、その意味でアイデアとビジョン、そしてネットワークの力が相乗効果を起こしたからこそエコエラは大きな成功をおさめることができたとも言えます。

こうしたダイナミックで、一期一会のつながりから生み出される力というのは、伝統的なビジネス開発のプロセスに関する理論やフレームワークではほとんど取り扱われることはありません。しかしエコエラの場合は、変化を恐れることなく、むしろ積極的にネットワークから学びを得て自らを変革する同社の姿勢と、持続可能性追求を目指すビジョンに惹きつけられることで拡大するネットワークからのインプットが互いを引き上げる原動力となり、それが新たなプラットフォーム、さらにはそれまで考えられてすらいなかった二酸化炭素排出量取引というマーケットまでも生み出すことになりました。こうした豊かなネットワークの力を活用できたのも、エコエラが単に経済的にうまみのあるプロダクトを販売していたからではなく、社会のさまざまな層に対して価値をもたらすビジョンを示すことができたからこそです。

265

PART III: QUESTIONS & REFLECTIONS

このようなネットワークとともに成長するビジネスのあり方というのは、エコエラ以外の事例にもみられるはずです。それを可能にするのは、組織の壁にこだわらず外部からのフィードバックや指摘を謙虚に受けとめ、他者／他社から積極的に学ぶ姿勢です。このような柔軟性と積極性を兼ね備えた組織は、それによって優秀な人材を惹きつけます。そうした人材は自らの成長を貪欲に追求するものですし、変化を恐れない職場はまさに彼女ら彼らが求める環境として映るからです。そして、優秀な人材が集まることによってビジネスを取りまくネットワークはさらに成長し、それが事業の成長と新たな人材の獲得につながるという好循環を生み出すのです。

革新的なツールと観点を活用する

シナリオ・プランニングやバックキャスティング、学習する組織としてチームの協働力を高めることなど、本書でご紹介したツールは単なる机上の空論ではなく、実際のビジネス——それも、激しい生存競争を繰り広げているスタートアップ——において検証と活用を繰り返すなかで磨き抜かれてきたものです。

持続可能性を追求する事業であっても従来のビジネス同様、経営の基本は踏まえなければならないと上述しましたが、それと同時に、ゼロから新たな価値を生み出すスタートアップにおいてこそより効果を発揮するツールが存在するのもまた事実です。本書でご紹介した事例のほぼすべてにおいて、チームワークと協働の重要性にポイントがおかれていたのにお気づきでしょうか。

セフィブラの事例では、多様なステークホルダーを持続可能性という一つの軸にまとめていくために欠かせない重要な概念として、承認と感謝を軸とするリーダーシップ（Appreciative Leadership）が強調されていました。シナリオ・プランニングやバックキャスティングといった手法も、多くの事例においてさまざまな形で活用されていました。勿論、こうしたツールを使いさえすれば意思決定がすべてうまくいくというものではありませんし、フレームワークがチームワークの重要性、あるいはひたすら課題解決のために全力を尽くすハードワークやコミットメントを代替することはありません。しかし、成功をおさめたスタートアップや新規事業においては、革新的なツールが存分に活用され、それによって他社には見出せなかった事業機会をいち早く発見することができているのです。

シナリオ・プランニングやバックキャスティングといった（今はまだ革新的とされる）ツールも、やがて人口に膾炙し、（ブレインストーミングという手法が、初めて編み出された当時は革新的なものとみられていたのに今では誰もがそれを使って日々の仕事をしているように）誰もが知っていて当たり前のものになっていくでしょう。それと同時に、ますます変化が激しく、そしてスピードを増していく今日のマーケットと社会の流れを勘案すると、これからは現状をあえて前提とせずに未来を洞察していく手法がより重要なものになっていくと思われます。持続可能な未来を実現するためには、まず我々自身がそのあり様を思い描けることが大前提となります。つくりあ

げるべき未来像がなければ、それを実現する術が分かるはずもないからです。逆に、こうあるべきという未来を高解像度でイメージすることができさえすれば、あとはそこから逆算して実現に向けたシナリオを描き出し、具体的なアクションプランを立てることができるのです。

持続可能性に関係するものに限らず、これまでに社会を一変させたような、いわゆる破壊的イノベーションの歴史をひもとくと、単純に現状の延長線上にあるような予測というのはまったくあてにならないことが分かります。こうしたことからも、持続可能な社会が実現した未来——現時点ではまだ「現状の延長線上」にはないとされているもの——を導き出すためのツールは、今後ますます有用性を増し、より多くの人々や組織で活用されるようになっていくはずです。本書がそうした、今はまだ「ありえない」「理想論に過ぎる」と思われがちな世界観が実はじゅうぶんに実現可能で、手を伸ばせばすぐにでも届くところにあるということを示す一助になっていれば、著者としては大変嬉しく思います。

本書に寄稿した執筆者のうち、三名（マッツ・ウィリアンダー、ブー・エドガー、パー・ギレンスペッツ）は大企業で働いた経験がありますが、いずれも現在は小さなスタートアップ企業に所属して日々イノベーションを追求しています。彼らはいずれも、イノベーションを起こすためには、さまざまなレベルにおいて視点を変える必要がある、と強調します。マッツは、マクロからミクロまでのあらゆるレベルで「ロックイン」を打破するために必要なアイデア、特に、環境に配慮したイノベーションを志向する起業家に何ができるかといったアイデアを提供してくれました（第3章参照）。ブーは、シナリオにもとづく戦略策定と意思決定のアプローチについての知見を示し（第6章）、パーは、多様な才能と個性を持つ人々が集まって構成されるチームにおける人間関係とチームワークの大切さ、そしてクリエイティブな仕事を進めるうえで「矛盾とともに歩む」ことの重要性を明らかにしています（第10、18章）。

本書でご紹介した理論と事例では、ベンチャーを立ち上げるプロセスにおけるコミュニケーションの重要性が何度も繰り返し述べられてきました。コミュニケーションを疎かにしたがゆえに、非常に有望とみられていた技術やコンセプトが組織の中で埋もれていったり、立ち消えになったりすることは実世界でも枚挙に暇がありません。逆に、第10章で述べられているように、コミュニケーション、そしてチーム内外での対立や衝突をうまくハンドリングしてエネルギーに変えることで、持続可能性に向けたイノベーションを生み出す原動力を引き出すこともできるのです。

イノベーション創出と起業プロセスにおける大学の役割について

本書のいくつかの章にみられるように、大学は革新的テクノロジーのシードや画期的コンセプトを社会に送り出すきっかけを直接間接両面でつくりだす役割を担っています。

第15章でご紹介したCSEとGIBBSによるプロジェクトや、第16章のデム・コレクティブなど

PART III: QUESTIONS & REFLECTIONS

は、まさに直接的に大学が関与したことでイノベーションが創出された事例だと言えるでしょう。CSE と GIBBS のプロジェクトは、それによって学生が体験を通して貴重な学びを得ると同時に、大学のプロジェクトだからこそ得られる公的助成金などのリソース、そして支援者の巻き込みがフルに活用されていました。CSE と GIBBS 両校が長年培ってきたアクション・ラーニング（現実の社会課題解決に取り組むプロセスを通してこそ得られる学びを重視する教育手法・哲学）は、多くの高等教育関係者にとって大きなインスピレーションとなるはずです。第 15 章で学生たちが成し遂げた成果と、そこで彼女ら彼らが得たであろう学びは、教育者が無視するにはあまりにも圧倒的で、あまりにも魅力的すぎます。願わくは、こうした教育のイノベーションが本書をきっかけに世界中に広まりますように！

そして、デム・コレクティブの事例は、重要な社会問題への取り組みが学術的な裏付けを得ることでいかに促進されうるかを雄弁に物語っています。デム・コレクティブの創業者たちが出会うきっかけをつくったのはそもそも大学の授業でしたし、その後、彼女らの取り組みが研究事例として取りあげられることで、デム・コレクティブとその事業に対する社会的信頼と正当性を確立することに大学は貢献しています。

このように、持続可能性向上を目指すビジネスをつくりあげるプロセスは、起業家たちと学術分野の先駆者が手を取り合ってイノベーションを生み出す共同事業的側面があるのです。先端的な技術シードを一方が開発し、もう一方がリスクをとってそれを社会に実装する、あるいは、一方の取り組みを詳細に分析することで、もう一方にとって新たな知見を発見したり、理論を構築したりするための貴重なデータが手に入るなど、実は起業家と研究者とは互いに価値を高め合うことができる、相互補完的な役割を持つ存在なのです。その意味でも、より実践的で、現実の社会問題にダイレクトに取り組むアクション・ラーニング型の教育を行う大学は、これからの世界をより良いものにしていくためにますます欠かせないものになっていくのではないかと思われます。

以上述べてきたように、持続可能なビジネスの開発プロセスにはさまざまな側面があり、かつ、いずれも 21 世紀の社会において顧客価値、事業価値、そして社会的価値のすべてに資するビジネスを立ち上げ、維持発展させていくためにはそれらを融合させる視点が必要になります。その視点を探るヒントとして、最後に下記の三つの問いについて、皆さんも考えてみてください。

- 持続可能なビジネス開発と従来の事業開発とでは、一体何が違っていて、何が共通しているでしょう？

- 持続可能なビジネス開発が（本書が強調してきたように）革新性と期待に満ちたものであるのならば、なぜそれに関する議論や研究、書籍などがもっと世に出回っていないのでしょうか。たとえば、書店にあふれるビジネス書のほとんどがいわゆる会社組織を暗黙の前提においたものばかりなのは、なぜなのでしょう？

- 新たに持続可能なビジネス開発を立ち上げようとした場合に、大学とのつながりを通してあなたが活用できそうなリソースにはどんなものが考えられますか？

参考文献

環境省「国連人間環境会議（ストックホルム会議：1972 年）」（https://www.env.go.jp/council/21kankyo-k/y210-02/ref_03.pdf）

Ahuvia, A. C. (2005). Beyond the extended self: Loved objects and consumers' identity narratives. *Journal of Consumer Research*, *32*, 171.

Alänge, S., Holmberg, J., & Lundqvist, U. (2007). Strategies and practices for sustainability: Experiences from firm level, Proceedings from the International QMOD Conference, Helsingborg, Sweden.

Alwood, J. M., & Cullen, J. M., with Carruth, M. A., Cooper, D. R., McBrien, M., Milford, R. L., Moynihan, M. C., & Patel, A. C. H. (2012). Sustainable materials: With both eyes open. UIT Cambridge. Available at http://www. withbotheyesopen.com/read.php

Axelrod, R., & Cohen, M.D. (2001). *Harnessing complexity: Organizational implications of a scientific frontier*. New York: Basic Books.

Azar, C., Holmberg, J., & Karlsson, S. (2002). *Decoupling—past trends and prospects for the future*. Chalmers University of Technology, Dept. of Physical Resource Theory, Gothenburg.

Bakker, C. (1995). *Environmental information for industrial designers*. PhD thesis. Technical University Delft, NL.

Bansal, P. (2005). Evolving sustainability: A longitudinal study of corporate sustainable development. *Strategic Management Journal*, *26*, 197-218.

Baumann, H., Boons, F., & Bragd, A. (2002). Mapping the green product development field: Engineering, policy and business perspectives. *Journal of Cleaner Production*, *10*, 409-425.

Baumann, H., & Tillman, A.-M. (2004). The hitch hiker's guide to LCA: An orientation in life cycle assessment methodology and application. Lund, Sweden: Studentlitteratur.

Belk, R. W. (1988). Possessions and the extended self. *Journal of Consumer Research*, *15*, 139.

Bishop, P. C. (2006). Book review of The Limits to Growth. *Technological Forecasting & Social Change*, *73*, 1204-1208.

Borgström, G. (1965). *The hungry planet: The modern world at the edge of famine*. New York: Macmillan.

参考文献

Brezet, H., & van Hemel, C. (1997). *Ecodesign: A promising approach to sustainable production and consumption*. United Nations Environment Programme, Industry and Environment, Paris, France.

Callenbach, R., Capra, F., Goldman, L., Lutz, R., & Marburg, S. (1993). *EcoManagement: The Elmwood guide to ecological auditing and sustainable business*. San Francisco: Berrett-Koehler.

Carlsson-Kanyama, A., et al. (2003). Images of everyday life in the future sustainable city: Experiences of back-casting with stakeholders in five European cities. *FOI Memo*, D.nr.03-2849, Forskningsgruppen för Miljöstrategiska Studier and Swedish Defense Research Agency.

Carson, R. (1962). *Silent spring* (40th anniversary ed., published in 2002). Boston: Houghton Mifflin.

Chen, C. (2001). Design for the environment: A quality-based model for green product development. *Management Science*, *47*, 250.

Christensen, C. M. (1997). *The innovator's dilemma: When new technologies cause great firms to fall*. Cambridge: Harvard Business School Press.

Clinton, B. (2007). *Giving: How each of us can change the world*. New York, NY: Knopf.

Dell'Era, C., Marchesi, A., & Verganti, R. (2010). Mastering technologies in design driven innovation. *Research Technology Management*, *53*, 12-23.

Diamond, J. (2006). *Collapse—How societies chose to fail or survive*. New York: Penguin.

Diekmann, A., & Preisendörfer, P. (2003). Green and greenback: The behavioral effects of environmental attitudes in low-cost and high-cost situations. *Rationality & Society*, *15*, 441-472.

Dobers, P., & Strannergård, L. (2005). Design, lifestyles, and sustainability: Aesthetic consumption in a world of abundance. *Business Strategy & the Environment*, *14*, 324.

Elkington, J., & P. Corrigan (2008). *The power of unreasonable people: How social entrepreneurs create markets that change the world*. Boston, MA: Harvard Business School Press.

Gore, A. (2006). An inconvenient truth: The planetary emergency of global warming and what we can do about it. Emmaus, PA: Rodale（邦訳 A.ゴア著（江田廣純子・訳）『不都合な真実』2007 年 ランダムハウス講談社）.

270

Graedel, T. E. (1998). *Streamlined life cycle assessment*. Upper Saddle River, NJ: Prentice-Hall.

Grant, R. M. (1996). Prospering in dynamically-competitive environment: Organizational capability as knowledge integration. *Organizational Science*, *7*, 375.

Hambrick, D. C., & Mason, P. A. (1984). Upper echelons: The organization as a reflection of its top managers, *Academy of Management Review*, *9*, 193-206.

Hamel, G., & Prahalad, C. K. (1994). *Competing for the future*. Cambridge: Harvard Business School Press.

Hård, M., & Jamison, A. (1997). Alternative cars: The contrasting stories of steam and diesel automotive engines. *Technology in Society*, *19*, 145-160.

Hardin, G. (1968). The tragedy of the commons. *Science*, *162*, 1243-1248.

Hart, S. L., & Milstein, M. B. (1999). Global sustainability and the creative destruction of industries. *Sloan management Review*, *41*, 23.

Holmberg, J. (1995). Socio-ecological principles and indicators for sustainability, Ph.D. thesis, Physical Resource Theory, Chalmers University of Technology & Göteborg University, Göteborg, Sweden.

Holmberg, J. (1998). Backcasting—A natural step when making sustainable development operational for companies. *Greener Management International*, *23*, 30-51.

Holmberg, J., & Robèrt, K.-H. (2000). Backcasting—a framework for strategic planning. *International Journal of Sustainable Development & World Ecology*, *7*, 291-308.

Hughes, T. P. (1987). The evolution of large technological systems. In W. E. Bijker, T. P. Hughes, & T. J. Pinch (Eds.), *The social construction of technological systems: new directions in the sociology and history of technology*. Cambridge: MIT Press.

Hunt, D., Nguyen, L., & Rodgers, M. (2007). *Patent searching: Tools and techniques*. New York: John Wiley.

Immelt, J. R., Govindarajan, V., & Trimble, C. (2009). How GE is disrupting itself. *Harvard Business Review*, *November 2009*.

IVF (2000). *Miljöverktyg – en sammanställning av 17 metoder*. (Environmental tools: A compilation of 17 methods.) IVF report 00825, IVF Industrial Research & Development Corporation, Mölndal, Sweden.

Jolly, V. K. (1997). *Commercializing new technologies: Getting from mind to market*. Boston, MA: Harvard Business School Press.

Kahneman, D., & Tversky, A. (1979). Prospect theory: An analysis of decision under risk. *Econometrica*, *47*, 263.

Kemp, R., Schot, J., & Hoogma, R. (1998). Regime shifts to sustainability through processes of niche formation: The approach of strategic niche management. *Technology Analysis & Strategic Management*, *10*, 175.

Kim, W. C., & Mauborgne, R. (2005). *Blue ocean strategy: How to create uncontested market space and make the competition irrelevant*. Cambridge: Harvard Business School Press.

Koestler, A. (1964). *The art of creation*. Oxford, U.K.: Macmillan.

Leadbeater, C. (1997). *The rise of the social entrepreneur*. London: Demos.

Lewis, H., & Gertsakis, J. (2001). *Design + environment: A global guide to designing greener goods*. Sheffield, UK.: Greenleaf Publishing.

Lindgren, J., & Sundelin, A. (2010). *Business model frameworks: Review and applicability*. Master's thesis: Chalmers University of Technology.

Lindgren, M., & Bandhold, H. (2003). Scenario planning: The link between future and strategy. New York, NY, USA: Palgrave Macmillan.

Luetchford, P. (2008). *Fair trade and the global commodity*. London: Pluto Press.

Lundqvist, M. A. (2009). The university of technology in the societal entrepreneurship arena. In M. Gawell, B. Johannisson, & M. A. Lundqvist (Eds.), *Entrepreneurship in the same of society: A reader's digest of a Swedish research anthology*. Gothenburg, Sweden: Swedish Knowledge Foundation.

Maltby, P. (2003). *In the public interest? Assessing the potential for public interest companies*. London: Institute of Public Policy Research.

Martin, R. L., & Osberg, S. (2007). Social entrepreneurship: The case for definition. *Stanford Social Innovation Review*.

Mayo, E. & H. Moore. (2001). *The mutual state*. London: New Economics Foundation.

McDonough, W., & Braungart, M. (2002). *Cradle to cradle: Remaking the way we make things*. New York: North Point Press.

Meadows, D. H., Meadows, D. I., & Randers, J. (1992). *Beyond the limits: Confronting global collapse, envisioning a sustainable future*. Post Mills, VT: Chelsea Green.

Meadows, D. H., Meadows, D. I., & Randers, J. (2002). *The limits to growth: The 30-year update*. White River Junction, VT: Chelsea Green.

Meadows, D. H., Meadows, D. I., Randers, J., & Behrens, W. (1972). The limits to growth: A report for the Club of Rome's Project on the predicament of mankind. London: Earth Island. http://fredjacquet free.fr/doc/meadows.rtf

Metz, B., Davidson, O., Swart, R., & Pan, J. (2001). *Climate change 2001: Mitigation—contribution of working group III to the Third Assessment Report of the Intergovernmental Panel on Climate Change*. Cambridge, UK: Cambridge University Press.

Moore, G. A. (2002). *Crossing the chasm: Marketing and selling disruptive products to mainstream customers*.

Nattrass, B., & Altomare, M. (1999). *The natural step for business: Wealth, ecology, and the evolutionary corporation*. Gabriola Island, BC: New Society Publishers.

Newton, T. J. (2002). Creating the new ecological order? Elias and actor-network theory. *Academy of Management Review*, *27*, 523.

Nicholls, A. (Ed.). (2006). *Social entrepreneurship: New models of sustainable social change*. Oxford: Oxford University Press.

Nidumolu, R., Prahalad, C. K., & Rangaswami, M. R. (2009). Why sustainability is now the key driver of innovation. *Harvard Business Review*, *September 2009*.

NIH (2001). *Stem Cells: Scientific progress and future directions*.

NIH (2009). *National Institutes of Health guidelines on human stem cell research*.

Nisbet, M. C., & Schenfele, D. A. (2009). What's next for scientific communication. *American Journal of Botany*, *96*, 1767-1778.

Norberg-Bohm, V. (1999). Stimulating "green" technological innovation: An analysis of alternative policy mechanisms. *Policy Science*, *32*, 13.

Okhuysen, G. A., & Bechky, B. A. (2009). Making group process work: Harnessing collective intuition, task conflict, and pacing. In E.A. Locke (Ed.), *Handbook of organizational behavior* (pp. 309-325). West Sussex, UK: Wiley.

参考文献

Ostrom, E. (2009). A general framework for analyzing sustainability of social-ecological systems. *Science*, *325*, 419-422.

Page, L. (February 18, 2007). *The AAAS keynote* (Accessed from Nanopublic, 15 January 2010).

Palmås, K. (2005). *The UK Public interest company: The idea, its origins, and its relevance for Sweden*. Stockholm: Swedish National Audit Office.

Peterson, G., Cumming, G., & Carpenter, S. (2003). Scenario planning: A tool for conservation in an uncertain world. *Conservation Biology*, *17*, 358–66.

Petrusson, U. (2004). *Intellectual property & entrepreneurship: Creating wealth in an intellectual value chain*. Göteborg, Sweden: CIP.

Pew Research Center for the People & the Press (2009). *Public praises science: Scientists fault public, media*. Retrieved April 20, 2017 from http://people-press.org/report/528/

Poole, S., & Simon, M. (1997). Technological trends, product design and the environment. *Design Studies*, *18*, 237-248.

Porter, M. E., & Kramer, M. R. (2006). Strategy & society: The link between competitive advantage and corporate social responsibility. *Harvard Business Review*, *December 2006*.

Porter, M. E., & Van der Linde, C. (1995). Green and competitive: Ending the stalemate. *Harvard Business Review*, *73*, 120.

Prahalad, C. K. (2006). *The fortune at the bottom of the pyramid*. Washington, D.C.: Pearson Prentice Hall.

Robèrt, K.-H. (2000). Tools and concepts for sustainable development: How do they relate to a general framework for sustainable development, and to each other? *Journal of Cleaner Production*, *8*, 243-254.

Robèrt, K.-H., et al. (2002). Strategic sustainable development: Selection, design and synergies of applied tools. *Journal of Cleaner Production*, *10*, 197-214.

Scearce, D., Fulton, K., & the Global Business Network community. (2004). *What if? The art of scenario thinking for nonprofits.* New York: Global Business Network.

Schafer, A., & Victor, D. G. (2000). The future mobility of the world population. *Transportation Research Part A: Policy & Practice*, *24*, 171-205.

Senge, P., Smith, B., Kruschwitz, N., Laur, J., & Schley, S. (2008). *The necessary revolution: How individuals and organizations are working together to create a sustainable world*. New York: Doubleday.

Shani, A. B., & Lau, J. B. (2005). *Behavior in organizations: An experiential approach*. New York: McGraw-Hill.

Sjöberg, M. (2005). *The hybrid race*. Chalmers University of technology, Dept. of Technology Management & Economics, Division of Project Management, Göteborg.

Sotoudeh, M. (2005). Links between sustainability and technology development. *IEEE Technology and Society Magazine*, 9-14.

Stern, N. (2006). Stern review on the economics of climate change. London: HM Treasury. http://webarchive.nationalarchives.gov.uk/20100407011151/http://www.hm-treasury.gov.uk/sternreview_ index.htm

Swedberg, R. (2006). Social entrepreneurship: The view of the young Schumpeter. In C. Steyaert & D. Hjorth (Eds.), *Entrepreneurship as social change*. Cheltenham: Edward Elgar.

Tarde, G. (1902). *Psychologie Economique*. Paris: Felix Alcan.

The World Stem Cell Summit. (2009). *The world stem cell summit report 2009*.

Thompson, L. (2001). *The mind and heart of the negotiator*. Upper Saddle, NJ, USA: Prentice Hall.

Tushman, M. L., & Anderson, P. (2004). Managing strategic innovation and change: A collection of readings. Oxford: Oxford University Press.

Tyler, T. R., Orwin, R., & Schurer, L. (1982). Defensive denial and high cost prosocial behavior. *Basic & Applied Social Psychology*, *3*, 267-281.

UN Brundtland Commission (1987). Report of the world commission on environment and development: Our common future. Oxford: Oxford University Press. Available at http://www.un-documents.net/wced-ocf.htm

Van de Ven, A. H., Angle, H. L., & Poole, M. S. (2000). *Research on the management of innovation: The Minnesota studies*. New York: Oxford University Press.

Van der Heijden, K. (1996). *Scenarios: The art of strategic conversation*. Chichester: John Wiley.

参考文献

Verganti, R. (2008). Design, meanings, and radical innovation: A metamodel and a research agenda. *Journal of Product Innovation Management*, *25*, 436-456.

Vergragt, P. J. (2001). Back-casting for environmental sustainability: From STD and SusHouse towards implementation. *Paper for International Conference: "Towards Environmental Innovation Systems"*, 27-29, September 2001, Garmisch-Partenkirchen.

Wackernagel, M., & Rees, W. (1998). *Our footprint: Reducing human impact on the Earth*. Gabriola Island, BC: New Society Publishers.

Wade, N. (August 27, 2001). *U.S. approves labs with stem cells for research use*. New York Times.

Wattanasuwan, K. (2005). The self and symbolic consumption. *Journal of American Academy of Business*, *6*, 179.

Weingart, L. R., & Jehn, K. A. (2009). Manage intra-team conflict through collaboration. In E.A. Locke (Ed.), *Handbook of organizational behavior* (pp. 327-346). West Sussex, UK: Wiley.

Westall, A. (2001). *Value led, market driven*. London: Institute for Public Policy Research.

Wheelwright, S. C., & Clark, K. B. (1992). *Revolutionizing product development*. New York: Free Press.

Williams, K. Y., & O'Reilly, C. A. (1998). Demography and diversity in organizations: A review of 40 years of research. In B.M. Staw & L.L. Cummings (Eds.), *Research in organizational behavior: Vol. 20*. Greenwich, CT, USA: JAI Press.

Williander, M. (2006). Absorptive capacity and interpretation system's impact when "going green": And empirical study of Ford, Volvo Cars and Toyota. *Business Strategy & the Environment*, *16*, 202-213.

Young Foundation (2006). *Social Silicon Valleys: A manifesto for social innovation*. London: Basingstoke Press/The Young Foundation.

Yunus, M. (2008). *Creating a world without poverty: Social business and the future of capitalism*. New York: Public Affairs.

索引

アルファベット

BOP（Bottom/Base of Pyramid） 71-73

COP（気候変動枠組条約締約国会議） 7
　　——15　7、12
　　——16　12
　　——17　12-13
　　——18　13
　　——21　7

EPR（Extended Procuder Responsibility、拡大生産者責任） 110

FTO（Freedom To Operate） 54、60、63-65、121-131
　　——調査　123-131
　　——調査報告　130-131

ROI（Return On Investment、投資対効果） 74、100、177、184、186-187、193-194、198、202、213、244

あ

アドバンスト・エンジニアリング（Advanced Engineering、AE） 239、241-245、247、253-254

イェーテボリ 54、69、99、136-139、160、177、215、219、221、224-225、227、249、255
　　——国際バイオサイエンス・ビジネススクール（Göteborg International Bioscience Business School、GIBBS） 219、223
　　——大学　139
　　——地方振興基金　160

イノベーション
　　オープン・——　1、2
　　——駆動型ビジネス　176、182
　　グリーン・——　33-34、45-46、51-52

　　持続的——　36
　　——と起業家精神　10、54、231
　　——と持続可能性　3、18、21-23、232、237、261、267
　　——のジレンマ　20、99
　　破壊的——　20、96-100、267
　　——普及のプロセス　175、181

インサート・アフリカ 220-221、223、225-226

エコデザイン 108-109、114

か

革新的 51、63、68、134、138、142、217、232、241、245、250、254、256、261-262、264-266
　　——アイデア　3、65、68、134、144、227、244-245、250、254
　　——な製品やサービス　51、97、186、217、253-255、262
　　——なテクノロジー　56-58、72、137、139、144、156、173、176、181-184、250、267
　　——ビジネス／ビジネスモデル　163-164、261

起業価値
　　アイデアの——評価　53-54、56、58-62、64-70、75-81、121
　　——のための「三つの『利』」　67-68
　　——のための「パッケージ・アプローチ」　58-59
　　——評価レポート　59、61-62、65、75-78、80-81

キャズム 174-175、184

共有地の悲劇 25-39、165、167
　　——の定義　27-29
　　——を避けるためのフレームワーク　29

クリステンセン 20、36、44、99

索引

効用 1、26-27、31-40、44、49-50

　公共の―― 33-34、36、38

　個人の―― 31-32、34-35

顧客価値 60、172、183、193、262、268

コミュニケーション 53、65、80-81、86、133、135、138-142、144-151、177-179、207-210、222、240、243-244、253-254、257-258、267

　――コスト 51

　――とは 145-146

さ

サルゲンスカ

　――研究所 136、139

　――大学病院 255

事業開発 1、54、89、137、143-151、224、261、264、268

　――のための線形プロセス 54-55

　――のためのチーム力学 143-151

　――のための統合的プロセスモデル 54、55-56

　――のための重複ステージモデル 57

　――のための「パッケージ・アプローチ」 58-60

資金調達 2、54、174、199、201-202、204、206、208-213、219-221、226

持続可能性

　――とイノベーション 21-23、261

　――と競争優位 21

　――とビジネスプラン 201、211、217、232-233、261

　――の定義 83-84

　――の四原則 233-236

　――分析のためのフレームワーク 29

シナリオ・プランニング 3、21、68-69、83、88-92、94、96-98、266

　――の概要 92

　――の成功事例・活用例 97、100

　――を実践するには 101

社会起業／ソーシャルビジネス 73、219-220、223、225-230、232、263

　――家 228-229

　――とは 228-230

社会生態学的システム（Social-Ecological System、SES） 28-30、40、49-52

シュンペーター 229、231

た

知的財産／知財 49、121、164

　――権 98、122、139、164、172

チャルマース工科大学 155、160、164、169、173、194、214-215、219、221、223、227

　――アントレプレナーシップ・スクール（CSE） 176、178、199、206、219、261

特許

　――権 121-123、129、141

　――申請 63、201

　――性 121-124、128-129

　――戦略 3、122

　――調査／分析 63-64、122、125、131

　――分類 123、126-127、130

な

ナチュラル・ステップ 19、31、83、87、233-234、237

は

バックキャスティング 3、19、21、40、50、68-69、74、83、86-87、94、176、266

　――の概要 87

ビジネスモデル 31、58、62、66、74-75、78、80、97、104、160、164、166、171-172、179、190-191、198、208、212、231-232、246-247、262

　持続可能な―― 30、48-49、52、195、198、263

　――開発 22

——とは　75

フォルクスワーゲン　22、244、246

不確実性　76、80、91-105、121、124、141、146、151

フットプリント
　　エコロジカル・——　9、86
　　カーボン・——　110、155-156

ブルーオーシャン戦略　44、47、51

プロトタイプ　192、203、240、254-255、258

ブルントラント委員会報告　9、17-18、83、85-86

ポーター　19-20、22

ま

モチベーション　144、146-149、207、237-238

模倣　202、228、230-231、248
　　生物——（バイオミミクリー）　63

ら

ライフサイクル　107、107-114, 234
　　製品——　73、116
　　反転型——分析（Reverse LCA、RLCA）　115-116
　　——の論理　107-110
　　——分析／アセスメント　19、86、107-114
　　——分析のための練習問題　118-119
　　——モデル　107

リーダーシップ　248、258
　　承認と感謝を軸とする——（Appreciative Leadership）　176、266

リスク　10、14、16-17、22、75、77-81、96、99、121-122、125、141、174、193、199、202、205、209、212、246-248、250、263、268
　　——最小化（Hedging）　95、125、193
　　——分析／——に関する分析　62、77、79-80
　　——要因　74、99

ロックイン　3、25-52、74、87、267
　　——がいかに形成されるか　35-38
　　——の定義　26
　　マクロ（社会）レベルにおける——　41-43
　　ミクロ（個人）レベルにおける——　43-47
　　メゾ（組織）レベルにおける——　47-48

ロビー活動／ロビイング　50、99、230

編者紹介

スヴェルケル・オーレンゲ（Sverker Alänge）

チャルマース工科大学（スウェーデン）テクノロジー・マネジメント・アンド・エコノミクス准教授。産業マネジメント学 Ph.D.。チャルマース工科大学大学院国際修士課程プログラムにて品質管理及びオペレーションズ・マネジメントを担当しながら、企業におけるイノベーション、戦略、変革プロセスについての研究を進める。『The Silicon Valley Model: Management for Entrepreneurship』（A. Steiber との共著）をはじめ、編著書・論文多数。

マッツ・ルンドクヴィスト（Mats Lundqvist）

チャルマース工科大学（スウェーデン）テクノロジー・マネジメント・アンド・エコノミクス教授、チャルマース・スクール・オブ・アントレプレナーシップ（CSE）共同創設者、現在も同スクールのディレクターを務める。イェーテボリ国際バイオサイエンス・ビジネススクール（Göteborg International Bioscience Business School、GIBBS）共同創設者。教育及び大学発ベンチャー創出を同時に行う支援機関『Encubator』役員。大学ではアントレプレナーシップについて教鞭をとる。編著書・論文多数。

訳者紹介

松永正樹

九州大学ロバート・ファン／アントレプレナーシップ・センター特任准教授。対人・異文化コミュニケーション学 Ph.D.（ペンシルベニア州立大学）。早稲田大学、立教大学助教を務めた後、ベンチャー企業 Institution for a Global Society シニア・コンサルタントを経て、2016 年より現職。戦略論、マーケティング、会計ファイナンス等、経営学全般に関する科目のほか、ゼロからビジネスプランを練り上げ、社会課題を解決するソリューション提案を行う、スタートアップ創業実践プログラムを主宰。また、フリーランスのコンサルタントとして大手 IT 企業をはじめ、多数の企業・NPO に対して、グローバル人事戦略やリーダーシップ開発、ダイバーシティマネジメントに関するコンサルティングを提供する。コミュニケーション学のみならず、リーダーシップ開発や人的資源マネジメントをはじめ経営学に関する分野においても国際的学術誌に多数論文を発表している。

アイデア・エバリュエーション
──持続可能なビジネスを生み出す方法──

2018 年 9 月 30 日　初版発行

編　者　スヴェルケル・オーレンゲ
　　　　マッツ・ルンドクヴィスト

訳　者　松永　正樹

発行者　五十川　直行

発行所　一般財団法人　九州大学出版会
　　　　〒 814-0001 福岡市早良区百道浜 3-8-34
　　　　九州大学産学官連携イノベーションプラザ 305
　　　　電話　092-833-9150
　　　　URL　https://kup.or.jp/
　　　　印刷・製本／シナノ書籍印刷（株）

Ⓒ 2018 Robert T. Huang Entrepreneurship　　　ISBN978-4-7985-0242-7
　　Center of Kyushu University